My Life and Work
by Henry Ford

亨利·福特自传

亨利·福特 —— 著　　崔权醴　程永顺 —— 译

图书在版编目（CIP）数据

亨利·福特自传 / (美) 亨利·福特著；崔权醴, 程永顺译.
-- 北京：中国书籍出版社, 2021.7（2024.1重印）
ISBN 978-7-5068-8150-0

Ⅰ.①亨… Ⅱ.①亨…②崔…③程… Ⅲ.①福特
(Ford, Henry 1863-1947)—自传 Ⅳ.①K837.125.38

中国版本图书馆CIP数据核字（2021）第047425号

亨利·福特自传

（美）亨利·福特　著；崔权醴　程永顺　译

策划编辑	刘　娜　李雯璐
责任编辑	李雯璐　刘文利
责任印制	孙马飞　马　芝
封面设计	东方美迪
出版发行	中国书籍出版社
地　　址	北京市丰台区三路居路97号（邮编：100073）
电　　话	（010）52257143（总编室）（010）52257140（发行部）
电子邮箱	chinabp@vip.sina.com
经　　销	全国新华书店
印　　刷	三河市富华印刷包装有限公司
开　　本	880毫米×1230毫米　1/32
字　　数	223千字
印　　张	10
版　　次	2021年7月第1版　2024年1月第2次印刷
书　　号	ISBN 978-7-5068-8150-0
定　　价	48.00元

版权所有　翻印必究

译委会

崔权醴　秦　侠　董　义　李晓丽
乔秀英　桑希臣　齐荣君　王莉萍
袁和平　刘淑秀　张宝琴　朱　玫

目 录
CONTENTS

我的生活与事业

第一章	事业的开始	2
第二章	从实践中学到的	12
第三章	开始真正的事业	24
第四章	生产和服务的秘诀	39
第五章	进入生产	50
第六章	机器和人	62
第七章	机器的恐惧	73
第八章	工薪	85
第九章	为什么没有总是很好的企业	98
第十章	能把成本降得多低	107
第十一章	金钱和货物	119
第十二章	金钱——主人还是仆人	130
第十三章	为什么会有贫穷	143
第十四章	拖拉机和动力耕作	153
第十五章	为什么会有慈善事业	163
第十六章	铁路	177
第十七章	一般事务	187
第十八章	我们可以期望什么	201

今天与明天

第一章　我们生来都有机会⋯⋯⋯⋯⋯⋯⋯⋯⋯⋯⋯ 216
第二章　大企业的发展有极限吗⋯⋯⋯⋯⋯⋯⋯⋯⋯ 226
第三章　获取利润，有什么错⋯⋯⋯⋯⋯⋯⋯⋯⋯⋯ 235
第四章　世无难事⋯⋯⋯⋯⋯⋯⋯⋯⋯⋯⋯⋯⋯⋯⋯ 246
第五章　学以致用⋯⋯⋯⋯⋯⋯⋯⋯⋯⋯⋯⋯⋯⋯⋯ 255
第六章　时间的意义⋯⋯⋯⋯⋯⋯⋯⋯⋯⋯⋯⋯⋯⋯ 260
第七章　终身教育⋯⋯⋯⋯⋯⋯⋯⋯⋯⋯⋯⋯⋯⋯⋯ 270
第八章　金钱的用途⋯⋯⋯⋯⋯⋯⋯⋯⋯⋯⋯⋯⋯⋯ 277
第九章　国家的财富⋯⋯⋯⋯⋯⋯⋯⋯⋯⋯⋯⋯⋯⋯ 287
第十章　为什么不哭⋯⋯⋯⋯⋯⋯⋯⋯⋯⋯⋯⋯⋯⋯ 299

附录：福特年表⋯⋯⋯⋯⋯⋯⋯⋯⋯⋯⋯⋯⋯⋯⋯⋯ 306
译后记⋯⋯⋯⋯⋯⋯⋯⋯⋯⋯⋯⋯⋯⋯⋯⋯⋯⋯⋯⋯ 313

我的生活与事业

第一章　事业的开始

1921年5月31日,福特汽车公司生产出它的第500万辆汽车。它和30年前研制的,并在1893年春天第一次令人满意地行驶的汽油马车一起放在我的博物馆里。这两种交通工具在外形上完全不同,在结构和材料上相同点也很少,但在原理上这两者都奇怪地相像——除了那辆老汽油马车上有一些纹饰而我们的现代汽车上却没有采用这点。那第一辆汽车或者说是汽油马车,虽然它只有两个汽缸,却可以一小时跑20英里,凭借小油箱装的三加仑汽油共可跑60英里,并且现在的性能仍和它当年制造时一样良好。生产方式和材料的发展,远远大于基本设计上的发展。整个设计都更完美了。现在的福特车,也就是T型车,有四个汽缸和一个自动起动机。它行驶起来更方便、更容易。它比第一辆车更简单,但它几乎每一处设计都可以在第一辆车上找到。改变来源于制造的经验,而不是基本原则。我把这当作一个重要证据,它证明如果开始一个好主意后,最好是集中精力把它做得更完美,而不是到处转悠,想寻找出更好的主意。一次一个主意是一个人所能做好的最大限度了。

农场的生活驱使我设想更好的运输方法和工具。我于1863年7月30日出生在密歇根迪尔伯恩的一个农场,我最早的记忆是农场里有太多的活要干。我现在仍然对农业有这种感觉。有传言说我的父母很贫困,早年的日子很艰难。他们肯定不能说很富裕,但也说不上贫困。就密歇根的农夫而言,我们的家道还算兴旺。我出生的房子现在还在,这座房子和农场,是我现在拥有的一部分。

那时候，在我们自己的农场和别人的农场都有太多的艰苦的手工劳动要做。即使在很小的时候，我便猜想也许有很多更好的方式来干这些活。正是这点使我对机械充满兴趣——虽然我母亲总是说我天生是个机械师。当我什么都还没有时，我便有一个里面放满奇形怪状的金属片和工具的车间。那时候，我们没有像今天这样多的玩具，我们的玩具都是家庭制造的。我的玩具全都是工具——它们到现在还是！每一种机器的部件都是珍宝。

在早年岁月里对我来说最重要的一件事，是有一天当我们驱车去镇上时，在底特律外大约八英里的地方碰到了道路用蒸汽机。那时候我只有12岁。第二件最重要的事是，得到一块手表——也是在同一年里发生的。我还记得那台蒸汽机，就好像昨天刚见过似的，因为那是我第一次见到不用马拉的交通工具。它的主要功用是带动脱粒机和风车。它很简单，是一个便携蒸汽机和汽锅安在轮子上面，后面跟了一个水箱和煤车箱。我看过很多用马拉的这种蒸汽机，但不同的是，这台蒸汽机有一条链子连接着蒸汽机和上面装着汽缸的马车车架的后轮。蒸汽机安在汽缸上面，一个人站在汽锅后面的平台上铲煤，控制活塞，掌握方向。它是由贝特尔·克里克的尼古拉—谢巴德公司制造的。我第一眼就看到了它。蒸汽机停下来，让我们和我们的马通过，正在驾马车的父亲还不知道我要干什么时，我跳下马车和那位机械师谈了起来。那位机械师很高兴地把一切都介绍了一遍。他为它感到骄傲。他向我展示如果把链子从驱动轮上卸下，再套上带子可以带动别的机器。他告诉我蒸汽机每一分钟转两百圈。链条的副齿轮可以切变，这样，即使蒸汽机仍在运行而车却可以停下来。最后这一功能，虽然使用方式不同，但如今已被运用到现代汽车上了。对于蒸汽机车来说，这一点并不重要，因为它很容易发动和停止，但它对汽油发动机却很重要。正是这一蒸汽机使得我对自动运输工具产生了兴趣。我试图仿照它制造一台，好几年之后我真的造了一台，并且运行得很好。从作为12岁的孩子看到道路用蒸汽机开始一直到今天，我最大的兴趣在于制造一种能在道路上行驶的机器。每次到镇上去，我的口袋里总是装满了各种小零件。我经常想把坏了的手表修好。13岁时，我第一次把一只表修好，使它又能报时了。在15岁时，我几乎可以做任何修表的工作了——虽然我的工具极为简陋。只要笨拙地摆弄东西就可以学到很好。我们不可能从书本上学到一切是怎么制造的——一个真正的机械师应该知道几乎每一件东西是如何制造的。机械对于机械师就像书籍对于作家一样，他从中得到想法。如果他是个有头脑的人，他便会运用这些想法。

从最初起，我对农场的活儿便没有多大兴趣。我想做与机器相关的工作。我的父亲对我在机械方面的兴趣并不完全赞同，他认为我应该成为一个农民。当我17岁离开学校，到德里多克机械厂的机械加工车间当学徒时，父亲认为我是没有指望了。我很顺利地通过了学徒期——在三年学徒期远未结束时，我便成了一位合格的机械。由于喜欢精细工作和手表，我夜里还会去一家钟表店干修表的工作。有一段时间我想我肯定修了有300只表。我认为我能造只值30美分的能用的表，并几乎为此着手了。但我没有干下去，因为我想，表并不是普遍需要的，因此，人们一般来说用不着去买它。我是怎么得出这个惊人的结论的，已无法表达。我并不喜欢珠宝店的一般性工作或修表工作，除非有特别难修的表。即使那时修表，我也想做工作量大的事情。那时候正好是铁路标准时间开始实行的时候。我们以前只有太阳时间，因此就像我们现在的夏令时间，有好一阵子，铁路时间和地方时间有差别。这使我苦想了一段时间。后来我成功地制造出了有两个表面、能指明两种时间的手表。它在附近的人们中引起了一阵好奇。

在1879年——大约在我第一次见到尼古拉—谢巴德蒸汽机的四年之后——我设法获得一次机会，自己驾驶过一次这样的机器。当实习期满后，我在西屋公司的本地代理机构中当了一名专家，为他们装配和修理道路机。他们生产的机器和尼古拉—谢巴德机器公司的几乎是一样的，只是他们把蒸汽机放在了前面，把汽锅放在了后面，用一条传送带将动力传到后轮上。虽然这种自我前驱功能只是建造时的偶然功能，它们一个小时在路上能走12英里。它们有时候作为拖拉机负载重货。如果机器碰巧干脱粒活的话，人们把脱粒机和别的装备套在机器上，从一座农场走到另一座农场。使我感到麻烦的是它的重量和花费。它有好几吨重，只能为那些拥有大量土地的农场主所拥有。它主要是被那些以脱粒为业务的人或有风车的人或别的需要便携动力的人所使用。

甚至在那段时期之前，我就已经有过制造某种轻便的蒸汽机车以取代马车的想法，特别是作为拖拉机干耕地一类艰难的活。正如我模模糊糊记得的，这种想法同样也可运用到沿道路运送货物。一种不需要马的货车是很普通的想法。很多年之前人们便在谈论不需要马拉的车子——事实上，自从蒸汽机被发明便一直在谈论了。但这种运货的想法最初在我看来并不如耕地的想法实际。耕地是农场里最艰难的农活。我们的道路很糟糕，我们也没有四处走动的习惯。汽车对于农场来说最重要的功能是它扩张了农夫们的生活范围。我们简单地认为如果不是有什么急事的话，我们就不会到镇里去。我想我们每星期出门的次数很少超过一次。天气不好的时候，我们甚至更少出门。

作为一个成熟的机械师，在农场又有一个相当好的工作间，对我来说要造一辆蒸汽货车或拖拉机并不困难。在制造的过程中，一个主意冒出来，觉得可把它用于道路交通。我很肯定地感到，考虑到需要照料和喂养，养马并不划算。明显的事情就是设计并制造一种足够轻便的蒸汽机，可用来带动一般的马车或用来带动耕犁。我认为最重要的是先造出拖拉机。我的初心是把农场的苦役从血肉之躯上卸下，交付给钢铁和发动机去干。是环境迫使我首先着手道路交通机械的发明。我最终发现人们对能在道路上行驶的机器的兴趣要远远大于能干农活的机器。事实上，我怀疑如果不是由于汽车缓慢而确切地使农夫们的眼睛睁开了的话，轻便农用拖拉机是无法应用到农场的。当然，这都是后来的事情。我当时认为农夫们应该对拖拉机更有兴趣。

我制造了一辆能跑的蒸汽机车，它有一个用煤油加热的汽缸，具有很大的动力，并且很好控制——蒸汽活塞很好控制。但汽缸很危险。要想获得足够大的动力而又不要重量太大的动力装置，蒸汽机必须在高压下工作。坐在一座高压的汽缸上并不是件令人愉快的事。为了使它更合理和安全，就需要多余的重量，而这点又抵消了高压的经济效益。有两年时间，我不停地实验各种汽缸——蒸汽机和控制的问题都很简单——然后我放弃了靠蒸汽机制造道路交通工具的整个想法。我知道在英格兰他们造出了沿着道路拖拉一列货车的机车，同时也毫不困难地制造了能在大农场使用的大型蒸汽拖拉机，但那时我们并没有英格兰一样的道路。我们的道路会把强有力的重型拖拉机颠成碎片。而且对我来说，生产只有少数富裕农场主才能购买的大拖拉机，并不是一件值得干的事情。

但我并没有放弃不用马拉的车的想法。为西屋公司的代理机构做的工作更证实了我认为蒸汽机不适合轻便交通工具的看法。这正是我为什么只在这家公司待了一年的原因。大型拖拉机和蒸汽机不能教给我更多的东西了，我不想在没有发展前途的东西上浪费时间了。好几年前，当我还是学徒的时候，我在《科学世界》——英格兰的一份出版物上，读到过有关英格兰制造的"无声的气体发动机"。我想那就是奥托发动机。它由发光的气体运行，有一个大汽缸，动力是间断的，因此需要一个特别重的飞轮。考虑到重量，它的每磅的金属还不如蒸汽机产生的动力大，而使用发光气体更使它没有可能作为道路交通工具使用。它使我感兴趣，是因为我对所有机器都感到着迷。我从在商店里买到的美国和英国杂志上跟踪着发动机的发展，特别是想找到用可以挥发的汽油形成的气体代替发光气体的蛛丝马迹。内燃发动机的想法并不新鲜，但这是第一次做出把它推向市场的严肃努力。它们得到了人们的兴趣，但不是热情。我想不起有谁想到过这种中断的内燃发动机除了有限的用途外还能干别的什么。所有的聪明人都证明这种发动机不如蒸汽机。他们从没想到过它可以为自己开辟出一条道路。这就是聪明人行事的方式——他们是如此聪明、实际，他们总是知道为什么某些事情做不到，他们总是知道事物的局限。这就是为什么我从不雇用聪明过分的专家。如果我想用不公平的方式扼杀对手的话，我就把专家送给对手。他们有那么多的好建议，我可以肯定他们什么也做不成。

内燃机使我感兴趣，我继续跟踪它的发展，但只是出于好奇。直到1885年或1886年，当蒸汽发动机作为我有一天要制造的车辆的动力被抛弃之后，我才不得不四处寻找别的动力。1885年，我在底特律的伊格尔钢铁厂修过一部奥托发动机。镇上的人对它一无所知，可有人说我能干这活儿。虽然我此前从未摸过这种发动机，但我接下了这活儿，并把它修好了。这给了我一次实地研究最新发动机的机会。1887 年，只是为了看看自己是不是真正的弄懂了它的原理，我造了一部仿四周奥托机的发动机。"四周"的意思是活塞在汽缸里经过四次运行而推出一次动力。第一次把空气吸进来，第二次压缩空气，第三次是爆发或动力移动，第四次是排出废气。这个小模型运行得很好。它有一英寸的口径和三英寸的冲程量，它是由油操作的，虽然不能放出多大动力，但比市场上的发动机相对来说要轻。后来我把它给了一个年轻人，他想用它干点什么事情。那个年轻人的名字我忘了。它最后毁掉了。这是我和内燃机打交道的开始。

那时候我又回到了农场，更多的是因为我要做实验而不是要干农活。现在我成了一个全面的机械师，有了一个一流的车间代替了早年的玩具店。只要我放弃做一名机械师，我父亲便给我 40 英亩的木材地。作为权宜之计我同意了，砍木头卖掉，给了我结婚的机会。我造了一架风车、一台便携马达便开始砍树，并把木头锯成木料。第一批木料中的一部分用到了我们新农场的屋子上，在那座屋子里我们开始了婚后生活。它不是一座大屋子——31 平方英尺，只有一层半高——但它是一个舒适的地方。我给它加上了一个车间，当我不砍木头的时候，我就为内燃机而工作，了解它是什么样的，怎样运行。我读遍了我所能弄到的一切，但最大的知识来源于工作。一部内燃机是一件神秘之物——它并不总是像它应该的那样运行。你可以想象这些最早的发动机是怎么运行的！

那是在 1890 年，我开始了实验双缸发动机。看来指望用单缸发动机做运输用是不切实际的——那飞轮整体太重了。在制造第一台四周奥托型发动机到开始制造双缸发动机之间的这段时期，我做了大量的摸索性实验。我很清楚自己的出路在哪里。我想双缸发动机可以用作道路交通工具。我最初的想法是把它加到自行车上，用曲轴直接连接起来，使自行车的后轮作为平衡轮，速度只能由节气门来调整。我从未实施过这一计划，因为很快便发现发动机、汽油箱和各种必需的控制装备对自行车来说太重了。两个相对的汽缸的设计，是想一个汽缸传出动力的时候，另一个汽缸排出废气。这自然用不着那么重的飞轮，即使用于实用。我开始在我农场的车间里干这事。后来底特律电气公司为我提供一份工程师和机械师的工作，一个月45美元。我接受了这份工作，因为它的工资比农场的收入高。我决定不管怎样也要离开农场生活。木头全都砍完了。我们在底特律的巴格利街租了一套房子。那个车间也带来了，我把它建在房子背后的砖砌栅屋里。在最初的几个月里，我在电灯厂里上夜班——这使我几乎没有时间实验——但在此之后，我上白班，每天夜晚和每个星期六夜晚我都忙着制造新的发动机。我不能说那是一项艰苦的劳动，任何有兴趣的工作都不是苦差事。对于结果我总是充满信心。如果你工作够努力的话，它们总是会到来。但我的妻子比我还要自信，这真是一件了不起的事。她总是那样。

我必须得从最基础之处干起——那也就是说，虽然我知道有不少人对不用马拉的车感兴趣，但我无法知道他们正在干什么。需要克服的最大问题是点燃和熄灭火花，避免多余的重量。至于传送、转向装置、一般结构，我都可以借鉴我在蒸汽拖拉机方面的经验。1892年，我造好了我的第一辆汽车，但一直到来年的春天，它才跑得令我满意。这第一辆汽车外表上看来像一辆马车。它有两个汽缸，有两英寸半的口径和六英寸的冲程量，在后轴上并置在一起。

我是用自己买来的一根蒸汽发动机的废管子做成的。它能发出四匹马力。动力由一根传送带从马达传到中间轴，再由一根链子从中间轴传到后轮。车子可坐两个人，座位挂在柱子上，身体坐在椭圆形的弹簧上。有两个速度——一个是每小时10英里，一个是每小时20英里——通过改换传送带而获得，这可以用驾驶座前的操纵杆做到。把操纵杆往前推，就是高速；往后拉，便是低速；操作杆直着向上，发动机便可以空转着。发动汽车需要用力转动马达，而这时离合器松开。想把汽车停下，只要把离合器合上，用脚踏刹车就行了。没法倒车，除了传送带从节气门获得的两种速度外，也没有别的速度。我买了这辆车的铁架、座位和弹簧，轮子是28英寸的带橡胶胎的自行车轮。平衡轮是用我做的一个模子造的，其他全部更精致的机械都是我自己造的。我发现的一个必要装置是一个补用齿轮，当转弯的时候可以把同样的动力用在后面的两个齿轮上。整个汽车重500磅。座位下的一个油箱可以装三加仑汽油，这些汽油通过一根管子和混合阀门送到马达。点火装置是电火花。最初的机器是空气冷却的——或者更精确地说，根本没有冷却装置。我发现在跑一个或一个多小时的时候马达会热起来，于是我用水把汽缸周围包起来，水存放在汽车后面的汽缸上。

几乎所有这些各种各样的部分都是事先计划好的。我总是以这种方式行事，我设计出计划，在开始动手之前把计划的每一处细节都准备好。否则的话，在工作进行时却还在改变或最后造成了却和预想不一致的话，就会浪费大量时间。这种浪费是不值得的。很多发明家失败，是因为他们分不清计划和实验。我碰到的最大的制造困难，是找不到合适的材料；其次是工具。在设计的细节上有一些需要调整和改变，但对我妨碍最大的是，我既没有时间也没有金钱去寻找每个部件的最好的材料。但在1893年春天，事情有了转机，汽车能在道路上令我部分满意地行驶起来，并且给我机会来检验道路交通的设计和材料。

第二章　从实践中学到的

我的"汽油马车"是底特律第一辆——很长时间里也是唯一的一辆——汽车。它被认为是讨厌的东西，因为它响声很大，惊吓马匹，同时它也堵塞交通。如果我把它停在镇上的什么地方的话，在我再把它开走之前，它的周围会有一大群人围观。即使我把它单独留下几分钟，一些好奇的人也总想去开动它。最后，我得带上一条链子，不管我把它停在哪，都用链子把它锁在电线杆上。随后，警察来找麻烦了。我不知道究竟是为什么。我印象中那时候好像还没有限速的法规。不管怎样，我得从市长那儿得到特别的许可。这样在一段时间里，我享有美国唯一的获得执照的司机的名声。在1895年到1896年，我驾着那辆车跑了大约有一千英里。然后我把它以200美元卖给了底特律的查尔斯·安斯利。这是我的第一笔买卖。我造这辆车不是为了出售，而是为了实验。我想开始造一辆新车——安斯利想买现在的车——我可以用这笔钱造新车。我们毫无困难地谈好了价格。

用这样一种方式制造汽车根本不是我所想的。我展望着大批量的生产，但在这到来之前我得有东西可生产。过于匆忙会得不偿失。在1896年，我开始造第二辆汽车。它和第一辆很相像，只是更轻一些。它同样是用传送带驱动的。这一点是我后来才放弃的。除了热天，传送带很好。这正是我后来采用齿轮的原因。从这辆车上我学到了很多东西。美国和外国的其他人那时候也在制造汽车。在1895年，我听说有一辆来自德国的奔驰车在纽约的马西商店展览。

我专门跑去看了，结果发现它根本不值得一看。它也是用传送带驱动的，但比我的车重多了。我在为轻便而努力。外国制造者似乎从未认识到轻便意味着什么。我在我的家庭车间里造了三辆汽车，它们都在底特律行驶了数年。我仍拥有第一辆车——几年之后我把它从安斯利先生所卖给的那个人手里买了回来，花了 100 美元。

整个这段时间，我仍保有我在电气公司的工作，并渐渐被提升为月薪 125 美元的总工程师。但是我的内燃机实验并不被我的公司董事长所欣赏，就像当年我的父亲不欣赏我的机械才能一样。我的雇主并不反对实验——只是反对内燃机实验。现在他的声音还在我耳边回响："电力。是的，将要到来的是电力的世界。但气体——不。"

他的怀疑主义——用中性的词来说——是很有根据的。实际上，没有一个人对未来的内燃机有最细微的概念。我们正处在伟大的电力发展的边缘。作为相对新鲜的观点，电力被期望着能做远比我们今天知道的更多的工作。我看不出用电力来达到我的实验目的有什么用处。即使架空线更便宜一些，也没法用触轮来驱动道路用车。没有一种重量理想的蓄电池能适用于汽车。一辆电车必须有受限的范围，并且包含着与它所生产的动力成比例的大型电动设备。这并不是说我以前或现在认为电力不行。我们还没有开始使用电力。但电力有电力的好处，内燃机有内燃机的好处。任何一项都不能代替另一项——这点是非常幸运的。

我拥有了我最初在底特律爱迪生公司掌管的那台电机。当我们开始建设加拿大的电厂时，我把它从电厂所卖给的一座办公大楼处买了回来，稍微修理了一下之后，好几年来它在加拿大的电厂运行得非常好。当企业发展需要建立新的电站时，我把这台老马达送到了我的博物馆——迪尔伯恩的一间装满了我的很多机械珍宝的屋子里。

爱迪生公司向我提供了公司总监的职位，但条件是我放弃内燃机，把精力投入到真正有用的方面。我得在我的汽车和我的工作之间做出选择。我选择了汽车，或者说我放弃了工作——实际上这没什么可选择的。因为我已经知道汽车肯定会成功的。我在1899年8月15日辞职，转而投身于汽车事业。

这也许可以被认为是很重要的一步，因为我个人并没有积蓄。除生活费之外的钱全都用作了汽车实验。但我的妻子同意不能放弃汽车——我们要么成功，要么失败。当时社会并没有对汽车的需求——从未有过对新产品的需求。它们被接受的方式有点像最近我们接受飞机的方式。最开始，"不用马拉的车"被认为只不过是异想天开，很多聪明人特别地解释为什么它只不过是一个玩笑。没一个有钱人想到过它具有商业可行性。我无法想象为什么每一种新的交通工具都会遇到这么多的反对。甚至今天还有一些人摇着头，谈论轿车的奢侈，不太情愿地勉强承认卡车的用途。但在最初，几乎没有人能看到汽车可以成为产业的一个大的部分。最乐观的人也只是希望能发展出一位自行车的亲戚。当发现汽车真的能跑，一些制造者在制造汽车时，最急切的好奇心是想知道哪辆车跑得最快。这种赛车的想法是奇怪的，而又是自然而然地发展起来的。我从不考虑任何赛车的事，但公众除了把汽车当作一个快速玩具外，拒绝把它看作别的东西。因此后来我们也开始参与赛车了。汽车工业被这种最初的赛车行为拉了后腿。因为制造者的注意力被分散到制造速度更快的车而不是更好的车。它是投机者的勾当。

一群投机者动起了脑筋，我一离开电力公司，底特律汽车公司便开发我的汽车。我是总工程师，有小量的货物。有三年时间，我们继续造着多多少少和我的第一辆车相同的车。我们没有卖掉多少辆。我几乎得不到用来制造更好的可以大量销售给公众的车的资助。整个设想是照订单制造，从每一辆车上获得最高的价格。主要的想法似乎是挣钱。除了机械方面，我再没别的权力，我发现这家新公司不是实现我的理想的工具，而只是挣钱工具——它也没有挣到多少钱。在1902年3月，我辞职了，决心再也不受别人的指挥。底特律汽车公司后来成了凯迪拉克公司，归里兰德所有，他后来加入了汽车业。

我租了一个店——公园村81号，一座一层的砖棚——继续我的实验，并想看看工商业到底是什么东西。我想它肯定是和我的第一次冒险所证明的不一样的。

从1902年到福特汽车公司成立的一年，实际上是调查研究的一年。在我小小的店里，我努力工作，开发四个汽缸的发动机，在外面我试图发现工商业到底是什么样的，它是不是像我从第一次短短的经验中所感到的那样，必然是自私的刮钱手段。从我已经描述过的第一辆汽车，到我现在的公司的成立，我造了25辆汽车，其中的19或20辆是和底特律汽车公司制造的。汽车已经走过了它的最初阶段——在这阶段，汽车从只要能走就成，发展到了汽车得显示速度的阶段。克利兰德的亚历山大·温顿——温顿车的创造者，那时全国的赛车冠军——他愿意接受所有挑战者的挑战。我设计了一台比我以前用过的更紧凑的双缸密封发动机，把它装进底盘架上，发现我也能获得快速度，便安排了一场和温顿的比赛。我们在底特律的克罗斯点的车道上相会。我击败了他。这是我第一次赛车。它带来了人们唯一愿意看的广告。

公众对一辆车不屑一顾，除非它速度快——除非它击败其他赛车。我想制造世界上最快的汽车的野心促使我计划造四缸发动机。但这是往后的事。

商业运行的最惊人的地方是，大量的注意力用于金钱，只有少量的注意力用于服务。但这对我来说是和自然程序相反的。自然程序中，金钱应该是作为劳动的结果而来，不能放在劳动之前。商业运行的第二个方面是，只要能把一件事做好，能挣钱就行了，对更好的生产方式有着普遍的冷漠。换句话说就是，一件物品生产出来，并不是因为它能为大众提供多大的服务，而主要在于它能挣来多少钱——对于顾客是否满意并不特别在意。把东西卖给他就完了，一个不满意的顾客并不被认为是一个信任被辜负了的人，而是当作令人讨厌的人，或者是被当作为第一次就该做好的工作榨取第二次金钱的来源。比如，汽车一旦卖出销售商便不再关心它可能会发生什么事情。不在乎它每跑一英里耗多少汽油，它确实能提供怎样的服务也不重要。如果它损坏了，需要更换零部件，那么这只是购车人倒霉。这种理论认为以可能的最高价格卖零件是一桩好生意，因为那人已经买了车了，他需要零件，他会愿意为此付钱的。

汽车业并不是建立在我所称的诚实的基础上，从生产的角度看，也不是建立在科学的基础上，但它并不比一般的行业更糟糕。也许你还记得，那个时期很多公司是受金融界支撑、扶持的。那些在此之前只局限于铁路的银行家，进入了工业。我那时候和现在的想法都一样，即如果一个人可以把工作做得很好，他就能为自己的工作获得好价钱，利润和金钱资助便会自动而来，一个企业应该从小处起步，以自身的所得逐渐发展壮大。如果没有所得的话，那这就是给他的业主的信号，表明他是在浪费时间，他并不属于这一行业。

我从未发现有必要改变这些看法，但我发现这种把工作干好，从中获取所得的简单公式对于现代企业来说过于缓慢了。那时候最受欢迎的计划是一开始便争取最大可能的资本，然后出售能售出的全部股票和债券。在扣除股票和债券销售的费用、宣传费和各种别的开销之后，剩下的钱便勉强成了企业的资金。好的企业就是能使股票和债券以最高价格大量出售的企业。重要的是股票和债券，而不是工作。好的企业不是工作很好、挣得公平利润的。我不明白一家新企业或旧企业怎么能指望一方面获得最大的股利，同时又能以公平的价格出售产品。我从未设法弄懂这一点。

我从来没有弄明白，是根据什么理论，最初投资的钱可用来向某一企业收利。那些自称金融家的人称，他们的钱值百分之六或百分之五或百分之多少的利。如果一个人向一家企业投资十万美元的话，这个投资者便有权要求一笔收益，因为如果他不把钱投入企业，而是存入银行或保险公司的话，他能得到某一固定的利息。因此，他们说从企业的运行费用中获得适当的收益是这笔钱的利息。这种想法是很多商业和大部分服务失败的根本原因。金钱并没有一个特别的价值数。金钱本身什么也不值，因为它自身什么也做不了。金钱唯一的用处是购买劳动工具或产品。因此，金钱的价值只在于它能帮助你生产或购买产品，不会有更多的价值了。如果一个人认为他的钱能获得百分之六或百分之五的利息的话，他应该把钱投到他能得到回报的地方。但投入工商业的钱不是对工商业有利息权利的钱——或者说不应该是，它不再是钱，而是成了或者应该成为生产的发动机，因此它的价值在于它的生产——而不是根据某些并没有特别业务的行业而来的固定数目。所有回报都应该在生产之后，而不是在此之前。

商人们相信，通过注入资金你可以做任何事情。如果第一笔资金没有带来结果，那就再投入资金。这种再注入资金的过程简直就是把钱往水里扔的游戏。在大多数情况下，需要重新注入资金都是因为管理不善。再投资的效果只不过是让糟糕的管理者把他们糟糕的管理维持得稍长一点而已。它只不过是推迟裁判之日。这种再投入资金的权宜之计是投机金融家们的伎俩。他们的钱只有把它用在真正能做事的地方才会有用。而那地方要不是管理不善的话，他们是不会把钱投入的。这样，投机金融家认为他们投出去的钱在使用，这是他们的幻觉。他们没有团结起来。他们只是把它拿出来浪费而已。

我下决心绝不加入一个工作未开始便要挣钱或银行家、金融家在其中有一份的公司。并且，如果是不能开始我所想的以大众利益为目的的企业的话，那我就根本不开始。从我短短的经历，结合我所看到的周围的事情，足以证明作为只顾挣钱的游戏的工商业是不值得多想的，并且对一个想做出任何成就的人来说显然是没有可能的。同时，它在我看来也并非挣钱之道。我将证明什么是挣钱之道。真正的工商业的唯一基础是服务。

当一桩买卖做成时，厂家和它的顾客的关系并未结束。这时候它才刚刚和顾客发生关系。以汽车作为例子，把汽车卖出去还只是某种介绍而已。如果汽车不能提供服务的话，对厂家来说它最好是没做出这介绍，因为他将会有最糟糕的广告——不满意的顾客。在汽车业的早期有一种颇具势力的倾向，认为把汽车卖出去就是真正的成就，至于此后买主手里的车会怎么样并不重要。这是短视的销售态度。如果一个销售商只从他所卖的产品获利，那就不能指望他会为顾客做出什么大的努力。就这点来说，我们后来为福特公司的销售进行的大争论是正确的。汽车的价钱和质量无疑都有市场，并且市场很大。我们所做的远不止于此。一个买了我们车的人也就被赋予了继续使用那辆车的权利。因此，如果他的车出了任何毛病，那是我们的责任，应以最快的速度把这辆车修好，使之能重新使用。在福特车的成功中，早期的服务措施是一个突出的因素。那个时期，大多数昂贵的车都只有很糟糕的售后服务。如果你的车坏了的话，你只有依靠当地的修理工——这时你本来是有权利找厂家的。如果当地的修理工是一位有预见的人，手头保存有不少零部件（虽然就很多车辆来说零部件是无法互相更换的），那车主就是幸运的。但如果修理工是个没有长远打算的人，对汽车的了解并不多，并且有一种不同一般的欲望，想从每一辆到他这里来修理的车上榨取一笔大价钱的话，那么，即使轻微的损坏也要等上好几个星期，并且在汽车开走之前得被狠狠地宰一笔修理费。有一段时间，修理工是汽车工业的最大威胁。甚至直至1910年到1911年，车主仍被认为肯定是有钱人，他的钱应该被刮走。在最开始的时候，我们便一直面对这一问题并很好地解决了它。我们可不想让我们的销售被愚蠢、贪婪的人妨碍。

这是几年之后的事了。由于金融控制才使得服务中断，因为金融家指望的是马上得到美元。如果首先考虑是挣到一定数量的钱，那么除非是靠偶然碰中的特别好的运气，有多余的钱用来提供服务，否则的话，企业的未来就要被今天所挣的美元断送。

我同时还注意到，在很多从事工商业的人当中，有一种倾向认为他们的工作很劳累。生活对他们来说是一场越早结束越好的战斗。这是我不能理解的，因为我想生活并不是一场战斗，除非是与我们垂头丧气的情绪作战。如果腐朽是成功的话，那一个人只要忍受着无所事事的懒散生活就行了。但如果发展才是成功的话,那么一个人必须每天早晨都元气满满地醒来,并且一整天都保持头脑清醒。我看到大的企业成了一个虚名,因为有人认为他们可以以他们一贯使用的管理办法把它管理好。虽然那套管理体系在过去是辉煌的,但它的价值在于它能与今天的变化保持一致,而不是奴隶般地跟随昨天。生活,就我看来,不是停留在某地,而是旅程。即使那些最深切感到自己是"安居下来的人"也并非安居下来——他可能是退回去了。万物皆流,其意义也皆在于此。生活流动着,我们可以住在一条街的同一个地方,但住在那里的永远不会是同一个人。

我注意到,人们因为生活是一场战斗而这场战斗可能由于错误举动而失败这样的幻觉,对常规模式有着极大的热爱。人们陷入固定的思维习惯之中。几乎没有鞋匠用新的方式缝鞋。很少有工匠愿意在他的行业里采取新的方法。习惯导致任何一种举动都会被看作干扰和麻烦。在进行一项有关工作方法的研究,以指导工人尽量减少无用的工作和疲劳时,反对最激烈的正是工人自己。虽然他们怀疑这是一项想从他们身上榨取更多价值的举动,但真正使他们恼火的是它将干涉他们久已养成的习惯。商人们随他们的商业发展而走下坡路,因为他们是那么地喜欢旧的一套,没法跟得上新的变化。这种人随处可见——他们不知道昨日已逝,他们今天早上醒来,头脑里装着的还是去年的观念。这几乎可以作为一条公式写下来:当一个人开始想到他最终找到了自己的方法时,他最好先认真检查一下自己,看看是否其大脑的一些部分没有睡着。一个人认为自己被生活"钉住了"的想法中有着微妙的危险,它表明进步之轮的下一圈会把他扔下来。

同时还有一种很深的恐惧：怕成为傻瓜。很多人害怕被人们认为是傻瓜。我想，大众观念对那些在意它的人就像是一支定心丸。也许这是真的，大多数人需要公众舆论的限制。公众舆论能使一个人比他本来的要更好——即使不是道德更好，至少在他的社会欲望相关的方面会更好。但为了正当的事情而做傻瓜并不是一件坏事。这种事情的最好之处在于这种傻瓜通常都能活得足够久，能证明他们并不是傻瓜——或者他们开始的工作能持续得足够久，能证明他们并不愚蠢。

金钱的影响——从一项投资中谋取利润的压力——和它对工作的忽视、潦草以及随之而来的对服务的轻视，这些我从很多方面都看到了。这看来是大多数困难的最根本的原因。它是低工资的原因——因为没有正确方向指导的工作是不可能付给高工资的。而如果不把全部注意力都集中到工作上，那是不可能有正确的方向的。大多数人都想自由地工作。在现行制度下，他们不可能自由工作。在我的第一次经历中，我并不自由——我不能完全依照自己的设想去工作。一切计划都是为了挣钱，最后考虑的才是工作。所有这一切中最奇怪的是，它坚持重要的是钱而不是工作。在任何人看来，把钱放在工作之前并非不合逻辑——虽然所有的人都承认利润来自于工作。其愿望似乎是找到一条挣钱的捷径，但同时却忽视了一条显然的捷径——也就是努力工作。

再说竞争。我发现竞争被看作一种威胁。一个好的经理人通过人为的方式用垄断来击败他的竞争者。这种观念是基于这样的想法：只有一定数量的人们愿意购买，因此必须把生意做在别人前面。有人也许会记得后来很多汽车厂家联合组成了一个协会，这样就可以合法地控制汽车的价格和产量。他们的想法和很多行业联合会的想法一样——这种荒唐的想法认为，可以以少量的工作而不是大量工作获得更多的利润。这种计划，我相信，是非常陈旧的。我那时候不明白，现在也仍然不明白：人们把自己的工作干好了还不够，却浪费时间在竞争战斗上。时间最好是用在工作上。总有足够多的人们准备并急于购买，只要你能以适当的价格供给他们所需要的产品——这点既适用于人力服务也适用于商品。

在这段思考时期，我远不是无所事事。我们制造了一台四缸发动机，并造了两辆大的赛车。我有很多时间，我从未离开我的事业，我不相信一个人能离得了他的事业。他应该整天想着它并且整夜梦着它。在上班时间工作，每天早晨把工作拣起，每天晚上把工作放下——直到第二天早晨再想着它，这是一个好习惯。这么做可能是最好的。如果一个人准备一生都沿着别人指定的方向，做一个雇员，他可能是一个负责任的雇员，但不会是一个主管或经理。一个体力劳动者必须受劳动时间的限制，否则他会疲惫不堪。如果他想一直做一个体力劳动者的话，那么当哨声吹响时他就应该忘掉自己的工作。但如果他想向前发展，做更多的事情，那么哨声是开始思考的信号，思考这过去的一天的工作，以发现怎么才能做得更好。

具有最大的工作能力和思考能力的人是注定要成功的。我并没有骗人说，那些总是工作的人，那些从不离开自己事业的人，那些绝对想赶在前面的人并且也因此走到前面的人，是不是一定会比那些只有在上班时间才动手动脑的人幸福，因为对这点我也不知道。而这并不需要每个人都来做决定。10匹马力的发动机不可能像20匹马力的发动机那样拉得多。那种下班便不想思考的人限制了他的马力。如果他满足于他所负载的重量，那是他的事情——但他必须不去抱怨别人增加马力比他多。闲散和工作带来不同的结果。如果一个人想要闲散,并得到了闲散,那么他就没理由抱怨了,他很难既拥有闲散又拥有劳动的成果。

具体来说,我那一年对工商业的认识——随后的每一年我都能学到更多,但发现没有必要改变我最初的结论——如下:

一、金钱若被置于工作之前的位置,便倾向于扼杀工作并毁坏服务的基础。

二、首先考虑金钱而不是工作,带来了对失败的恐惧。这种恐惧阻碍了企业的每一条发展之路。它使人害怕竞争,害怕改变方法,害怕做任何会改变自己状况的事情。

三、对任何把服务放在首位的人,尽力做好工作的人来说,道路都是清楚的。

第三章　开始真正的事业

在公园村的小砖房里，我有很多机会设计一辆新车并找到一些生产的方法。即使能够组织我所想的那种公司——在公司中决定因素是把工作做好，满足公众的需求——很显然，在目前这种试验性生产方式下，我也不可能生产出可以低价出售的好汽车。

每个人都知道，一件事情第二次总是可能比第一次做得更好。我不知道为什么那时候的生产没有把这点当作一个基本事实看待——可能是由于厂家都急于生产可以出售的东西，他们没有时间做好充分的准备。依订单生产而不是大批量生产，我想是一种习惯，一种传统，从很早的手工艺时代传下来的。询问一百个人他们希望某一特定的物品怎样制造，大约百分之八十的人不知如何回答。他们把这事留给你来决定。百分之十五的人觉得，他们必须说点什么，只有百分之五的人真正有想法和理由。百分之九十五的人，由那些不知道并且承认不知道和那些不知道却否认不知道的人组成，他们构成了任何产品的真正市场。那百分之五需要特别东西的人，也许能够也许无法出得起特别工作的价钱。如果他们出得起价钱，他们就能得到所想要的，但他们只构成特别的有限的市场。剩下的百分之九十五中，也许有百分之十到十五的人会为质量而付价钱；剩下的，他们买东西只考虑价钱，不问质量，这部分人数正日渐减少。消费者正在学会怎样购买产品。大多数人将考虑质量并买同等价钱中质量最好的东西。因此，如果你发现什么能给予这百分之九十五的人以全面的服务，然后以最高的质量生产，以最低的价格出售，你就将迎来如此巨大的需求，它甚至可被称为是普遍需求。

并没有标准，"标准化"这个词的运用很容易将人引入麻烦。因为它意味着有一定的僵化的样式、方法和通常性工作，因此生产厂家便可以选择最容易制造同时又能卖最高价格的产品。公众并不会考虑样式也不考虑价格。大多数标准化背后的想法是能够谋取最大的利润。结果是由于你只生产一种东西的不可避免的经济效益，越来越大的利润持续地流入厂家手中。他的产量也变得越来越大——他的设备生产得更多——他还不知道他的市场已经塞满了卖不出去的货物。如果厂家给这些货定出低价的话，这些货能够售出。总是有购买力存在——但购买力不会总是对降价做出反应。如果一种商品以过高的价格出售，然后由于企业的不景气，价格突然降下来，反应有时令人非常失望。而这是有很好的理由的。公众很担心，他们认为削价是一套假把戏，他们坐待真正的降价。去年我们看到很多这样的事例。如果与此相反，生产的效益马上转化到价格上，如果普遍知道这是厂家的方针，公众会非常信任他，会产生反应。他们会相信他能给予真正的价值。因此，标准化可以看成一桩坏事，除非它能经常地降低它所售商品的价格。价钱的降低（这点非常重要）是因为生产效益使然，而不是由于公众需求的下降，它表明公众对它的价钱并不满意。公众将会感到奇怪，它怎会需要花那么多钱。

标准化（就我对这个词的理解）并不只是找到最畅销的物品，并将注意力集中在它上面。它是日日夜夜的计划，也许要计划好几年，首先考虑什么东西最能满足人们的需要，然后考虑该怎么生产它。生产的具体过程会自己形成。然后，如果我们把生产从利润的基础上移到服务的基础上，我们便拥有了真正的工商业，其利润可以满足任何人的希望。

所有这些对我来说都是不证自明的。要服务社群中的百分之九十五的人，这是任何产业的逻辑基础。它也是社群能服务工商企业的逻辑方式。我不能理解为什么所有的产业都未能立足于这一基础。为了采用这一基础，所需要做的就是克服总想抓住眼前的美元的习惯，以为眼前的美元是世界上唯一的货币的习惯在某种程度上已经被克服了。这个国家的所有成功的大型零售商店，都是建立在单一价格基础上的。唯一需要再进一步的是要丢掉那种囤积居奇、待价而沽、谋求高价的观念，而是以平常感觉根据生产的成本来定价格，然后设法降低生产成本。如果一件产品的样式得到了充分的研究，那么，这件产品的改变便会很慢。但生产过程的改变会自然而然地来得很快很彻底。这是来自于我们所从事的一切的经验。它是怎么自然而然地到来的，我后面会讲述。我在这里需要强调的一点是：除非预先便对一件产品进行了充分的研究，否则是不可能获得一件让人全神贯注的产品的。

这些观念，是我实验的这一年中，在我的头脑中形成的。大多数实验都是制造赛车。那时候的观念是，一架一流的汽车应该是一辆赛车。我从来就对赛车没有什么真正的兴趣，但沿用自行车的观念，厂家认为在车道上赢得一场赛车可以告诉观众一些关于汽车的优点——虽然我无法想象任何检测能比这样的检测得出更少的结果。

但是，由于别的人都在这么干，我也不得不这么干。在1903年，和汤姆·库珀一起，我造了两辆主要是为了提升速度的车。它们很相像。我们把一辆称为"999"号，另一辆称为"飞箭号"。如果一辆汽车需要以速度而知名，那么，我就制造这样一辆汽车，它在只要速度快便出名的地方自然就能出尽风头。这两辆就是这样的车。我用了一台能产生 80 匹马力的四个大汽缸的发动机——这点在当时是闻所未闻的。这些汽缸的轰鸣声就足以把一个人弄得半死不活。车上只有一个座位,一辆车上坐一个人就足够了。我试过,库珀也试过那两辆车,我没法描述那种感觉。在驾驶过其中的一辆车之后,再经过尼亚加拉大瀑布都可以被看作是件悠闲的事。我并不想担负驾驶"999"号去赛车的责任。库珀也不想。库珀说他知道一个人,他是个为速度而活着的人,对他来说没有什么太快的东西。他给盐湖城拍了电报,于是来了一个名叫巴利·奥菲尔德的职业自行车手。他从未驾驶过汽车,但他很乐意试试看,他说他任何事情都想试一试。

教他怎么驾驶汽车只花了我们一个星期的时间。那个人不知恐惧为何物。所有他所学的就是如何操纵这个怪物。操纵今天跑得最快的车根本没法跟操纵那辆车相比。那时候连想都还没想到方向盘。所有我以前制造的车都只是很简单地装个方向柄。在这辆车上我装了一个双手操纵的方向柄,因为要控制正在行驶的这辆车需要一个大汉的全部力气。我们所准备的赛车要在克罗斯点车道上跑三英里,我们要让我们的车成为一匹黑马。我们把各种预测留给别人。车道那时候修得并不科学。不知道一辆车的速度到底能达到多快。没有人比奥菲尔德更明白转弯意味着什么,当他在座位上坐下,我摇着曲柄发动汽车时,他高兴地对我说:"好了,这辆战车可能会要了我的命。但他们以后会说当它把我带过围栏时我快得要命。"

他跑了……他始终不敢往旁边看一眼。在转弯处他也没有刹车,他只是让它跑——它也确实在跑。在他到达比赛的终点时,后面的人落后了他大约有半英里!

"999"号做到了它想要做的事情，它为我能制造快速汽车的事实做了广告。赛车后一星期，我成立了福特汽车公司。我是副董事、设计师、机械师、总监、总经理。公司的资本是10万美元，其中我拥有百分之二十五点五。以现金方式而投入的资本总额是28000美元——这是公司从经营之外的基金中收到的全部款项。在开始时，我尽管有以前的教训，但仍认为可以发展一个我在其中并没有控股权的公司。我很快就发现我得有控股权，因此在1906年，我用从公司里挣得的钱买了足够的股票，使我拥有的股票份额达到百分之五十一。没过多久我又买了更多，使我的份额达到了百分之五十八点五。公司的新设备和公司的整个发展资金都是来源于公司的所得。在1919年，我的儿子埃德塞尔买下了剩余的百分之四十一点五的股票，因为一些股票持有人不同意我的方针。为这些份额，他以每100美元原始股付12500美元的比率支付，总共付了7500万美元。

　　公司初创时，公司和设备都说不上完善。我们租用了马克大街的斯特拉劳木器店。在进行设计时，我同时也制订出了生产方法。但那时候因为我们没钱买机器，整个车是按照我的设计制造、通过不同厂家生产的，我们所做的，即使是以流水线的方式，也只是装上轮子、车胎和车身。只要能确定所有的零部件都能按照我设想的生产计划生产的话，那真是最节约的生产方式。未来的最低成本的生产将会是这样：整个产品不会是在同一座厂房里制成——当然，除非很简单的东西。现代的或者说未来的方式是每一个部件都在能生产得最好的地方生产，最后才把各个部件组装成一个整体。这就是我们现在学习的方法，并期待着它能发展下去。不管是一家公司或一个人，拥有分别生产这些部件的合作工厂，还是这样的零件由我们独自拥有的工厂生产，这两者并没区别，只要所有的工厂都采用同样的服务方法。如果我们能买到和自己制造的一样好的零部件并且价格公平而供货充足的话，我们就不会设法自己去生产——或者，尽一切可能，制造多于紧急需要的零件。事实上，把所有权更广泛地分散也许是一件更好的事情。

我一直在集中实验如何减轻重量。过分的重量会损害任何一种自我推动的交通工具。关于重量有很多愚蠢的想法。当你考虑这些的时候，你一定会惊异有些愚蠢的言语怎么现在还在流行。有一个词——"沉重的分量"，用来指一个人的精神装备。这是什么意思？没有人想要变得肥胖、笨重——那么为什么头脑要变成这样？出于一些愚蠢的理由，我们把重量和力量混为一谈。早期的原始建造方法无疑与这有关。旧式的牛车重一吨——它这么重，但它很脆弱！为了把几吨重的物品从纽约市运送到芝加哥，铁路得造几百吨重的火车，其结果是绝对地损失了真正的力量，造成了大量动力的惊人浪费。当力量变成重量时，利润降低的法则便开始生效了。重量对于蒸汽轧路机来说也许是值得的，但在别处便不值了。力量和重量没有关联。在这个世界上做事的人的精神是敏捷、轻快、强壮，世界上最美丽的东西是其身上所有多余的重量都消除了的东西。力量从来便不只是重量——不管是人还是物。不管任何人任何时候向我建议我可以增加重量或增加一个部分时，我所想的都是减少重量，消除一个部分！我所设计的车比曾有过的任何车都更轻。如果我能知道怎样做到这点的话，它将会更轻——后来我获了能制造更轻的车的材料。

在我们的第一年，我们制造了 A 型车，敞篷式的卖 850 美元一辆，有后座的再加 100 美元。这种车型有一个双缸马达，能发出八匹马力。它由链条传动，有 72 英寸的轴距——这点被认为太长了——有能装五加仑的油箱。第一年我们制造并销售了1708辆车。这可以表明公众的反应有多好。

每一辆这种 A 型车都有一段自己的历史。以 420 号车为例，加利福尼亚的 D.C. 科利上校在 1904 年买了它。他用了好几年，把它卖掉，又买了一辆新福特。420 号车经常转手，直到 1907 年它被住在雷蒙那附近的深山里的一个叫埃德蒙·雅各布的人买下。他在最崎岖不平的道路上开了几年这辆车，然后他买了一辆新福特，把旧车卖掉。到 1915 年，420 号车落到了一个叫坎特罗的人手里，他把马达取下来，套在抽水机上，给汽车底盘上装上辕，现在马达用来抽水，车身却由小驴拉着当马车用。当然，这其中的寓意是：你可以拆开一辆福特车，但你没法消灭它。

在我们的第一次广告中，我们说：

我们的目的是，制造并销售为日常的损耗和磨损特别设计的汽车——它可作为商业用车、职业用车和家庭用车。这种汽车能获得一般人所满意的快速，同时又不具有被人们普遍指责的危险的高速。它的结构紧凑简单，它的设计安全，它的性能全面舒适，且它的价格特别合理，所有这一切会使它受到男人、女人和孩子们同等的喜爱。

并且下面这些是我们所强调的 ——
优质材料。
易操控 ——那时候的大多数车需要相当的技能才能驾驶。
性能超群的引擎。
点火装置 ——它由两套六节干电池组成。
自动供油。

简单性和容易控制的传送，这点是非常典型的。

工艺精湛。

我们并未寻求享受。我们从来没有。从第一份广告中我们便表明一辆汽车在于它的适用，我们说：

我们经常听到被人引用的古老格言："时间就是金钱"——但几乎没有商人和职业人士的行为表明他们真正地相信它所包含的真理。

那些经常抱怨时间太少，为一周的天数太少而悲伤的人——那些对他们来说浪费五分钟便是扔掉一美元的人——那些有时候延迟五分钟便会损失一大笔钱的人——还依赖于危险的、不舒服的、很受限制的电车之类交通工具。只要投入一笔相当合理的钱买一辆完美、高效的高级汽车，就能消除你的焦虑和不准时，并为你提供随时可用的旅行工具。

随时准备，随时都有把握。

为你节省时间和金钱。

把你送到你想去的任何地方，再把你准时送回来。

给你守时的声誉。使你的顾客心怀愉快，处于购买的情绪。

为事业和快乐而制造。

为你的健康而制造——带着你平稳走过任何崎岖道路，由于户外活动使你的大脑清醒，使你的肺呼吸到新鲜空气。

你可以选择速度。你可以——如果你愿意的话——在街上漫游，你也可以踩下脚踏加速杆，直到所有景色看来都一样，你得睁大眼睛数着掠过的路牌。

我把这份广告的要点举出来说明，从一开始，我们寻求的就是提供服务——我们从未费劲地去弄"运动车"。

企业魔术般地向前发展。汽车获得了经得住考验的名声。它们是坚固的,它们是简单的,它们是制作精良的。我正在努力设计,想弄出一个普遍的型号,但我没有完成设计,我们也没有钱来建立适合生产的工厂、购买设备,我没有钱来寻找最好的最轻的材料。我们仍然不得不接受市场提供的材料——我们弄到了已有之中最好的,但我们没有设施对材料进行科学检测或进行最初的研究。

我的同行们并不相信,有可能把我们的汽车局限为一种单一的车型。汽车业也走着自行车业的老路。在自行车业中,每一家生产厂家都认为有必要每年推出一种新型自行车,并且使新型车和旧型车如此地不一样,以致那些买了旧车的人把旧车扔掉又买新的。这被认为是一桩好买卖。妇女订购她们的衣服和帽子便是出于与此相同的想法。这不是服务——这只是寻求提供新奇玩意儿,而不是更好的东西。一种特别根深蒂固的观念是:工商业——不停地出售东西——并不是依靠一再地满足顾客,而是依靠于首先为一件物品从他那儿挣来钱,然后再劝他应该买一件新的、不同的东西。那时候我头脑中所想但没有得到充分发挥、予以表达的想法是:当一种车型固定下来后,这种车型的每一个零部件都是可以互换的,这样这种车便永远不会过时。我的野心是让每一部车,或我生产的别的非消费性产品,非常坚固,制造得很好,任何人买了一辆便用不着买第二辆。任何一种好机器都应该像一块好手表一样有那么长的使用期。

在第二年,我们把资源分散到三种车型上。我们制造了一种四缸旅行车,B型车,售价为2000美元。C型车,是稍微改进了的A型车,售价比以前多了50美元。F型车,是售价1000美元的旅行车。那样，我们分散了我们的资源，提高了价钱——因此我们卖的车要少于第一年。销售量是 1695 辆。

那种 B 型车——第一辆在一般道路上行驶的四缸汽车——得做广告。赢得一场赛车比赛或创造一项纪录，在那时候是最好的广告。所以我修好"飞箭号"，在"999"号的双生兄弟——事实上是重新制造了它——在纽约汽车展览会展览的前一个星期，我自己驾驶它在冰上走过了一英里笔直的检测线。我将永远忘不了那次经历。那冰面看起来够平滑的，平滑得如果我越出了检测线的话，我们肯定会得到一个最糟糕的广告。但实际上冰面非但不平，而且有裂缝，当我知道这意味着麻烦时，我已经加速了。没什么可做的，只有沿着检测线向前。我让老"飞箭号"向前。在每一处冰缝，车都跳到空中。我根本不知道它是怎么落回地面的。当我不是待在空中的时候，我在滑行，但我不知怎样一直在驾驶着，车一直沿着检测线，创下了一个传遍世界的纪录！这使 B 型车出了名——但并不足以克服价钱过高的缺点。任何特技和任何广告都不能长久地销售一种商品。商业不是游戏。道德又来了。

随着我们企业的发展，我们的小木器店变得完全不够用了。因此在 1906 年，我们从我们的工作资本中抽出足够的钱，在匹科特街和波宾街的拐角处建了一座三层楼的工厂——这是第一次我们有了真正的生产设施。我们开始制造和装配很多的零部件了，虽然我们仍然还主要是一家组装厂。在 1905 年到 1906 年，我们只制造了两种车型——一种是 2000 美元的四缸车，另一种是 1000 美元的旅行车，两种都是前一年的车型。我们的销售量下降到 1599 辆。

有人说这是因为我们没有推出新的车型。我想这是因为我们的车价太贵了——它们不能吸引百分之九十五的人。第二年我改变了方式——第一次获得了控股权。在1906年到1907年，我们完全停止制造旅行车了。我们造了三种型号的敞篷车和小客车。所有的车在材料、生产程序和组成配件上都完全一样，但在外表上有些区别。重要的是最便宜的车售价为600美元，最贵的车只卖750美元。我们卖掉了8432辆车——几乎是我们以前销量最大的一年的五倍！我们最高的纪录是1908年5月15日，在六个工作日里我们组装了311辆车。它几乎淹没了我们的所有设备。工长有一块记数板，每一辆车装好交给检查者时他都在板上用粉笔记下。那块记数板几乎写不下了。在随后的六月的一天里，我们甚至组装了100辆车。

下一年我们告别了如此成功的项目。我设计了一种大车——50匹马力、六个汽缸——能在道路上跑得飞快。我们继续制造我们的小车，但1907年的惊人销量和把精力分散到更贵的车型上去，使销售量降到6398辆。

我们已走过了五年的试验期。汽车开始销往欧洲。企业，作为当时的汽车工业来说，被认为是特别兴盛的。我们有了很多钱。从第一年起，我们实际上总是有很多钱。我们卖车是收现款的，我们没有借过钱，我们直接把车卖给购买者。我们没有债务。每一举措都是在我们内部进行。在我自己的控制范围内，我总是能干得很好。我从未发现过有必要限制它。因为如果你把注意力放在工作和服务上，财源的增长会快得甚至你来不及找到方法去处理它们。

在选择我们的推销商方面，我们很小心。最开始要找到好的推销商很困难。汽车业并不被认为是稳定的行业。它被认为是在和奢侈品打交道——为了享受的快乐工具。我们最后认定了代理人，选择了我们所能找到的最好的人，付给他们远比他们自己开业挣的钱多的工资。刚开始，我们以工资的方式支出并不多。我们摸索到了自己的道路。当我们明确我们的道路是什么时，我们采取了为服务支付最高报酬的政策，然后再坚持得到最好的服务。在对代理人的要求中，我们立下了如下规定：

一、上进的、跟得上时代的人，对商机有敏锐的感觉。

二、有适当的营业场所，外表整洁，令人尊敬。

三、有充足的零配件存货，可以很快地进行零件更换，能为他活动的领域内的每一辆福特车提供积极的服务。

四、有一个装备齐全的修理店，以及能进行每一种必需的修理和调整的机器。

五、有对福特车的结构和操作完全熟悉的机械师。

六、一本综合账本和销售本。这样他的各业务部门的金钱状况便能一目了然，还有他的存货状况，现在的车主，将来可能的购买者。

七、所有的地方都得绝对的干净。不能有没擦洗过的窗户、布满灰尘的家具、肮脏的地板等。

八、适当的招牌。

九、所采取的政策必须保证绝对的公开交易，和最高的职业道德。

这是我们颁布的总的指导原则：

一个经销商或推销商应该知道自己地域内的每一个可能购买汽车者的姓名，包括所有那些其自身对购车一事根本没考虑过的人。对于这个名单中的每一个人，只要有可能，他就应该进行个人拜访——至少进行通信——表示关切，然后做必要的备忘录，了解与每位所关注的居民相关的汽车情况。如果你的地域太大了，做不到这点，那么你的地域便过多了。

实行这种方式并不容易，我们为公司受到的反对而苦恼。这股势力试图逼迫我们和汽车生产厂家联合会建立联系，而这家联合会是在错误的原则指导下运行的。它认为汽车市场是有限的，垄断这一市场是必须的。这就是著名的塞尔登查营案。有时候，为了支持我们的辩护，我们的财源受到了严重的限制。最近去世的塞尔登先生与这一案件关系很小，是联合会想寻求在专营的名义下垄断市场。情况是这样的：

乔治·B.塞尔登，一位专利律师，早在1879年便为一种东西申请了专利。这种东西被称为"一种安全的、简单的、便宜的道路机车，重量轻，易于控制，有足够的动力克服一般的坡度"。这份申请以完全合法的方式在专利局一直待到1895年，直到被授予专利。在1879年，当申请提交时，汽车对一般公众来说实际上是一无所知的东西，但当专利被授予时，每个人对自我推动的交通工具都熟悉了，并且很多人，其中包括我自己，多年来一直在为马达驱动而工作。我们吃惊地发现，我所使之变成现实的东西已经被多年前的申请包涵了，虽然申请人只是把他的想法当作设想而已。他没有做任何事情去把它变成实用。

专利之下的特别声明分为六组，我想即使是在申请提交的1879年，它们中的任何一条也都算不上新颖。专利局许可组合并签发了一个所谓"综合专利"，称这种综合为：（一）一种车厢，其车身是机器的，有方向盘，并有（二）推动机械的离合器和齿轮，最后（三）有发动机。这成了合法的专利。

对这一切我们都并不在意。我相信我的发动机与塞尔登头脑里的东西没有任何共同之处。那些因为其活动是受到专利权人许可而自称为合法厂家的汽车厂商组成的强大联合会，在我们刚刚成为汽车生产厂中的一员时，便对我们提起了诉讼。案件缓慢地进行。其意图是要把我们吓坏，退出这一行业。我们有大量的证词。打击在1909年9月15日到来，豪夫法官在美国地方法院发表了对我们不利的观点。那个合法的联合会马上便做起广告来，警告未来的购买者别买我们的车。在1903年案子一开始时，他们也干过同样的事情。当时认为我们会被赶出汽车业。我绝对相信我们最终会赢得这一案子。我很简单地知道我们是对的，但这第一个反对我们的决定，对我们来说打击还是相当沉重的。因为我们相信很多购买者——即使当局没有签发对我们的禁止令——也被吓得不敢买我们的车了，因为受到了威胁。有一种说法流传开了，说如果案件判决最后对我们不利的话，拥有福特车的每一个人都将受到起诉。我的有些狂热的反对者，我知道，私下里放风说这既是一桩民事案也是一桩刑事案，一个买福特车的人可能同时买了一张监狱票。我们的回答是在全国主要报纸上刊登的四页广告。我们公布了我们的案件——我们表达了对获得胜利的自信——最后说道：

总而言之，如果有哪位想买车的人被我们的敌人的宣传吓坏了的话，我们在给予他有600万美元财产的福特汽车公司的保护之外，还将给予他有600万美元财产的公司为后盾的个人保证。因此每一位福特车的车主都将受到保护，直到至少1200万美元的财产被那些试图控制并垄断汽车行业的人卷走为止。

只要你要求，这种保证书便给你。不要因为那些自称"神圣"

的团体的声明而让你去花高价钱买次品车。

请注意——如果没有东部和西部最能干的专利的律师建议和顾问的话，福特汽车公司是不会发起这场战斗的。

我们认为保证书能给购买者以安全感——他们需要信心。他们实际上并不需要。我们卖掉了18000辆车——几乎是上一年产量的两倍——我想大约有50个购买者要了保证书——也许还要少于这个数字。

事实上，再没有比这个案子能给福特车和福特汽车公司做更好的广告了。看起来我们是受人欺负，我们却得到了大众的同情。联合会有7000万美元——我们刚开始时还不到他们的零头。对于结果我从未有过怀疑，但这是一把本来可以没有悬在我们头上的剑。提起这一诉讼也许是任何美国商人团体干过的最短视的举动。排除其中的枝节因素，它可能是试图扼杀一种行业的最好例子。我想对这个国家的汽车厂商来说，我们能赢是他们的最大幸运。汽车联合会不再是汽车业中的重要因素了。到1908年，尽管有这一案件，我们还是到了有可能制造我想造的那种车的时候了。

第四章　生产和服务的秘诀

现在我并没有出于任何个人的理由来描述福特汽车公司的历史。我没有说:"去吧,照这样做。"我在这里想强调的是,工商业的一般方法并不是最好的方法。我到了和这种一般方法彻底告别的时候了,从这一点开始,公司进入了非同一般的成功。

我们相当好地遵从行业习惯。我们的车比任何别的车都更简单,我们也用不着关注外面的资金。但除这两者之外,我们和别的汽车公司并没有重要区别。只是我们更成功、更严格地执行现金折扣政策,把我们的利润再投入生产,并且保有大笔的现金平衡。我们进入全面的汽车比赛。我们做广告,我们促销。除了车的结构简单之外,我们在设计上与别人的主要区别在于我们没有制造纯粹"享受的车"的部分。在市场上,我们的车和任何其他车有着同样的愉快享受,但我们并没有给予纯粹的奢侈部分以注意。我们愿意为买主做特别的工作。我想我们会根据价格制造特别的车。我们是一家兴盛的公司。我们可以很轻松地坐下并说:"现在我们已达到成功了。让我们保佑我们所得到的吧。"

确实,有些人持这样的立场。当我们的产量达到一天100辆的时候,有些股东感到严重不安了。他们想做一些事情来使我停止管理公司。当我对这种努力做出回答说:一天生产100辆只是小事一桩,我很久以前就希望一天能生产1000辆时,他们震惊得说不出话来了。我开始认真考虑怎么行动了。如果我顺从同事们的观点,那我将把公司保持原样,把我们的钱用于建造漂亮的行政大楼,和那些看起来过于活跃的竞争者讨价还价，不时地设计出新车型以满足公众的奇想，渐渐地进入一个有着安静的、受尊敬的企业的安静的、令人尊敬的公民的位置。

想停下来，保有已经得到的，这是很自然的事情。我完全理解那种想过安宁生活而不再劳累的想法。我从未这么劝过我自己，但我能理解这些想法——虽然我认为一个想退休的人应该完全摆脱工作。这是一种退休的倾向和保持控制力的倾向。我认为我们的进步只意味着大干一场的开始——它表明我们到达了一个我们也许可以提供真正服务的位置了。这些年来，我每天都在计划着一种通行的车。公众对各种车型都给予了反响。服务用车、赛车，公路检验都对我们做出改变以很好的指导。甚至在1905年，我的头脑里便有了我想造的那种车的很多细节，但我缺少既有力量又轻便的材料。我几乎是偶然地碰到了这种材料。

1905年，我在棕榈海滩参加一次赛车，出了一次大的交通事故，一辆法国车报废了。我们参赛的车是K型车——六缸高速车。我认为外国车有比我们所知的更小、更好的零部件。那辆车报废后，我捡了一块阀门条杆，它很轻也很强韧。我问这是什么造的。没有人知道。我把条杆给了我的助手。

"把它弄清楚，"我对他说，"这是我们应该用在我们车上的那种材料。"

他最后发现这是一种法国钢，它里面含有钒的成分。我们找到美国的所有钢铁厂——但没有一家能生产钒钢。我到英格兰去找到一个知道怎样制造有商业价值的钒钢的人。下一步是找到一家工厂生产。这时又有了一个新问题。钒需要华氏3000度的高温，而普通的高炉无法超过2700度。我找到了俄亥俄州坎顿的一家小钢铁厂。如果他们愿意为我们干的话，我向他们提供担保。他们同意了。第一炉加热失败了，钢铁里面几乎没留有钒。我让他们再试一试，第二次钢炼了出来。直到那时，我们还被迫满足于只能承受6～7万磅抗张强度的钢铁。有了钒钢，抗张强度达到了17万磅之高。

有钒钢在手之后，我把我们的车型拆开，仔细检测以决定每一个部件用哪种钢材最好——看我们是要硬钢、强钢，还是有弹性的钢材，我想，在任何大型结构的机器生产的历史上，我们第一次科学地断定钢材的确切质量。结果，我们选择了20种不同的钢铁用于不同的钢铁零部件，其中的大约10种都是钒钢。只要是需要强度和轻便的地方便用钒钢。当然，它们并不都是一样的钒钢。其他的成分根据这一部件是承受磨损还是需要弹性——简单地说，根据它的需要而变化。在进行这些实验之前，我想，会不会有超过四种等级的钢材被用于汽车制造。根据进一步的实验，特别是根据热处理，我们能更进一步地增加钢的强度，因此而减轻汽车的重量。在1910年，法国工商部从我们这里拿走了一个连接着曲轴的方向杆——把它作为重要部分选出来——并且拿它去和他们认为是法国最好的车上的相同部件相比。每一种测试都表明我们的钢更强韧。

钒钢去掉了很多重量。一辆通用车的其他要求，我已经想出来了，有很多已经实现了。设计得保持平衡，因为一个部件飞出去会造成人的死亡。由于有些零件比其他零件更脆弱而使整个机器报废，因此，在设计一辆通用汽车时，问题的一部分就是考虑尽可能地使所有的部件根据它们的用途都有同样的强度——使整部汽车就像一匹马拉的轻便马车一样。同时，这其中也有愚蠢的事例。这很困难，因为一架汽油发动机汽车本质上是一台精致乐器，任何有头脑的人都有极大的可能性把它弄糟。我采用的口号是这样的：

"我的汽车中只要有一辆被损坏时,我知道我就应承担责任。"

自从第一辆汽车在街上出现那天起,它对我来说就是生活必需品。正是这种认识和确信,使我去制造一辆最好的车——一辆能满足广大人群需要的车。我那时候和现在所有努力都是生产一辆车——一种车型。并且,年复一年,过去是,现在还是,提高、改进,制造得更好,把价钱降得更低。通用的汽车得有这些特点:

一、优质的材料,趋于完美的服务。钒钢是最强、最硬、使用时间耐久的钢材。它构成了法国基本的超一流结构。不考虑价钱如何,它是这世界质量最好的钢材。

二、操作的简单性——因为广大民众并不都是机械师。

三、有充足的动力。

四、绝对的可信赖——因为这车将用于不同的用途,将行驶在各种路面上。

五、轻便。福特车的每一立方寸的活塞排放只承受7.95磅的重量。这就是福特车总是能畅通无阻的原因之一。不管是在哪里,在什么时候,你看到它们——经过沙地或泥地,经过坑坑洼洼的路面,雪中,水中,上山,穿过田野和没有道路的平原——它们都在畅行无阻。

六、控制——总是把速度掌握在手中,平静安全地面对每一种紧急情况和意外情况,不论是在城市拥挤的街道上还是在危险的道路上。福特车的行星齿轮传动控制系统使任何人都能使用。这就是为什么说"任何人都能驾驶福特车"。它几乎随处可见。

七、一辆汽车越重,在行驶时消耗的燃料和润滑油自然就越多。重量越轻,行驶的费用便越低。在早年,福特车重量轻这一点被人用来反对它。现在,一切都改变了。

我最终确定的车型设计叫做 T 型车。这种新车型的重要一点是它的简单。它如果被接受的话——正如我认为会被接受的，我想只制造一种车，然后开始真正的生产。这种车只有四个结构单位——动力系统、车架、前轴、后轴。所有这些都很容易懂得，如此设计，旨在让使用者不需要什么特别的技能便可以对它们进行修理或更换。那时候我就相信，虽然由于想法过于新奇，但我几乎没有说过，它可能由于零件如此简单、便宜，将昂贵的手工、修理整个地消除。零件的造价那么低，它将使买新车比修旧车更便宜。它们可以通过五金商店出售，就像钉子和带子一样。我想我作为一个设计师，应该把车造得极其简单，以至没有人会不明白。

这是一条双向道路，可用于一切事物，一件东西越简单，它便越容易制造，它便能以更便宜的价格出售，因此也就越可能大量地销售。

在这里没有必要讲述具体的机械细节，但现在也许是回顾一下各种车型的好时刻。因为 T 车型是最后一种车型，它所带来的政策使得我们的企业超越了商业的常规。把这同样的观念用于实际会使任何企业脱离一般的道路。

在 T 型车之前，我总共设计了八种车型。它们是：A 型车、B 型车、C 型车、F 型车、N 型车、R 型车、S 型车和 K 型车。在这些车型中，A 型、C 型和 F 型有着对称水平双缸马达。在 A 型车上，马达安装在驾驶座的后面；而在所有其他的车型中，它是装在前面的引擎盖下的。B 型、N 型、R 型和 S 型车有着四缸垂直马达，K 型车有六缸马达。A 型车能发出八匹马力。B 型车有四又四分之一英寸的汽缸和五英寸的冲程量，能达到 24 匹马力。马力最大的是 K 型车，六缸发动机，能达到 40 匹马力。最大的汽缸是

B 型车上的，最小的汽缸是 N 型、R 型、S 型车上的，直径为三又四分之三英寸，冲程量为四英寸。除了 B 型车之外，所有车的点火电门都是干电池，B 型车用的是蓄电池，K 型车的点火电门既有电池又有永磁电机。在现在的车型中，磁石电机作为动力系统的一部分被装了进去。前四种车型的离合器是圆锥形的，后四种车型和目前的车型的离合器是多重盘形的。所有车型的传送装置都是行星系齿轮。A 型车是链条传动，B 型车是轴传动。随后的两种车型都是链条传动。从那之后所有的车都用轴传动。A 型车有 72 英寸的轴距，B 型车是一辆特别好的车，有 92 英寸的轴距，其他车的轴距为 84 英寸，K 型车的轴距为 120 英寸，C 型车的轴距为 78 英寸，现在的车型的轴距为 100 英寸。前五种车所有的装备都是另外收费的，随后的三种出售时附有部分设备。现在的车附带全部装备出售。A 型车重 1250 磅。最轻的是 N 型车和 R 型车，它们的重量为 1050 磅，但它们都敞篷车。最重的车是六缸发动机汽车，重 2000 磅，目前的车重为 1200 磅。

实际上 T 型车没有一个部分不是已经在以前的这种或那种车型里包含的，每一个细节都经过了实践的检验。对于它是否能成功这点，并没有任何侥幸心理。它肯定能成功，它没有不成功的理由，因为它不是以一日之功制造成的。它包含了那时候我能用于汽车的一切，再加上材料，这些材料是我第一次能够获得的。在 1908—1909 年，我们推出了 T 型车。

公司那时已经创办 5 年了。最初工厂的面积只有 0.28 英亩。我们在第一年雇用了 311 人，制造了 1708 辆汽车，有一个分厂。到 1908 年，工厂的面积增加到 2.65 英亩，我们拥有了自己的大楼。雇用人员的数目增加到 1908 人，我们制造了 6181 辆车，有 14 家分厂。这是一家很兴旺的企业。

在 1908—1909 年度，我们继续制造 R 型车和 S 型车，四缸敞篷车和小客货车，这两种车型在前一年非常成功，售价为 700 美元和 750 美元。但 T 型车把它们全部扫除掉了。我们卖了 10607 辆车——比任何一家汽车厂曾卖过的都多，旅行车的价格是 850 美元。在同样的底盘上我们装配了售价 1000 美元的市内汽车，售价 825 美元的小客货车，售价 950 美元的双门厢式小客车，售价 950 美元的单排座敞篷轿车。

这一年度最后向我证明，是该用力推行新的政策的时候了。在我宣布政策之前，销售人员被巨大的销售量刺激，认为只要我们制造更多的车型，就能创造更大的销售量。这真是奇怪，一旦某项产品取得成功，怎么就会有人想出只要把这项产品改成不同的东西，就会更加成功。有一种随着时尚乱走的倾向，把一件好端端的产品改变从而毁了它。销售人员坚持增加车型。他们听从百分之五的特殊顾客，这些顾客能够说出他们需要什么。他们忘记了那百分之九十五的顾客，这些顾客只是购买，不作任何挑剔。没有企业能够改进，除非它尽最大努力地听取抱怨和建议。如果服务中有什么缺陷的话，必须马上进行认真调查，但当建议只是关于款式时，一个人就得弄清楚它是不是纯属个人奇思怪想的呼声。销售商总是倾向于迎合奇异的趣味，而不是对他们的产品有充分的了解，从而能对那些有奇思怪想的顾客解释，他们将满足其每一项要求——当然，前提是他们能接受满足这些要求的条件。

因此在 1909 年的一天上午，没有任何事先的透露，我宣布在以后我们将只生产一种车型，这种车型就是 T 型。所有的车的底盘都完全一样。我说：

"任何顾客都可以让他的车喷上任何他想要的颜色。"

我不能说有任何人同意我的想法。只知道卖东西的人当然看不到生产单一车型带来的好处。还不止于此，他们对这一点根本就不加特别的关注。他们认为我们的车已经够好的了，再降低价格会影响销售量，那些要求质量的顾客会被赶走，将没有人来代替他们。他们对汽车工业根本没有任何概念。汽车仍然被认为是某种奢侈品。生产厂家在传布这一观念中起了不小的作用。一些聪明人发明了"豪华车"这一名称，并在广告中着力强调其豪华部分。销售人员有理由反对，特别是当我做出以下宣布时：

我将为广大的群众生产汽车。它的空间足以供家庭使用，同时又轻便得足以让一个人驾驶和保管。它将用最好的材料、由最好的工人制造，根据现代机械能提供的最简单的设计制造，且它的价钱十分优惠。任何一个有一份好工作的人都能买上一辆——并和他的家庭在它宽敞空间里享受美好的时光。

这份宣言没有受到热情的欢迎。一般的评论是：
"如果福特如他所愿去做的话，六个月之内就要破产。"

一般的观念是一辆好汽车不可能低成本制造，而且没有必要制造价格低廉的车，因为只有有钱人才到汽车市场来。1908—1909年度超过10000辆车的销售量，使我相信我们需要一家新工厂。我们有了一个大型的现代工厂——匹克特街工厂。它和这个国家的任何一家汽车厂一样好，也许还稍稍好一点。但是我不知道它怎么能对付将不可避免地到来的生产量和销售量。所以我在高地公园买了60英亩地，那地方当时被看作底特律城外的乡下。所购买的土地的数量和要建一个比这个世界曾有过的任何工厂还要大的工厂的计划都遭到了反对。问题是已经问过的：

"福特多久会破产？"

没有人知道这个问题被问过多少次。它被询问，是因为没有理解这是一个原则而不是一个人在努力。这一原则如此简单，以至它显得有些神秘。

在1909—1910年度，为了支付新买的土地和建楼，我稍微提了一点车价。这是很公平的，结果也是有利的，对购买者并无损害。好几年前我做过完全一样的事情——或者说，我是没有如我每年习惯的那样降低价格，在每一事例中，所需的钱都可以通过借贷获得。但这样的话，我们的企业就会有着连续的负担，以后的所有汽车都得承受这一负担。所有型号的汽车价格都增加了100美元，除了小客货车只增加了75美元；单排座敞篷轿车和市内轿车，它们相应地增加了150美元和200美元。我们卖掉了18664辆车。然后，在1910—1911年度，由于有了新的生产设备，我把旅行车的价格从950美元砍到780美元，我们卖掉了34528辆汽车。这是在原料价格和工资一直上涨的同时车价却稳步下降的开始。

把1911年和1908年对照一下：工厂面积从2.65英亩增加到32英亩，平均雇用人员数从1908人增加到4110人，生产的汽车由6000多辆增加到近35000辆。你会注意到，人员的增加并不是和产量的增加成比例的。

我们看来好像是一夜之间便产量大增。这到底是怎么来的？

简单地说，是通过应用一条不可避免的原则而来的，通过明智地动用动力和机器而来的。在一条小街的一个昏暗的小店里，一个老人劳作多年制造斧柄。他用风干的山核桃木制作，他的工具有刨子、凿子和砂纸。每一只斧柄都认真地称过、量过，看是否平衡。它们没有两把是一样的。曲线必须合手，必须和木头的纹路一致。从早到晚，这位老人一直忙碌着。他的平均产量是一星期八只斧柄，每一只他卖一个半美元。这其中的一些斧柄经常卖不出去——因为那平稳并不是真的。

今天你可以花几分钱，买一把更好的机器制造的斧柄。你用不着担心平衡。它们全都一样——每一只都是完美无瑕的。现代方法的应用不但使斧柄的价格降到了原先价格的零头，并且还极大地提高了产品的质量。

正是把这同样的方法应用到福特车的制造上，使得车价一开始便降了下来，并提高了车的质量。我们只是发展了一种观念，一个企业的核心也许是一个观念。那就是，一位发明家或一位好思考的工人想出一种新的更好的方法来服务人们早已习惯的需要。这个观念会自我激励。人们需要它来帮助自己。用这种方式，某个人可以证明，或通过他的观念发现一个企业的核心。但是这个企业的创造和壮大是由每个与它有关联的人分享的。没有一个厂商能够说："我建起了这家企业。"——如果他需要上千人来帮助他建立这家企业的话。它是一件联合生产的产品。它所雇用的每一个人都对它做出了一些贡献。通过工作和生产，他们使购买者能够不断光顾这家企业，寻求它所提供的服务，这样他们便帮助建立了一套传统，一个习惯，同时这一行业也为他们提供了生活来源。我们的公司就是以这种方式成长起来的。在下一章我将解释公司是怎样成长的。

与此同时，公司成了一个世界范围的大公司。我们在伦敦和澳大利亚都有分支机构。我们的车出口到世界上的所有地方，特别是在伦敦，我们变得像在美国一样知名。由于美国自行车的失败，把汽车打入英国市场有一些困难。由于美国自行车并不适合在英国使用，于是有些销售者想当然地以为没有任何美国交通工具在英国市场上有吸引力。两辆 A 型汽车在 1903 年找到了去英国的道路。报纸拒绝对它们做出报道。汽车代理商拒绝表示一丁点儿的兴趣。有谣言说它的主要组成部分是弹簧和钩子，如果它能在两周内不散架，那买主就算幸运了！在第一年大约 12 辆车被使用了。第二年只是稍微好一点。我可以说，就 A 型车的可靠性来说，20 年后它们大部分仍在英国继续进行某些服务。

在 1905 年，我们的代理人用一辆 C 型车参加了苏格兰可靠性检测。那时候可靠性跑车在英国比赛车更流行。也许这是一个迹象，表明一辆汽车终究不只是一个玩具。苏格兰检测要跑 800 多英里的危险山路。整个行程福特车只有一次非自愿的停车。这开始了福特车在英国的销售。同一年，福特出租车第一次投入了伦敦。在随后的几年里，销售量开始大量上升。福特车参加了每一次耐力和可靠性比赛，并且每次都取得胜利。希里顿的销售商让十辆福特车在南顿的陡峭道路上开了两天，这当中的每一辆都完好无损地开过来了。结果，他一天卖掉了 600 辆车。在 1911 年，亨利·亚历山大把一辆 T 型福特车开到了 4600 英尺高的本内维斯山顶。那一年我们在英国卖掉了 14060 辆车，而且从那之后再也用不着表演什么特技了。我们最后在曼彻斯特建立了我们自己的工厂。在最初，它纯粹是一家组装工厂。但是，随着岁月的推移，我们逐渐地在那里制造越来越多的汽车。

第五章　进入生产

如果一种工具能节省百分之十的时间,或增加百分之十的成果,那么缺了它就总是意味着被抽了百分之十的税。如果一个人的时间一个小时值 50 美分的话,那节省百分之十就意味着一个小时能增加 5 美分。如果一幢摩天大楼的所有者能把他的收入增加百分之十的话,为了知道怎么增加,他会愿意付出一半的增加收入的。他为什么能拥有摩天大楼的理由是,科学证明了某些材料以某种方式使用的话,可以节省空间并增加租金收入,一座 30 层高的建筑占地面积不需要比一座五层楼高的建筑占地面积大。如果沿用老式建筑的话,五层楼的所有者浪费了 21 层楼的租金。每天为 12000 名雇员中的每一位节省十步路,你将节省 50 英里无用的动作和滥用的能量。

这些就是我的工厂的生产所依据的原则,它们都是从实践中自然而然得到的。在刚开始时,我们尽力找机械师。随着生产增加的需要,我们明显地感到不但不可能拥有足够的机械师,连生产中的熟练工人也无法满足。从这中间我们得出了一条原则,这条原则我在后面将细致地说明。

这一点是不证自明的,即这世界上的大多数人不具有在智力上——即使他们在体力上不差什么——能为自己谋取好生活的智慧。那就是说,他们不能用自己的手创造足够数量的这世界需要的商品,以用这些产品交换他们需要的产品。我听说过,事实上我相信这是流行的想法:我们从工作中得出技能。但我们并没有。我们把技能投入工作。我们把更高的技能用于计划、管理、制造工具，这种技能的结果被那些没有技能的人享用。这点我将在后面详细说明。

我们得承认人类智力方面的差别。如果我们工厂的每一份工作都需要技能的话，这工厂就从来不可能会存在。即使花100年时间也训练不出所需要的数量足够的技术人员，100万手工劳动的人也不可能生产出我们目前每天的产量。没有一个人能管理100万人。比这点更重要的是，这100万人的手工产品不可能以与购买力相适应的价格出售。即使可以想象这样一大群人挤在一起，想象它的管理和相互关系，但想想它要占据的空间！需要多少人，不进行生产，而只是把别人生产的东西从一个地方搬到另一个地方？我无法想，在这样的条件下，人们的工资一天会多于10或20美分——当然，并不是雇主支付工资，他只是把钱交过去。是产品在支付工资，是安排生产的管理使产品能够支付工资。

更经济的生产方式根本就不是一开始便全部实行。它们是逐渐实行的——正如我们开始逐渐制造我们自己的零部件。T型车是我们第一次自己制造发动机的车。巨大的经济效益开始于组装，随后扩张到其他部门，因此，我们现在虽然有很多的高技术的机械师，但他们并不生产汽车——他们使别人更容易生产汽车。我们的技术人员是工具制造者、实验工人、机械师和造型制造者。他们和世界上的任何人一样好——他们确实很好，他们不应该被浪费在用于那些他们设计出来的机器能干得更好的工作上。到我们这里来的大批人员都是没有技能的。他们能在几个小时或几天之内学会怎么做他们的工作。如果在这段时间内他们还学不会的话，他们对我们便绝不会有用处。这些人，其中很多是外国人，在他们被招进来之前的全部要求是他们应当有足够的潜能去干足够的工作，以配得上他们所占用的位置。他们用不着非得体格强壮不可。我们有那种需要强壮体力的工作——虽然这种工作正在迅速减少。我们也有根本不需要力气的其他工作——这种工作，就它所需要的力气而言，三岁的孩子都能胜任。

如果不能深入技术过程，是不可能一步一步地按照每一件事情出现的顺序，将整个生产发展表达出来的。我知道这点是做不到的，因为几乎每天都会发生一些事情，没有人能够跟踪得了。随意地举一些变化之处，也许从中不但可能知道一些当这个世界立于生产基础上时将发生什么事情，同时还能明白我们付出了远比我们该付的大得多的代价，人们得到的工资远比他们该得到的低得多，还有多么宽阔的领域等待着人们的开发利用。福特汽车公司只是沿着这条道路走了一小段而已。

一部福特车包含大约5000个部件——这包括螺丝，螺帽，所有一切在内。其中的有些部件很庞大，而另一些几乎只有手表零件大小。在我们最初组装的时候，我们只是简单地在开始时把一辆车放在地上，工人们把需要的部件装在需要的地方，完全和盖房子一个样。当我们开始制造零部件时，很自然地成立了工厂的一个部门专门生产那种零部件，但通常一个工人要干完一个小零件所需要的全部工序。生产迅速带来的压力使得有必要制定生产计划，以避免工人相互之间的不协调。未受训练的工人走来走去找材料和工具的时间比他工作的时间还多。他得到的报酬很低，因为步行并不是一份高工资的工作。

当我们开始让工作来服从工人而不是让工人去服从工作时，便迈出了走向生产流水线的第一步，我们现在在所有的工作中贯彻两条原则——如果能够避免的话,一个人将绝不多走一步,没有人需要一直弯着腰。

流水线工作的原则是这些:

一、按照操作程序安排工人和工具,这样,在整个走向成品的过程中,每个部件都将走尽可能最短的距离。

二、运用工作传送带或别的传送工具,这样当一个工人完成他的操作后,他总是把零部件放在同样的地方——这个地方是他的手放起来最方便的地方——如果可能的话,运用重力把零件送到下一个工人处,供他操作。

三、运用滑动装配线,需要装配的零件放在最方便的距离处。

这些原则运用的结果是,减少了工人思考的必要,把他的动作减少到最低程度。他几乎只用一个动作做一件事情。

装配汽车底盘,在那些不懂机械的人看来,是我们最有趣、也许是最有名的操作。有一段时间,它是特别重要的操作,而我们现在把装配的零件运送到售销的地方。

在 1913 年 4 月 1 日,我们第一次试验一条装配线。我们用它来试验装配飞轮磁石电机,我们首先在一个小范围内实验一切——我们将吸取任何一个可能被我们发现的更好的方法,但我们需要能绝对肯定新方法将比旧方法好,这样才能进行大的变革。

我相信这是人类安装的第一条流水线。这种想法来自于芝加哥食品包装厂用来加工牛排的空中滑轮。我们以前用常规的方法装配飞轮磁石电机。一个工人干完全部工序,他一天 9 个小时能装 35～40 台,或者说每 20 分钟组装一台。他所做的全部工作后来被分解成 29 道工序,这样把装配时间减少到了 13 分 10 秒。然后我们把流水线的高度提高了 8 英寸——这是在 1914 年——把时间降低到7分钟。对工作移动速度的进一步实验使时间降低到5分钟。总而言之，结果是这样：由于科学研究的帮助，一个人现在能做的工作是几年前的四倍多。这条流水线建立了高效的方法，现在我们把它用于所有地方。发动机的组装以前是由一个人干，现在被分成84个操作工序——那些人现在组装的发动机的数目是以前同等情况下的三倍。在很短的时间内，我们试验出了装配底盘的方法。

在进行底盘装配中，我们干得最好的是每台底盘平均用12小时28分钟。我们进行实验时用一条绳子和绞车沿着一条250英尺长的线拉动。六个装配者随着底盘一起走动，从沿着这条线放好的零件堆上取下零件装上。粗粗的试验便把装配每台底盘的时间降低到5个小时50分钟。在1914年初，我们把流水线的位置提高了。我们采取了"与人同高"的工作政策。我们有一条流水线离地面26.75英寸，另一条流水线离地面24.5英寸——以适合身高不同的两组人员。齐腰高的安排和进一步的分解工序使每个人的动作得以减少，每台底盘装配所需的工作时间降为1小时33分钟。那时候只有底盘在流水线上装配。车身在约翰·R.街再装上——也就是从高地公园工厂前经过的那条著名的街道。现在则在流水线上装配整部车子。

但是，绝不要以为所有的一切做起来就像听起来那么快，流水线传动的速度是通过仔细试验得出来的。在飞轮磁石电机流水线上，我们最初的速度是每分钟60英寸，这太快了。然后我们又试了每分钟18英寸，这又太慢了。最后我们定下每分钟44英寸。想法是一个人的工作必须能够不慌不忙——他必须有所需要的每一秒钟，但又不能有不需要的一秒钟。我们找出了每条流水线的速度，因为底盘流水线装配的成功使我们逐渐改变了我们的整个生产方式，让所有的装配都在机械驱动的流水线上进行。比如，底盘装配线，以每分钟 6 英尺的速度运行；前轴装配线以每分钟 189 英寸的速度运行。在底盘装配线上有 45 个独立的操作程序或操作站。第一个人把底盘框架上拧上四块挡泥板架。发动机在第十道工序开始安装。有些人只做一个或两个小操作，另一些人做得更多。装上零件的人并不把它拧紧——要在后面好几道工序之后这个零件的位置才能固定。一个装上螺栓的人并不装上螺帽，装上螺帽的人并不把它拧紧。在第 34 道工序时刚装好的发动机得到了汽油，它此前已接受了润滑油；在第 44 道工序，散热器装满了水；到第 45 道工序，汽车便开出了约翰·R. 街上。

这样的想法也根本性地运用到了发动机的装配上。在 1913 年 10 月，装配一台发动机还需要 9 个小时 54 分钟。六个月后，由于传动的装配线，这一时间已经降低到 5 个小时 56 分钟。车间的每一件东西都是传动的。它是挂在空中的链子的钩子上完全按照每个所需要的零件的顺序进行装配的。它可以用移动平台传动，也可以利用重力，但关键之点在于不能提升或运送任何原材料。材料是由缩小的福特车底盘带动的小卡车或拖车运来的。这种车能足够灵活、快捷地走到任何需要它们去的过道上。没有任何工人需要走动，拿起任何东西。那是另一个不同的部门干的事——运输部。

我们开始在一座工厂组装整部汽车。后来由于我们开始制造零件，我们开始部门化，这样每个部门就只做一件事。正如现在工厂的运作方式，每个部门只生产一种零件或装配一种零件。一个部门其自身又是一座工厂。那个零件进来时是作为原材料或铸件进来，经过一系列的机器和热处理，或任何需要的处理，离开这个部门时已是成品了。

只是由于交通的便利才使得当我们进行生产时不同的部门能组成一个群体。我并不知道如此精细的分工是否可行。但随着我们产量的增长和各部门的增多，我们实际上从制造汽车变成了制造零件。随后，我们有了另一个新的看法，那就是用不着所有的零件都由一家工厂制造。这并不是真正的新发现——它实际上在我第一次制造汽车时便自然而然地出现了，当时我买了发动机和大概百分之九十的零件进行组装，当我们开始自己生产零件时，我们想当然地认为所有这些零件都该在一家工厂生产——这实际上和想在同一座屋顶下制造整辆汽车的想法别无二样。我们现在的发展已离开了这种方式，如果我们需要建任何更大的工厂的话，那只能是因为制造某一种零件需要如此大的容量，比如需要大的组合。我希望随着时间的发展，高地公园的工厂将只做一件或两件事情。铸造已经从那里迁到罗格河工厂去了。所以我们现在正在走一开始走的老路——不同的是，我们不是向外面购买我们的零件，我们开始在我们外面的工厂制造零件。

这种发展有着特别重要的影响，它意味着——这点我将在后面的章节详细说明——高度标准化、高度分工的工业不再需要集中在一家大工厂，这种大工厂会因为不便的交通和住房而受到阻碍。在一家工厂里，1000人或500人就应该足够了。那样的话，便不会有上班或下班时的交通堵塞问题，也不会有拥挤的居住条件或别的非自然的生活事故，这些在过于拥挤的情况下是肯定会发生的。

高地公园的工厂现在有500个部门，而在我们匹克特街的工厂里只有18个部门。以前在高地公园的工厂里，我们只有150个部门。这表明我们在生产零件方面的发展有多快。

几乎没有哪一个星期过去之后而我们却没有对机器或工作程序

进行某些改进的。有时候，这种改进是违反所谓的"最佳车间实践"而进行的。我回想起一次一位机器生产者被叫来参加一个关于制造一种特别的机器的会议。其要求是每小时产量为 200 台。

"这肯定搞错了，"那位生产者说，"你的意思是每天 200 台——没有任何机器能够一小时生产 200 台。"

公司的官员派人把那位设计机器的人找来，他们让他注意说明书。他说：

"是这样的，怎么啦？"

"它做不到。"那位制造者肯定地说，"任何机器制造都不可能做到这点——这是毫无问题的。"

"毫无问题！"那位工程师叫道，"如果你愿意下到一楼的话，你会看到有一种机器制造能做到这点。我们制造了一台，看它能不能做到这点。现在我们需要更多像它一样的机器。"

工厂没有保存实验记录。工长和监工记得住所做过的一切。如果某种方法以前试验过并且失败了的话，会有人记住它——但我并不特别在意那些去记住有人曾试图做过什么的人，因为那时候我们可能迅速地积累了大量未能去做的事情。这就是详细记录的麻烦之一。如果你把你的全部失败记录下来的话，那么你很快便会有一个单子，那上面不会留下任何让你再去试验的——决不能说一个人以某种方式去做失败了，另一个人就肯定不会成功。

他们告诉我们不能使用我们的没有尽头的链条法铸造灰铁。我相信还有一次失败的记录，但我们正在干这事。成功地进行这项工作的人，对以前的失败既不知情也不注意。同样有人告诉我们不能直接把铁水从高温炉里浇入模子。通常的方法是先把铁水变成生铁，让它们晾一阵子，然后再重新熔化用来铸造。但是在罗格河的工厂里，我们直接从高温炉里将铁水浇入模子里铸造。确实，一份失败的记录——特别是一份权威的记录——会吓得年轻人不敢再去尝试。我们从我们的傻瓜式冲撞中获得了一些最好的结果。

我们中没有人是"专家"。很不幸，一旦有人自认为是专家的时候，我们便发现有必要摆脱掉他——因为除非他真正了解他的工作，否则没有人会自认为是专家。一个了解他的工作的人能看到需要做的事远比已经做过的事多得多，因此他总是急于向前进，从不会有时间想到他有多棒、多有效率。总是想着向前，总是想着干更多的事，这会使一个头脑认为没有什么不可能的事。一旦一个人进入专家的思维状态，很多的事情就变得不可能了。

我拒绝承认有什么不可能性。我没有发现这世界上有任何人对任何事情知道得足够多，可以明确地说什么是可能，什么是不可能。正确的经验，好的技术训练，应该扩大思维领域，缩小不可能性的数目。不幸的是没有这种训练。大多数技术训练和一般的那种我们叫"经验"的东西，只是提供一份以前的失败记录。这些失败没有被作为有价值的东西利用，而是作为对进步的绝对阻碍。如果有什么人自称是权威，说这事或那事不能干，随后一大群没有头脑的跟随者就会齐声喊道："它不能干。"

以铸造为例。铸造总是一个有很多浪费的程序。它是那么古老的一个行业，已经积累下了很多传统，这些传统让改进变得特别困难。我相信一个铸造方面的权威宣称——在我们开始我们的实验之前——任何说能在半年之内创造低成本的人都是骗子。

我们的铸造厂过去和别的铸造厂很相像。当我们在1910年铸造第一辆T型车的汽缸的时候，整个工作的每一项都是由手工操作的。有很多的铲子和手推车运送。这工作那时候既是技术活又是非技术活。我们有制模工，我们也有干体力活的工人。现在我们有百分之五的完全熟练的制模工和砂芯安放工，但其余的百分之九十五是非技术工；或者说得更精确一点，必须是能熟练地进行一项操作的工人，而这项操作即使最笨的人两三天内也能学会。模塑全部由机器来完成。我们铸造的每一个部件都有一个铸造小组——根据生产计划需要的数目铸造。每个小组的机器只进行一种零件的铸造。这样，这个小组中的每个人总是做着相同的操作。一个小组的机器由一条悬挂的铁轨构成，上面间隔着挂着供铸造用的平台。用不着讲述技术细节，制模、放砂芯和包装砂芯都在移动的平台上完成。当工作传动时，金属在另一个地点浇注，当浇注了金属的模子到达终点的时候，它已经冷却了，可以开始自动清理、加工和组装，然后平台为新的载货转动。

再看活塞杆组装的发展。即使按照老式方法，这项工作也只需要三分钟，总共有两张长凳和28个人，在九个小时一天的工作中，他们装配了175只活塞杆——这意味着每只只需要三分五秒。由于没有检查，很多活塞杆因为不合格被从发动机装配线上退回来。这是个很简单的操作。工人们把销子从活塞上拔出来，给销子涂上油，把杆插进去，再把销子穿过杆和活塞，拧紧一个螺丝，打开另一个螺丝。这就是整个过程。工长检查了整个过程，不明白为什么这要花费三分钟之久。他用一只秒表来分析整个动作。他发现一天九个小时中的四个小时用来走动。装配工人并没有任何地方去，但为了拿到材料和拿开成品，工人们移动着他的脚。这整个工作中，每个人要做六个动作。工长进行了新的安排。他把操作分成三组，在凳子上装了滑轮传动，每一边坐三人，尽头坐一个质量检查员。工人不再单独进行全部操作，而只进行三分之一的操作——他只操作他不用移动双脚就能操作的部分。他们把28个人减少到了14个人。以前28个人九个小时的记录是一天装175只。现在七个人八个小时能装配2600只，没有必要计算这节约了多少的人力！

  油漆后轴曾经有些麻烦。它需要用手工把后轴浸入一个油漆箱中。这需要两个人做好几个操作。现在一个人用一台特制的机器就能全部做好。这种机器是由我们的工厂设计和制造的。工人现在只需要在一条传送链子上挂上要装配的后轴。传送链把后轴带到油漆箱上，然后两根控制杆再把套管插进勺柄的一头，油漆箱升高六英尺，把轴浸没，再回到原来的位置，后轴再被送往烘干炉。整个操作过程现在只花13秒钟。

  散热器是件复杂的东西，焊接它曾经是一件需要技术的活儿。一个散热器里面有95根管子。装好并焊好这些管子用手工干是一件花时间的活，既需要技术又需要耐心。现在这全部由机器来完成。它在八小时能安放1200只散热器内核，然后用传送器送往焊箱里进行焊接。这不再是焊工活儿，所以不需要技能。

  我们曾经用气动锤把曲轴箱臂和曲轴箱铆在一起，这种气动锤被认为是最新发展的。它需要六个人抓住锤子，六个人抓住曲轴箱，而那坑坑洼洼真是可怕。现在一台自动压铆机只用一个人操作就行了，他什么也不用，一天所干的活是那12个人干的活的五倍。

  在匹克特街工厂，气缸开始铸造到最后完成需要移动4000英尺。现在它只要移动300英尺多一点。

  不再有人工传送材料。不再有一个手工操作。如果能让一台机器自动运行，那就让它自动运行。没有一项操作被认为已经是在用最好的或最便宜的方式进行。我们的工具中只有百分之十是特别制作的。其他的都是常规机器，经过调整，用于特别的工作。这些机器几乎是肩并肩地放在一起。我们每一平方英尺地面所摆放的机器比世界上任何其他工厂都要多。任何一平方英尺的空间未被充分利用都是极大的浪费。对这种浪费我们一点也不需要。当然，所有的空间都被需要着——没有一个人有太大的空间，也没有一个人的空间太小了。分工和再分工的操作，使工作在进行——这些是生产的关键之所在。但同时应该记住，所有的部件都是设计好的，以便它们能被以最容易的方式制造。节约情况如何？虽然这种对比显得不太公平，如果以我们目前的产量，我们生产一辆车雇用的人和我们在1903年一开始时生产一辆车所雇用的人数相等的话——那时候的那些人只是组装——我们现在应该需要20万还多的人力。在产量最高的是时候我们一天生产4000辆车，而我们用于生产汽车的人还不到5万！

第六章　机器和人

把大群的人聚拢在一起工作时，人们最难对付的便是过多的组织和随之而来的繁文缛节。在我看来，再没有比那种有时候被称为"组织天才"的头脑更危险的事了。这通常导致那些按照族系组成的巨大的官僚体系的诞生。这棵树上沉甸甸地挂满了漂亮的圆圆的浆果，每一粒果子上都有一个人的名字或者一个办公室的名字，每个人都有一个头衔和一定的职责，这职责严格地限制在他的浆果的周长之内。

如果一个助理工长有什么事要对总负责人说的话，他的想法要经过下级工长、工长、部门头头、助理总监，才能到达总负责人那里。也许在那时候，他想要谈的已经成了历史了。住在图表左下角的浆果里的人的信息，需要六个星期才能到达董事会的董事长或主席手边。即使它到达了这些高高在上的官员手边，到那时，它的周围也已聚集了一磅重的批评、建议和评论了。没有什么事情能在"官方的考虑"下进行，除非时间早过了他们实际应该行动的时刻。事情被推来推去，所有的个人都回避责任——照那种懒观念说：两个脑袋比一个脑袋好。

以我看来，一家企业并不是一部机器。它是一群人聚合在一起去干工作，而不是为了彼此写信。对任何一个部门来说，没有必要知道另一个部门正在干什么。如果一个人正在干自己的工作的话，他将没有时间去干任何别的工作。看着所有这些部门都在为同一个目的而恰当工作，这是那些负责整个工作计划的人的职责。没有必要召开会议以沟通个人与个人或部门与部门之间的感情。对人们来说,为了一起工作,用不着彼此相爱。太多的好关系也许是一件糟糕的事情,因为这可能导致一个人想掩盖另一个人的错误。这对两个人来说都是糟糕的。

当我们工作的时候,我们应该专心工作。当我们玩的时候,我们应该尽情地玩。试图把这两者混同起来是没有用的。主要的目标应该是把工作做好,并为此得到报酬。当工作完成之后,便可以开始玩了,但不能在工作完成之前。所以福特工厂和公司没有组织,没有任何特别的职责联结在任何职位上,没有一系列的上下级权力等级,几乎没有头衔,没有会议。我们只有绝对需要的职员。我们没有任何种类的精细记录,结果是没有繁文缛节。

我们让个人完全负责。工人对他的工作绝对负责。助理工长对他手下的工人负责。工长为他的群体负责。部门头头对他的部门负责。总负责人对整个工厂负责。每个人都应该知道他的职责范围内正发生着什么。我说"总负责人",并没有这样的正式头衔。一个人负责管理工厂,已经多年了。他有两个人帮助他。这两个人没有任何明确的职责范围,承担着属于他们的工作的特别部分。与他们一起的是大约六个助手性质的人,但没有特别的职责。他们都自己找事做——但他们的工作并没有限制。他们都在最适合的地方工作。一个人查询存货和缺货,另一个人抓检查。诸如此类。

这看起来也许很危险,但实际上并不。一群人,全部都想着把工作做好。他们不会陷入权力限制的麻烦,因为他们不用考虑头衔。如果他们有办公室和所有那一切,他们将把时间用在办公室工作上,并想为什么他们不能有比某些其他同伴更好的办公室。

因为没有头衔而且没有权力限制，所以没有繁文缛节或压过了一个人的问题。任何工人都可以找任何人。这已经成了一种习惯，因此，如果有个工人越过工长直接去找工厂的头头的话，工长并不会为此恼火。工人很少这么干，因为工长像知道自己的姓名一样知道如果他不公正的话，这很快便会被发现。那么，他将再不是工长。我们不能容忍的事情之一便是任何形式的不公正。一旦一个人开始随着权力而自我膨胀，他就会被发现，他就会走开，或者回到机器旁边。大量的劳工骚动都是起源于那些下级管理人员不公正地行使权力。我担心在很多的工厂，工人真的不可能得到公正待遇。

工作，并且唯有工作控制着我们。这就是我们为什么没有头衔的理由之一。大多数人都能干好工作，但他们被头衔弄昏了头。头衔的效果是很特别的。它被太多地作为一种摆脱工作的标志而使用。它几乎等同于一枚徽章，上面写着这样的字：

"这个人无事可干，但认为自己是个重要人物，而别人都是无关紧要的人。"

头衔不仅经常损害它的"佩带"者，而且它同样影响别人。在人们当中再没有比这样的事实——有官位的人常常不是真正的领导——更大地激起个人不满的根源了。每个人都知道一个真正的领导者——是一个适合计划和命令的人。当你发现一个有头衔的人是位真正的领导者时，你将会去问别人他的头衔是什么。他自己对此从不炫耀。

企业中的头衔已经过多了，企业因此蒙受痛苦。其中的一个坏毛病就是根据头衔划分责任。这情况已发展到如此地步，以至于完全脱离了责任。在责任被分成很多碎片并在很多部门分摊时——每个部门都在它有头衔的头头领导下，这位头头又被一群有着美丽的下级头衔的人包围着——这时候很难找到有谁真正地负有责任。每个人都知道"把牌推来推去"的意思是什么。这种游戏肯定起源于那些各部门只是简单地把职责推走的工业组织。每个组织的健康运行依赖于每一个人——不管他处于什么位置——都意识到每一件碰巧发生在他注意范围内的、与整个企业利益相关的事情都是他的工作。铁路的情况糟得一塌糊涂,因为各部门都这样说:

"噢,这不是我们的事。100英里远的X部门管这事。"

曾经有过很多给官员们的劝告,要他们不要藏身在头衔之后。这种对劝告的极端需要,表明这种状况需要的不只是劝告才能纠正。而纠正的办法就是这样——废除头衔。有些头衔也许是合理的、必需的。有一些也许是有用的,为了指导大批人员认真地工作。但对于其余的头衔,最好的原则非常简单:"把它们全部废除"。

作为事实,就目前很多的企业纪录看,都大大地贬抑了头衔的价值。没有人会吹嘘自己是一家破产银行的董事长。企业总体上来说难以熟练地驾驭,所以不能给予舵手般的骄傲。现在有价值的人,是那些掉自己头衔、下到企业最基层去发现弱点的人。他们又回到了他们由之提升的地方——试图从底层开始重建。而当一个人真正在工作时,他不需要头衔。他的工作便给了他荣誉。

我们所有的人进入工厂或办公室都是通过雇用部门的。正如我前面说过的,我们不雇用专家——我们也不雇用那些过去有经验或者有过高于最低职位的人。由于我们并不因为一个人过去的历史而招收他,因此也不会因为他过去的历史而拒绝他。我从未碰到一个坏得一无是处的人。他身上总是会有一些好的地方——如果他能得到机会的话。这就是我们一点也不在乎一个人的身世的原因——我们不是雇用一个人的历史。我们雇用这个人,如果他曾经坐过牢，那没有理由说他将再次坐牢。我想，恰恰与此相反，如果给予机会的话，他很可能会特别卖力以便待在监狱外面。我们的雇用办公室决不会因为一个人以前做过的任何事而拒绝他——不管他以前是在辛辛监狱还是在哈佛大学，他都会受到相等的对待。我们甚至不询问他是从哪所学校毕业的，如果他不想工作的话，那么他就不会为一份工作而申请。因为这一点是众所周知的，一个在福特工厂的人是干活的人。

重复一下，我们并不在意一个人曾经是什么。如果他上过大学的话，他应该能进步得更快，但他得从最底层开始并证明他的能力。每个人的未来都主要靠他自己。有太多的谈论,说人们得不到承认。对于我们，每个人都肯定会得到他值得的承认。

当然，必须考虑到在希望得到承认中的一些因素。整个现代工业体系都被这种渴望刺激得变了形。它现在可以说差不多是走火入魔了。曾经有过这样的时期,每个人的个人发展完全依靠他的工作，并且这点很快会体现出来，而不是依靠任何人的恩惠。但现在它经常依靠个人是不是走运，能被一双重要人物的眼睛看中。这一点是我们成功地抵制了的。人们若带着引起某人注意的想法而工作,工作的时候会想着如果不能为自己所做而获得称赞的话，他们就会把它干糟或者干脆就不干，这样，有时候工作便成了第二顺位考虑的事了。手中的工作、手中的产品、手中的特别服务，便不再是主要的了。主要工作成了个人的提升——成了由此能被某人看中的跳台。这种把工作放在第二位、把得到承认放在首位的做法，对工作是不公平的。它把得到承认和称赞看作真正的工作。这同时对工人也有一种极不好的影响。它鼓励一种特别的野心，这野心既不可爱又不能促进生产。它容易产生一种人，这种人想象只要他"站在老板一边",他就会得到提升,就会当头头。每个车间都会有这种人。最糟糕的是,目前产业体系中的一些事情显示出这种手段还真管用。工长也只是人而已。他们很自然也容易被人奉承,相信自己的手中握着工人的饭碗。同时,这也是很自然的:一旦接受奉承,他们那些自私的下属将进一步地吹捧他们,直到得到好处和利益。这就是为什么我要尽可能地减少个人因素。

任何不知道把所有精力都用于寻求更高职位的人,和我们一起特别易于相处。有些人工作努力,但他们并没有思考能力,特别是迅速反应的能力。这样的人将得到他们的能力所值的一切。一个人也许根据其勤奋,他值得提升,但除非他也拥有领导素质,否则的话不能提升。我们所生活的不是一个梦想世界,我想在我们工厂的筛选过程中,每个人最终都会落到他所属于的地方。

我们从来不满足于整个组织的任何一部分该做的事都做好了。我们总是想它应该做得更好,并且它最终将做得更好。这种进取精神使得素质高的人最终能获得与他的素质相称的职位。在任何时候,这个组织——这是一个我不喜欢使用的词——变得僵化了,他也许就不能获得那个职位,那时一切都是常规步子,都是等着死人的鞋穿。由于我们头衔很少,所以一个应该去做比他目前所做工作更好的人,很快就能去做这样的工作——他不会因为前面没有空出的职位而受限制——因为并没有"职位"。我们没有事先准备好的地方——我们最好的人员总是自己找地方。这一点很容易做到,因为总是有工作。当你考虑的是把工作做好,而不是为一个想得到提升的人找一个合适的头衔时,那就不会有提升的困难了。提升本身并不是形式上的。那人只是发现他所做的不再是以前所做的事,并得到更多的钱。

我们所有的人都是这样从最底层上来的。工厂的厂长最初是一位机械师，负责罗格河大工厂的人是作为造型设计师开始他的工作的。另一个管理一个主要部门的人最初是一个清洁工。工厂里没有一个人不是简单地从街上进来又走到街上去的。我们所做的一切事情，都是由好些与我们一起才使自己变得合格的人做的。我们很幸运没有继承任何传统。我们也不会建立任何传统。如果我们有一个传统的话，那就是这个：

任何事情都能够比它已经做过的做得更好一些。

这种总是要把工作做得更好更快的压力几乎解决了工厂的每一个问题。一个部门是站立在它的生产效率上的。生产效率和生产成本是不同的因素。工长和监工如果为他们部门的费用记一本账的话，他们只是在浪费时间。有一些费用——比如工资、营业费、材料的价格之类，这是他们无能为力的事，所以他们没必要费脑筋为此担心。他们能够掌握的是他们部门的生产效率。一个部门的生产效率是用他们生产的零件数除以从事生产的人数。每个工长每天都记录他的部门的效率——他总是随身带着这些数字。监工有一个包括所有这些内容的表格。如果一个部门有什么地方不对劲的话，产量表格马上就能显示出来。监工询问工长，工长就得说清楚。被激发出来的好方法中有相当大的一部分直接来自于这种简单的生产效率的经验方法。工长用不着是一个成本会计——即使是一个成本会计的话，他也不会是一个更好的工长。他负责的是他这个部门的机器和工人。当他们在最好地进行工作时，他就尽到了他的责任。他的生产效率就是他的指导，对他来说没有理由为附带的事情而分散精力。

这种效率系统简单地迫使一个工长忘掉个人好恶——忘掉除

手头工作之外的其他一切事情。如果他宁愿选择喜欢的人而不是能把活干得最好的人，那他的部门生产记录很快就会把它显示出来。

挑选人才并没什么困难。他们自己就把自己挑选出来了——虽然人们经常听说缺乏提升机会的事——一般的工人更感兴趣的是一份稳定的工作而不是被提升。那些为工资而工作的人中，不会有超过百分之五的人，在希望得到更多钱的同时还希望接受随着职位提升而来的更多的责任和工作。只有大约百分之二十五的人愿意成为助理工长，大多数人接受这个职位是因为它的工资比用机器工作的人的工资要高。那些更有机械才能的人希望能进制造工具的部门，他们在那里得到的工资要远比一般生产部门的工资高。他们并不想承担更高职位的责任。但绝大多数人都希望待着不动，他们需要被领导。他们想要一切都为他们做好了，他们不承担什么责任。因此，不管有多少人，困难的不是发现要提升的人，而是谁愿意被提升。

普遍为人接受的理论认为：所有的人都为被提升而焦虑。很多计划都是缘此而制定的。我只能说我们发现的事实并非如此。我们雇用的美国人确实想要提升，但他们并不总是想到提升到顶头。外国人，一般来说，作为助理工人就已经满足了。为什么一切会这样，我并不知道。我只是在讲述事实。

正如我已经说过的，工厂里的所有职位的人，对关于每项工作该怎么做，都有着开放的头脑，如果有任何固定的理论——任何固定的规定——的话，那就是没有什么事情已经做得尽善尽美了。整个工厂的管理总是向各种建议开放。我们有一个非正式的建议系统，通过它，任何工人都可以把他所想到的任何主意与人交流，并为此采取行动。

每一件产品节省一分钱，也许就会表现出显著的价值。以我们目前的生产量来说，一个零件节省一分钱意味着一年节省12000美元。每个零件都节省一分钱的话，一年的总数可达上百万美元。因此，计算节省的单位是千分之一分钱。如果新提出的方法表明可以节约，而进行改革所需的费用将在一段合理的时间内收回来——比如说三个月之内——好改革当然是切实可行的。这种改革并没有只限定于能提高产量或减低成本的举措。很大的一部分——也许是绝大部分的改革——都是关于怎样使工作变得更容易。在我们的工厂，我们并不想要任何劳累的、会把人累死的活。这种活现在极其的少。一般来说，采用那些使工作的人更容易工作的方法，同时也就减低了成本。在合乎人情的企业和良好的企业之间有着很密切的联系。我们同时也调查到最后的十分之一单位，看是制造还是买一个零件更便宜。

建议从四处传来。波兰工人看来是外国人中最聪明的建议者。有一个波兰人，不会说英语，他表示如果他的机器上的工具以不同角度安装的话，它能更耐磨损。原先它只能用于四到五次切割。他是对的，很多钱被节省下来。另一个波兰人，使用一台钻床，装了一个小小的固定装置，使零件在钻过之后不用再处理了。这种方法被普遍采用，结果是节省了一大笔钱。人们经常想出一些自己的小装置，因为把注意力集中在一件事情上，如果他们有这方面的头脑的话，他们常常能够进行一些改进。一个人的机器的清扫情况也是——虽然清扫机器并不是他工作的一部分——也往往是表露他是否有才华的地方。

下面是一些建议：一份建议提出用高架传送装置把铸件从铸造厂运送到机器车间，这为运输部节省了70个人。曾经有17个人——

这还是生产规模很小的时候——清除齿轮的毛边，这是一件又累又脏的活。一个人粗略地画了一台特别的机器草图。他的想法不错，机器制造出来了。现在四个人就能干七个人的活的几倍——根本就不再是什么劳累的活了。把底盘上的一个零件的固定柄改成焊接柄，在当时远比现在产量小的时候，一年就能节省 50 万美元。用扁铁片制造一种管子而不是用通常的方式制造，又带来了另一笔巨大的节约。

制造一种齿轮的老方法需要四个操作，百分之十二的钢材要变成碎片。我们把大部分碎片利用起来，并且最终我们会把它全部利用起来。但没有理由不切下碎片——并不是所有的废料都是损失这一事实，并不能作为允许浪费的借口。其中的一个工人设想出一种很简单的生产这种齿轮的新方法，这种方法产生的碎片只有百分之一。还有，为了使表面坚硬，凸轮轴得进行热处理。凸轮轴从热处理炉出来的时候总是翘的。一直到 1918 年，我们还雇用了 37 个人专门弄直凸轮轴。我们的几个人实验了大约一年，最后造出一种新型的炉子，凸轮轴在里面不会翘起了。在 1921 年，虽然生产量远比 1918 年大，但整个这项工作我们只雇用了八个人。

然后是要去掉任何一项工作对任何人的技术要求的压力。以前的工具淬火工是一个专家。他得判断加热的温度。这是一件无法事先考虑的操作。奇怪的是他能看得那么准。热处理对硬化钢铁是非常重要的——需要人知道该用的确切温度。这没法通过经验知道。它得进行测量。我们引用了一套系统，火炉边的人根本不会感到热。他不用看温度计——记录温度的仪器，有彩色电灯能给他信号。

我们的机器没有一台是随便乱造的。在采取行动之前，一个想法的每个细节我们都调查过了。有时候先制造木头模型或在黑板上把每个零件都画得和本身一样大。我们并不被预见所限，但我们没有任何只靠碰运气行事的。我们还没有制造过一台机器，这台机器不能做它所设计要做的工作，所有实验大约百分之九十都成功了。

所有这些发展起来的专长都归功于人们。我想如果人们不受妨碍并且知道他们在进行服务的话，他们将总是会集中一切精力于甚至是最微不足道的工作。

第七章　机器的恐惧

重复劳动——一件事情一做再做并且总是用同样的方法——对某些人来说是一件可怕的事。对我来说这也是可怕的。我不可能整天做着同一件事情，但对另一些头脑来说，也许我可以说对大多数头脑来说，重复操作并不可怕。事实上，对有些类型的头脑来说思考是绝对可怕的事情。对于他们，理想的工作是那些不需要表达创造性本能的工作，那些既需要头脑又需要肌肉的工作几乎没人愿干——我们总是需要那些因为某项工作困难而喜欢这项工作的人。一般的工人，我这么说有点不好意思——想要一份工作，这份工作是不需要他费多大劲的——特别是，他想要一份不需要动脑筋的工作。那些有着所谓创造型头脑的人和那些对单调劳动绝对恐惧的人，很容易想象其他所有的人也和他们一样不安分，因此对那些整天做着几乎同样动作的人表示出毫无必要的悲天悯人。

当你能认真对待它时，会发现大部分工作都是重复的。一个商人有一套常规，他非常精确地遵循着。一家银行董事长的工作几乎全是老一套。一家银行的低级官员和职员的工作完全是老套。确实，对大部分事情和大多数人们，有必要建立某种固定的常规方式，以使大多数动作成为纯粹的重复性动作——否则的话，个人将无法干成足够的活以便能靠自己的努力过日子。任何一个有创造性头脑的人都没有理由去干单调的工作。因为对拥有创造性思维的人的需要到处都很急迫。对于有技能的人来说，绝不会没有出路，不会无法施展才能，但我们得承认并不是人们普遍都想成为有技能的人。

即使有这种想法，那也缺乏通过训练的勇气。一个人无法只靠愿望而成为一个有技能的人。

关于人的天性应该是什么的理论有很多，但对它到底是什么并没有进行过足够的研究。有一种理论认为创造性工作只有在想象领域才会有。我们说音乐、绘画和别的艺术领域有创造性艺术家。我们似乎把创造性的功能限制在了那些可以挂在画廊的墙上，或可以在音乐厅表演，或能在那些无所事事的吹毛求疵的人聚集、互相崇拜彼此的文化的地方上演——这样一类的产品上。但是，如果一个人想要一块实现创造性工作的田地，应该让他到那些他能与更高的规则打交道的地方，而不是那些与声音或线条、或颜色打交道的地方，让他到那些他可以与个性法律打交道的地方。我们需要产业关系方面的艺术家。我们需要工业生产方式方面的大师——从生产者和产品两方面来看。我们需要那些能把政治的、社会的、产业的和道德的大众塑造成一个正确的有秩序的整体的人。我们把创造性工作的范围限制得太窄了，而且我们把它用在太微不足道的目的上。我们需要那些能为我们所有的人创造出正当的、良好的、美丽的生活的人。好的意图加上深思熟虑的工作设计，能用于实际并能够成功。有可能增加工人们的福利——不是通过让他干少一点活，而是通过帮助他干更多的活。如果这个世界能把它的注意力、兴趣和精力用于制定能造福那些与他一样的别人的话，那么，这样的计划可以建立起实际的工作基础。这样的计划将经得起考验——它们在人类和金钱两方面都是最有收益的。这一代所需要的是坚定的信仰，相信产业中的正义、公平、人性是切实可行的。如果我们不能得到这些品质的话，我们最好是不要工业。确实，如果我们不能得到正义、公平、人道的话，那工业的末日便来到了。但我们能得到这些。我们正在得到这些。

如果一个人没有机器的帮助，就无法挣得维持自己生活的收入，那么因为他使用机器可能导致单调而废弃机器，这是造福于他吗？让他去挨饿，还是让他过上好生活更好？一个人会因为挨饿而更幸福吗？如果他不充分使用一台机器更幸福的话，他会不会生产比他所能生产的更少，并因此获得少于适合世界上的东西交换他可得到的那份货物而更幸福呢？

我还未曾发现重复性劳动以任何方式损害人。客厅里的专家们告诉我，重复性劳动是既毁坏肉体又毁坏灵魂的，但这并不是我们调查的结果。有一个事例，有个人整天不干别的，只是踏着踏板排放装置。他认为这动作使他成了单侧病人。医院检查显示他并没有这种病，不过，当然，他被调换到另一工作岗位，这工作需要运用不同的肌肉。几个星期之后，他要求再干他原来的工作。这看起来似乎很有道理：一天八小时做一套同样的动作很容易使身体变形。但我们从未碰到这样的事例。只要有人要求调换，我们便调换他们。我们想能定时调换他们——只要工人们愿意的话，这是完全可行的。他们不喜欢进行不是由他们自己提出的调换，有些操作无疑是单调的——如此单调，看来不可能有人愿意长久地干着这同样的工作。也许整个工厂最单调的工作是用一个钢钩拣齿轮的活了。把齿轮拣起，在油桶里摇一下，然后把它放进篮子里。这个动作没任何变化。齿轮总是在同样的地方等着他，他把每个齿轮都摇同样多的次数，他把齿轮放进总是在同一个地方的篮子里。不需要什么力气，也不需要动什么脑筋。他别的什么也不干，中间来回轻轻地挥着他的手就可以了——那钢钩非常轻。但干这项工作的人已经干了整整八年了。他把钱积蓄下来并进行投资，到现在他有 4 万美元了——

并且他坚定地拒绝每一次让他去干更好的工作的企图。

深入调查没有发现一个例子，说是人的头脑由于工作而被扭曲或变麻木了。那种不喜欢重复性劳动的头脑不会干这种重复性劳动。每一个部门的工作根据其优越性和技能分成甲类、乙类和丙类。每一类都有 10～30 种不同的操作。一个刚刚从雇用办公室来的人去干丙类的活。当他干得更好的时候，再进入乙类。按照同样的方式，他再进入甲类，从甲类出去后可进入工具制造部或其他需要更高能力的部门。他能进入到什么地方完全取决于他自己。如果他一直待在生产部门，那是因为他喜好的缘故。

在前一章我提到过，有一个申请工作的人由于身体条件而被拒绝。这条政策是在 1914 年 1 月 12 日生效的。当时把最低工资定为一天 5 美元，工人一天工作八小时。这条政策还进一步发展为没有一个人因身体状况而被解雇，当然，除非是在得传染病的情况下。我想如果一个工业组织要履行它的全部职能的话，它应该是一般社会的缩影，要对它的雇员尽到自己的责任。我们一直雇用着伤残人员。有一种最慷慨的天性认为，对那些由于身体原因不能劳动的人，社会负有责任，应该通过慈善举动帮助他们。我想有一些事例必须由慈善行为来解决——比如说，智障，但这种事例极为稀少。我们发现在工厂所需要做的大量不同工作中，完全可以为任何人找到一份工作，而不影响生产。盲人或手脚不全的人，在他所分配的工作岗位上，能和一个健全的人干同样多的活并且得到同等的报酬。我们并不是觉得残疾人更可取——但我们证明了他们能挣全工资。

如果因为有人是残疾人而雇用他们，付他们低工资，对他们的低产量感到满足的话，那就背离了我们要做的事情的精神。那也许是在直接帮助那些人，但这不会是帮助他们的最好方式。最好的方式总是能使他们和健全的人生产出同样多产品的方式。我相信这个世界上很少需要慈善的机会——我是说，那种赠送礼物的慈善之举。当然，慈善和企业并不能组合起来。工厂的目的是生产，除非它能以最大的生产能力生产，否则它便没有服务好全社会。我们没有调查便太轻信地认为生产完全依赖设备。人员是能做好每项工作的前提条件。为了看看真相究竟如何，我把工厂的全部工作根据所使用的机器和操作进行分类——把需要体力劳动的分为轻松体力活、中等体力活和重体力活；看它是湿活还是干活，如果是湿活，那是什么种类的流体；看它是干净活还是脏活；是靠近烤炉还是靠近高温炉；空气流通情况；是用一只手还是两只手都用；雇员是站着还是坐着工作；它是安静活还是吵闹活；它是不是需要精确度；光线是自然光还是人工灯光；每小时需要处理的零件数；所使用的材料的重量；工人所受到的各种限制。在调查的当时，工厂有7882项不同的工作。这些工作中，949项被认为是重体力活，需要有健全、强壮的身体的人来干；3338项需要一般身体状况和体力的人来干；剩下的3595项工作根本不需要什么体力，即使最少力气、最弱的人都能干。事实上，它们中的大部分只要妇女或稍大点的孩子就能干。最轻的活再次分类，看其中多少项需要健全的身体。结果我们发现，670项可由无腿的人干，2360项可由一条腿的人干，两项可由无手臂的人干，715项可由一条手臂的人干，10项能由盲人干。这样，在7882项工作中，有4034项——虽然其中的一些需要力气——并不需要完全的身体能力。这也就是说，先进的产业能提供给残疾人工资工作的机会要比任何正常社会具有的残疾人数还要多一些。如果任何一个企业，或者说，任何一家工厂的工作像我们所进行的分析一样进行分析的话，比例很可能差别很大，而我

077

非常相信如果工作进行充分分工的话——分工到经济效益最高的程度——有身体缺陷的人找到一份如常人一样的工作并得到常人一样的工资将不会有什么困难。把残疾人当作负担看待，这是最大的经济上的浪费。教会他们一些细微的工作，比如编织篮子或一些别的无利可图的手工劳动，希望不是帮助他们挣得一份自己的生活，而是别让他们陷入灰心丧气中。

当一个人被雇用部门接受时，原则是把他安排到适合他的身体条件的工作岗位上去。如果他已经上班，他看起来不能做这份工作，或者他不喜欢他的工作，便给他一张换工卡，他拿着这张换工卡到换工部门去，在进行检查之后，他被安排到另一个更适合他或者他更喜欢的工作岗位上。那些体力低于常人的人，如果安排恰当的话，和那些体力高于常人的人一样是个好工人。比如，一个盲人被安排到存货部门，计数运往各处的传送带和螺帽。另外两个身体健全的人已经被雇用于这件工作了。两天之后工长送了一个条子给换工部门，把这两个身体健全的人从这一岗位上撤下来，因为这位盲人不但能够完成他自己的工作，而且还能完成原先由两个健全人做的工作。

这种抚助工作可以进行得更深入一些。人们通常想当然地认为，当一个人受伤后，他就该被从工作岗位撤下，然后给笔抚恤金。但总是有一段康复时期，特别是在骨折状态。这时候人已够强壮，可以工作。事实上，在那一段时间，人们总是急于工作，因为即使最大数额的事故补贴也不可能有一个人的工资那么多。如果这样的话，那么企业将如背着一笔特别的税一样，而这笔税将增加生产成本。这将使产品的销售下降，并因此使某些人减少工作。这是人们头脑里总是要想着的一系列无法避免的后果。

我们对那些卧床不起的人进行过试验——那些能坐起来的人。我们在床上铺上黑油布或围布，让那些人把螺帽拧到小螺栓上——这项工作得用手工干。在磁石电机部有15～20个人忙于干这种事。那些医院的病人干得和车间的人一样好，他们也能得到常规工资。事实上，我相信，他们的产量比通常车间的产量还高百分之二十。除非他愿意干，否则没有一个人非干不可。结果他们全都想干，这使时间从他们忙碌的手间流逝，他们的睡眠和食量都变得更好，并且康复得更快。

对于聋哑雇员并没有给予特别的照顾。他们干着一份百分之百的工作。有结核病的工人——他们通常有1000人左右——大多数都在废材料收集部门工作。那些被认为有传染病的病人在一个特别隔离的地方一起工作，他们的大多数工作在户外进行。

在进行最新一次雇员分析时，有9563名低于常人身体状况的人。这些人工中，123人是手足伤残，或截去了胳膊、前臂或手。一个人是双手俱无。有四个完全失明的人，207人有一只眼盲，253人有一只眼几乎看不见了，37个聋哑人，60个癫痫患者，4个双腿或双脚俱失的人，234人失去一条腿或一只脚。其他的人有些小的身体障碍。

各项工作要变成熟练工人需要的时间如下：百分之四十三的工作需要不到一天的训练，百分之三十六的工作需要一天到一个星期的培训，百分之六的工作需要一个星期到两个星期的培训，百分之十四的工作需要一个月到一年的培训，百分之一的工作需要一年到六年的培训，最后一项工作需要非常高的技术——比如制造工具和制模。

整个工厂的纪律是严格的。并没有什么琐细的规定。也没有其公正性受到合理质问的规定。解雇权只由雇用部门的经理行使，以避免不公正的解雇。他很少行使这一权力。1919 年是进行统计的最后一年。在那一年，有 30555 起工作变动发生。在这些工作变动中，有 10334 起是由于旷工超过十天而没来工厂说明的，因此被开除了。因为拒绝分配的工作，或者不能说明原因而要求调换工作，这样让 3702 人走了。因为拒绝去为其提供的学校学习英语，这样走的人有 38 个，108 人参军走了。大约 3000 人转到了别的工厂。回家、去干农活或做生意的人占了差不多相同的数字。82 个妇女因为她们的丈夫在工作而被解雇——我们不雇用其丈夫有工作的已婚妇女。在整个的变动中，只有 80 人是被干脆解雇的，其原因是：弄虚作假，56 人；根据教育部的规定，20 人；不称职，4 人。

我们期望每个人都做我们告诉他做的事情。整个工厂是高度专业化的，一个部门依赖于另一个部门，我们不能有一刻允许人们各行其事。如果没有严格的纪律，我们的一切都将混乱不堪。我认为在企业中不能是另一幅情景。工人们做尽可能多的活并且得到尽可能高的工资。如果每个人都按自己的方式行事，那产量将下降，因此个人工资也将很低。任何不喜欢我们工作方式的人随时都可以走，公司对每一个人的行为都是完全相同、不偏不倚的，如果某个部门走失的人越少，对工长和各部门的头头当然是有利的。如果工人受到了不公正的对待，他完全有机会把他的话讲出来——他有完全的外援。当然，不公正的发生是不可避免的。人们对他们的工作同伴并不总是公平的。人类天性中的缺陷不时地违背我们良好的意图。工长们并不是总能明白这一意图，或者错误地运用它——但公司的意图正如我已经表述过的，我们用尽了一切手段以使这意图能够贯彻。

在旷工问题上必须进行最严格的要求。一个人不能爱来就来、想走便走。他可以随时向工长提出离开，但如果他不说一声便走掉，那么等他回来时，他旷工的理由要被仔细地调查，并且有时候要到医院部门进行检查。如果他的理由是合理的，他可以恢复工作。如果工人的理由并不正当，他可能被解雇。在雇用一个人时，需要了解的情况只是他的姓名、他的住址、他的年龄、他是已婚还是单身、他有几个被抚养人、他是否曾为福特汽车公司工作过、他的视力情况和听力情况。对于这个人以前干过什么并没有设问，但我们有一栏被称为"特长栏"，那些在来我们这里之前干过其他手艺的人可以写上他曾干过什么。用这种方法，当我们需要哪方面的专门人才时，就可以直接从生产人员中挑选出来。这同样是工具制造者或制模工能更快地走向更高职位的道路之一。我曾经需要一位瑞士钟表匠，结果从卡片中找到一个——他正在开钻床。热处理部需要一个熟练的砌火砖的工人，他同样也在一架钻床边找到了——他现在是一个总检查员。

这里并没有多少个人接触——人们干他们的活，然后回家——一座工厂并不是一间休息室。但我们尽力做到公正，虽然很少用握手的方式——我们都不是职业握手者——同时我们也阻止个人之间的矛盾发生。整个工厂有那么多的部门，几乎就是一个小世界了——每一种人都可以在其中找到自己的位置。比如两个人打架。人们会打架，而且通常打架是被当场解雇的原因。我们发现这对打架者并无帮助——这只是让他们不在我们的视野里打架而已。所以工长想出了很有天分的惩罚措施，这既能保持他的大家庭没有人被开除，同时又不需要一个行政人员那样的时间。

对一家高产量同时也人道的工厂来说，有一点是绝对的，就是环境要干净，照明要好，通风要好。我们的机器放得很紧凑——工厂的每一英尺地面，当然，都承受着同样的费用。如果把机器比它们应该放置的位置多放远六英寸的话，消费者便要为产品付出额外的钱。我们测量出每一项工作的工人需要的确切空间。他必须不能太拥挤了——那将是浪费。但如果他和他的机器占用了多于需要的空间的话，那同样是浪费。这使我们的机器也许比世界上任何一家工厂的机器都挨得紧。在一个陌生人看来，它们几乎是一台堆在另一台的上面，但它们是科学地安放的，不只是根据操作结果，并且还给了每个人和每台机器所需要的每一寸空间。如果可能的话，没有一平方英寸——当然更没有一平方英尺——超过他所需要的空间。我们的工厂建筑并不是为了作为公园而使用。这么紧密的安放需要最大的安全保障和通风条件。

机器的安全保障是其自身的事。我们不认为任何机器——不管它在进行工作的时候效率如何高——是合适的机器，除非它绝对安全。我们没有一种机器是我们认为不安全的。但即使这样，还是有一些事故发生。每一次事故，不管是多么细小，都得由一个主要负责此事的技术高明的人进行察看，追踪原因，对机器进行研究，以使同样的事故再也不会发生。

当我们修建那些老建筑物的时候，我们并不像今天一样对通风情况了解得那么多。在所有我们后来修建的建筑中，支撑的柱子都修成中空的，恶浊的空气通过柱子空心排出去，新鲜的空气通过柱子的空心引进来。所有的地方长年都保持着近乎恒定的温度，在白天任何地方都无须人工灯光照明。有700人专门负责保持车间干净，擦洗窗户，粉刷需要粉刷的地方。容易被忽视的黑暗角落粉刷成白色。如果没有干净整洁的环境，人们就不能保持精神振奋。我们对清洁卫生的重视不亚于对生产方式的重视。

不存在任何理由让工厂工作变得危险。如果一个人工作得太劳累或者工作时间太久，他就会陷入一种容易发生事故的精神状态。防止事故一方面是要避免这种精神状态；一方面要防止漫不经心，一方面要使机器绝对容易操作。根据专家分类，事故的主要原因如下：

（一）结构上的缺陷；（二）机器的毛病；（三）不充足的空间；（四）缺乏安全措施；（五）不合适的衣着；（六）糟糕的光线；（七）糟糕的空气；（八）不干净的条件；（九）疏忽，不上心；（十）无知；（十一）精神状态；（十二）缺乏合作。

这些结构的缺陷问题，机器的缺陷问题，不充足的空间，不干净的状况，昏暗的灯光，糟糕的空气，不好的精神状况，缺乏合作，所有这些问题都容易解决。没有一个人工作得过于劳累。工资解决了十分之九的精神问题，装置解决了剩余的问题。然后，我们还有防止衣服不合适、粗心和无知的措施，使一切都简单容易。在那些更困难的地方，我们有更有力的保障措施。在我们所有的新装备上，每一台机器都有自己的电动机，但在老式设备上，我们不得不用传送带，每一条传送带都有防护设施。在自动传送装置上面架设了天桥，这样人们不用经过危险之处。只要是可能有飞动的金属的地方，工人就要求戴上安全帽、护目镜，并把机器用网罩着，以减少事故的可能性。在高温炉周围我们设立了栏杆。机器上没有任何开口能绞住衣服。所有的过道都保持畅通。牵引冲床开关由一个大大的红色包头保护着，只有在拧开这个包头之后开关才能打开——这防止了机器被无意中启动。工人可能会穿着不合适的衣服——可能被滑车挂住的带子、松长的袖子，以及所有的不合适的小玩意儿。

工长将注意这些，他们能抓住大部分违反者。新机器在被安装之前进行了每一种测试，作为这一切的结果，我们实际上没有发生过严重的事故。

工业不应是强迫人服从的工具。

第八章　工薪

　　靠习俗来管理一个企业是不行的——就像说:"我支付着越来越高的工资。"说这话的人不会这么轻易地说:"我没有比别人更好、更便宜的东西出售。"没有一个头脑正常的工厂主会认为,只买最便宜的材料就能够生产出最好的产品来。那么,为什么我们听到那么多的关于"劳动力清理"和降低工资给国家带来好处的论调呢?降低工资只能意味着降低购买力和抑制国内市场。如果工业管理如此糟糕,以致无法给予与它相关的人们一份好生活,那工业有什么好处?没有比工资更重要的问题了——这个国家的大多数人都是在靠工资生活。他们的生活质量的提高——他们的工资增长率——决定着这个国家的繁荣。

　　在整个福特公司,我们现在有着一天6美元的最低工资。我们以前有着一天5美元的最低工资。这是很不道德的,如果回复到旧的市场工资水平的话——同时这也将是最糟糕的企业。

　　首先我们来看看各种关系。把一个雇员称为伙伴是不常有的事。然而,他是什么别的身份?一旦一个人发现管理一家企业已经超出了他个人的时间和精力,他便叫来助手和他一起分担着管理。那么,如果一个人发现一家企业的生产部分太多了,已经超出了他的两只手所能干的,他怎么能否认那些来帮助他生产的人是他的"伙伴"呢?每一家不止一个人的企业都是一种伙伴关系。在一个人叫人来帮助他的企业的那一刻——即使这位助手是一个孩子——那一刻他也有了一位伙伴。他也许自己就是这家企业的唯一拥有者和它的运行的唯一领导者，但只有当他同时还是唯一的经理和唯一的生产者时，他才能宣称自己是完全独立的。一旦一个人得依靠别人来帮助他，他便不再是独立的了。这是一种相互关系——老板是他的工人的伙伴，工人是他的老板的伙伴。事实便是如此。一群人或另一群人自认为是不可缺少的一群，这是没有益处的。两者都是不可缺少的。一方只能以牺牲另一方为代价才会变得不可一世——这最终也将牺牲掉自己的利益。资本家或劳动力各认为自己是一群，这都是绝对的愚蠢。他们是伙伴。当他们互相对立想打倒对方时——他们只是在损害那个组织，在这个组织中他们是伙伴，他们都从这个组织中获得利益。

作为领导者，雇主的雄心应该是，能比同行业的任何一家企业给工人更高的工资。工人的雄心是应该使这一切成为可能。当然，在所有的工厂里都有人似乎相信，如果他们尽最大的努力的话，那将只是会对雇主有利——而根本不会对自己有好处。有这样的感情存在真是一件可悲的事情，但它确实存在而且它的存在也许是有自己的合理性的。如果一个雇主要他的工人尽最大的努力，那些工人过了一阵子了解到他们的最大努力并没带来任何回报，那么他们自然而然地会没兴趣。但如果他们看到艰苦劳动的果实就在他们的工资袋里——证明更努力地工作意味更高的报酬——那么他们开始认识到他们是公司的一部分，公司的成功依靠他们，他们的成功也依靠公司。

"雇主应该支付什么？"——"雇员应该得到什么？"这些都只是小问题。基本的问题应该是"什么是企业的立足之处？"当然，没有企业能站立在支出多于收入的基础上。当你从一口井里抽水的速度超过井里的水流出的速度，井里就会没水可抽。当井变干了后，好些靠这口井喝水的人便只能忍受干渴。也许他们可以想象把一口井里的水抽干之后，再跳到另一口井里去抽水，那么，所有井里的水都被抽干只是一个时间早晚的问题了。现在有一种广泛的要求，要求公正地分配报酬，但必须认识到这报酬是有限的。企业本身设定了限度。你不能从一家只挣了10万美元的企业里分配15万美元去。企业限制着工资。但有什么事情限制企业吗？当企业跟从糟糕的惯例时，企业便限制了自己。

当人们不是说"这个雇主应该如此这般去做"，而是说"这家企业应该如此有刺激性和管理良好，以便能如此这般去做"，这时候，他们便有前途和希望了，因为只有企业能支付出工资。雇主肯定不能支付，除非有企业提供保障。但如果企业无法保障更高的工资，雇主也拒绝支付，那怎么办呢？作为一条法律，一家企业意味着很多人的生活来源，不能够随意践踏。谋害一家企业是犯罪，因为很多的人把自己的劳动给了这家企业，他们把它当作实现自己价值的地方，是他们生活的来源。用罢工或闭厂来扼杀一家企业是于事无补的。雇主忽视雇员并问自己："我给他们多么少？"这会使他一无所得。雇员以眼还眼地问："我能强迫他给出多么多？"这也会使他一无所得。最后双方将不得不回到企业问题上并问："这家企业怎样才能变得更安全、更有利可图，以便能为我们大家都提供一种稳定的、舒服的生活？"

但不会是所有的老板或所有的工人都想得这么远。短视行为的习惯是很难改变的。能为此做什么呢？什么也做不了。没有规定或法律会产生变化，但开明的利己会使之改变。需要一段时间才能使开明的想法四处传布。但传布它必须是本着对老板和工人两者利益的关注，使他们为着同样的目的工作，使企业能够向前发展。

我们说的高工资是什么意思？

我们的意思是工资比 10 个月前或 10 年前的工资要高。我们并不是指比应该支付的工资更高的工资。我们今天的高工资在十年后也就成了低工资。

如果一家企业的经理试图进行更多的分红是对的的话，那么他应该努力付出更高的工资也一样是对的。但并不是企业的经理自己支付高工资。当然，如果他可以支付但却不愿意，那么他该受指责。但他独自一人是绝不可能付出高工资的。高工资无法支付，除非工人自己挣得。他们的劳动是生产因素。它还不是唯一的生产因素——糟糕的管理会浪费劳动和原材料，使劳动的努力化为虚无。劳动也可以把良好的管理努力化为虚无。但是在良好的管理和诚实的劳动伙伴关系中，是工人使得高工资成为可能。他投入了自己的精力和技术，如果他是诚实地、全身心地投入的话，他的回报应该是高工资。他不仅挣得了他的工资，而且他还是创造它的重要部分。

然而，还应该弄清楚，高工资是在车间开始创造的。如果没有车间里的创造的话，将不可能获得工资袋里的报酬，将永远不会出现一个不需要工作的企业。自然规定了这样。无所事事的双手和头脑对我们任何人都没有益处。工作是我们的神圣天职，是我们的自尊，是我们的赎救。工作是最大的幸福，而绝不是诅咒，确切的社会正义只能来源于诚实劳动。那些贡献多的人应该获得也多，因此，在工资的支付中没有任何慈善的因素。那种把自己的最大努力给予公司的人是公司能得到的最好的工人。如果他的贡献不能被充分认识的话，他是不可能做到这一点的。那些白天来上班的人感觉到不管他做出怎么样的贡献，他都不能得到足够的回报以保持一份好一些的生活，这种人并不处在工作状态。他在焦虑和担心，这一切反过来损害了他的工作。

但是如果一个人感觉到他每天的工作不仅能提供他的最低的生活需要，而且还能提供一份相当舒服的生活，能够让他给儿子和女儿以教育的机会并给妻子一些生活的乐趣，那么，他的工作在他看来便是美好的，他会很愿意地尽最大努力来工作。一个人不能从他每天的工作中获得一定的满足的话，那他便失去了工作回报中最重要的部分。

因此每天的工作是一件重要的事情——非常重要的事情！它是世界的根本基础。它是我们自尊的基础。而老板应该经常承担比他的工人的工作更劳累的工作。一个认真履行自己职责的老板一定是这个世界上的一位勤奋的工人。他不能说"我有那么几千人为我工作"。实际的事实是那么几千人在使他为他们工作——他们工作得越好，他们便使老板越忙于处理他们的产品。工资和酬金都有一个固定的数目，这是必须如此的，以便有一个计算的基础。工资和酬金是以预先固定的数目进行的一种利润分配。但经常会发生这种事情：当一年将近结束，企业发现还可以支付得更多。那时就应该支付更高的工资。当我们一起在为企业工作时，我们所有人都该分得利润的一部分——以优厚的工资的方式，或酬金，或额外的补贴。这点现在正开始被普遍认识。

现在有一个明确的要求，要求把企业中人的位置提高到与物的位置同等重要。这是将要做到的事情。问题只是是否用明智的方式做到这点——用一种方式一方面能保护现在支撑我们的物的一边，一方面提高人的重要性；或用这样不明智的方式，它将把我们过去多年的物质利益全部去除，企业代表国家的生活水平，它反映出我们的经济发展，决定我们在世界民族之林的地位。我们并不想危害它。我们所想的是使企业中的人的因素得到更好的认识，而这一点是完全可以没有混乱、不损失任何东西就能做到的，并能增加我们每个人的福祉，这一切的全部秘诀就在于认识人的伙伴关系。除非每个人都绝对地自给自足，不需要任何人的任何方面的服务，否则的话我们绝不可能不需要伙伴关系。

这些就是工资的基本真相，它们是伙伴关系中的分配。

什么时候工资可被视为给足了呢？期望从工作中得到多少生活费是合情合理的呢？你曾经想过工资是或者应该是什么吗？说工资应该付得起生活费用几乎等于什么也没说。生活费用主要是取决于生产和运输的效率。而生产和运输的效率是管理和工人的效率的总和。良好的工作，良好的管理，应该带来高工资、低消费。如果我们经济的改变导致结果的各种因素的话，我们是不会得到一个固定的结果的。如果我们想根据生活费来规定工资的话，我们就是在模仿一条追着自己尾巴的狗。而且，有哪个合格的人能说出应该把生活费定在什么样的生活程度上呢？让我们放宽一下眼界，看看工资对工人来说是什么——它应该是什么。

工资担负着工人在车间外面的全部负担。它担负着车间内部必要的工作。每天的工作是所有曾挖掘过的最有价值的财富之矿。它肯定应该不少于工人在车间外面的全部开支。它肯定应该照顾到年老后他再不能劳动时的生活——并且那时候他也应该不需要再劳动。如果它要做到这些的话，企业就得调整它的生产、分配和奖励规划，使它的利益别落入那些没有帮助过生产的人的口袋里。为了能够创造一套既独立于善良仁慈的老板，同时也独立于邪恶自私的老板的制度，我们得在生活自身的确切事实中找到一个基础。

一蒲式耳小麦值 1 美元时和一蒲式耳小麦值 2.5 美元时，每天的劳动所付出的体力完全是一样的。鸡蛋可以是 12 美分一打或者 90 美分一打。这使得一个人在每天的生产劳动中所付出的体力有什么不同呢？

如果只是和一个人相关的话，那么维持他的生活的费用和他应该得到的利润将是一件较简单的事情。但他并不只是一个人。他是一个公民，为国家贡献福利。他是一个有家室的人，他也许是孩子们的父亲，他必须凭他所能挣得的钱把孩子们培养成有用之材。我们必须想到所有这些事实。你怎么去计算一个家庭为每天的工作所付出的？你为一个人的工作把钱付给他，但他的工作中有多少是归功他的家庭了？多少归于他作为一个公民的身份？多少归于他作为父亲的一面？这个人确实在工厂工作，但他的妻子在家里工作。工厂必须为他们俩支付工资。在什么样的计算体系中，家庭能在每日工作的费用单上找到它的位置呢？那人自己的生活能被认为是"消费"吗？能让一家人分享到"利润"是他的能力吗？每天工作的所得只以现金计算的话，是不是根据一个人和他的家人的需要被满足来衡量呢？或者，所有这些关系都严格地在费用项目下进行考虑，而利润却在所有的这一切之外进行计算呢？还有，在养活他自己和他的家庭，让他们有衣可穿，有房可住，让他们受到教育，给他们标准生活的各种小享受，是不是还应该提供更多一些的可以用来积蓄的钱呢？所有的这些都能从每天的工作中来吗？我认为它们的答案都是肯定的。否则的话，我们就会对小孩作孽，他们的母亲会被迫出去工作。

这些问题都是需要准确地观察和计算的。也许没有一项与我们的经济生活相关的事情能比认识到每天的工作要承担什么样的负担更令我们感到惊异的了。

也许能够精确地测量出——但这要对每天的工作本身造成很大的妨碍——一天的工作耗费一个人多少能量。但完全不可能精确地测量出需要补充这人多少能量，以便他从事第二天的工作。同时也不可能测量出那些耗费的能量中有多少是他永远无法补充的。经济学还没能设想出替代工人体力的补偿金。用老年退休金的方式可能建立起一种补偿基金。但养老金并不是每日劳动应得的利润，以用于照顾所有的日常生活费用，所有的身体损失，和体力工人不可避免的日渐无力。

一直到现在，曾支付过的最好的工资都不如它们所应该的那么高。企业没有得到足够好的组织，它的目的也未充分地弄清楚，以使它能够把比它应该支付的工资的一小部分更多的工资付给工人。这也正是我们正在面对的工作的一部分。谈论废除工资制度以合作共有的方式代替它，对解决问题并无帮助。工资制度是我们拥有的唯一的、据此可以进行按劳分配的制度。废除工资衡量的话，我们将陷入普遍的不公正之中；完善这一制度的话，我们将享有普遍的公正。

多年来的经历使我对工资有了一定的了解。我相信的第一点是，除了别的需要考虑的方面之外，我们的销售是依赖于我们所支付的工资额的。我们如果分配高工资的话，这些钱将被花掉，这些钱将使商店老板、批发商、其他行业的生产厂家和工人更富裕，他们的富裕将反过来影响我们的销售。全国范围的高工资将产生全国范围的繁荣。当然，高工资是由高生产带来的。付出高工资却降低生产，那将开始走向死气沉沉的企业。

有时候支付工资对我们是一件费劲的事情。一直到我们完全进入T型车生产后，我们才可能算出工资该是多少。在此之前，我们有过一些利润分配。在过去的一些年，在每年年终的时候，我们把我们所挣的一部分与工人分享。比如，早在1909年，我们根据服务的年限，分配了8000美元。一年工龄的人得到他年工资的百分之五，两年工龄的得到他年工资的百分之七点五，三年工龄的人得到他年工资的百分之十。对这项计划的反对意见是，说它未能反映钱和每日工作的直接联系。一个人要在他的工作完成之后很久才能得到他该得的一份，而那时候，它的到来几乎就像礼物一样。让工资带上慈善色彩总是一件不幸的事。

然后，工资也未能科学地根据工作得以调整。干甲种工作的人可能会得到一个数额的工资，干乙种工作的人会得到更高数额的工资，而作为一件事实也许工作甲所需要的技术或努力要大于工作乙，除非老板和工人都知道所付工资数额是以比猜测更好的方式确定的，否则的话就会在工资差别中钻进大量的不公平。因此，在1913年，我们开始有时间对整个企业的上千种工作进行研究。然后，给予大笔的分配额，更能够进一步满意地确定每天的工作量，再把所需的技能考虑进去，由此确定了工资等级表。这个表相当准确地反映了一件工作所需的技能和努力——干这份工作的人可以指望多少工资回报。没有科学研究的话，老板不知道他为什么付出这么多工资，工人也不知道他为什么拿这么多工资。在把我们企业的工作全部进行标准化计算后，工资等级便确定了。

我们没有计件工资。有些工人是按日付工资，有些人是按小时支付。实际上在每一种情况下都有一个标准的生产量。这个生产量标准很低，没有一个人达不到，否则的话，工人和我们都将不知道他们是不是挣得了工资。在真正的工资能支付之前，必须有一个确定的工作量。看门人只要到位了便该得到工资。工人则从他们的工作中得到。

有这些事实在手，1914年1月，我们宣布并实行了一种利润分享计划。根据这项计划，任何一项工作在一定情况下的最低工资是一天5美元。同时，我们把每天的工作时间缩短为8小时——原先是9小时——每周工作时间为48小时。这完全是一个自愿举措。我们所有的工资级别都是自愿确定的。考虑一个举措的社会公正是我们的思考方式。在最后的分析之后，我们为了自己的心灵满足而实行了这一举措。你能使别人幸福是一种很愉快的感觉——你在某种程度上减轻了你的同伴的负担——你把可用于寻欢作乐和积蓄的钱拿出给了大家了。善良的愿望，是生命中很少的几件真正的财富中的一件。一个意志坚定的人可以赢得他所追求的几乎任何东西，但是，除非在赢得的同时，他还有善良的愿望，否则的话他并不能从中获得什么利益。

但是，在这一切之中没有卷入任何的慈善因素。这一点并不被普遍理解。很多公司老板认为我们这么宣布只是因为我们赚钱了，需要做广告，他们指责我们，因为我们使标准动荡不宁——我们违反了尽可能少地给工人工资的习惯。这种标准和习惯完全一无是处。它们必须被清除。有一天，它们会被清除的。否则，我们无法消灭贫穷。我们进行改革，并不只是因为我们想支付更高的工资和认为我们能支付更高的工资。我们支付这些工资是想企业能奠立在一个更长久的基础之上。我们并未分散任何东西——我们是在为未来建设。一家低工资企业总是不稳固的。

也许再没有比这一次宣布的企业举措更引起世界范围的评论的了，而且几乎所有的评论都未能正确理解事实。工人们普遍相信他们一天将获得5美元，不管他们干的是什么工作。

事实和一般的印象有某种程度的差别。这计划是想分配利润，但不是等到利润已经挣得之后——是想在挣得之前便大略估计一下，在某种条件下，把它添加给那些在公司工作超过六个月的人的工资上。它由三种类型的雇员享有：

一、已婚男人，与他们的家庭一起生活并负担他们的生活。

二、超过21岁的单身男人，被证明生活节俭。

三、小于22岁的男人，和作为某些亲戚的唯一抚养人的妇女。

一个人首先领取的是他的正常工资——这份工资平均高于一般市场工资百分之十五。然后他才有资格享有一定的福利。他的工资加上他的福利得到的是每天5美元的最低收入。这种利润分配率是以每小时为基础进行分配的。因此，那些每小时工资最低的人能得到最大比例的利润。它是和工资一起每两星期发一次的。比如，一个每小时拿34美分工资的人，每小时拿的福利为28.5美分，这将使他每天能有5美元的收入。一个每小时拿54美分工资的人，能拿每小时20美分的福利——这将使他每天能有6美元的收入。

这是一种分享繁荣的计划。但是是有条件的。那人和他的家庭需要某种程度的清白且是公民，并没有任何父权意图！——有相当大的父权主义确实得到了发现，这就是为什么整个计划和社会福利部门被调整的理由之一。但这个想法最初应该有很明确的对更好生活的激发目的，而最好的激发措施便是有过好合适的生活的金钱为基础。一个生活好的人会把他的工作做好，然后，我们也想避免由于增加工资而降低工作标准。在战争时期，证明有时候一个人的工资增长太快只是增加他的贪欲，并因此降低他的挣钱能力。如果在一开始的时候，我们只是把增加的钱放在工资袋里面的话，工作标准非常可能会垮掉。在这一新计划的实施中，大约一半的人工资翻了一番。它很可能被认为是"轻松的钱",这种轻松的钱的想法会使工作垮掉。太快地给任何人增加工资都是危险的——不管他以前是一天挣 1 美元还是 100 美元。事实上,如果日工资 100 美元的人一夜之间工资增加到日工资 300 美元的话,他可能比日工资 1 美元增加到 3 美元的人更可能干出傻事。那些有更多钱的人有更多的机会使自己成为傻瓜。

在这第一个计划中所坚持的工作标准并不琐细——虽然有时候它们是以琐细的方式进行管理的。我们的社会部有大约 50 个调查人员。他们之间的判断力标准都是很高的了,但不可能 50 个人都有着同等的判断力。他们有时候出差错——有一个人专门负责出错的事。计划规定,一位结婚男子要得到福利的话,就得和他的家庭一起生活并负担他们的生活。我们必须打破很多外国工人邪恶的习惯——把他们的家当做从中挣钱的地方而不是在其中生活的地方。不到 18 岁的人,如果他扶养另一位亲人的话,他也可以拿一份福利。在当地生活的单身汉也可以分享一份。这项计划在根本上是造福工人的最好证据,是纪录。在这项计划开始生效时,百分之六十的工人是当时就合格的。在六个月之后,百分之七十八的工人合格了。在一年之后,百分之八十七的人合格了。在一年半之后,只有百分之一的小部分人不能分享。

高工资还有其他后果。在 1914 年,当第一项计划生效时,我们有 14000 雇员,为了保持 14000 的经常性劳动力,一年需要雇用 53508 人,而这些新工人的大部分都是由于企业的发展而招进来的。如果按老式的劳动用工变动方式的话,我们目前的劳动力需要每年雇用 20 万人左右——这几乎是不可能的事情。即使我们工厂的任何一项工作只需要最小的努力就能掌握,我们也不能每天早晨,或每一周，或每一个月就换一批新人。因为，虽然一个人在两三天之内就能合格地按一定速度完成一定工作，但在有一年的工作经验之后他能比一开始的时候干得更多。劳动力变动从未给我们带来过麻烦。很难给予准确的数字，因为当我们不能全部开工的时候，我们轮换一些人，以便把工作在最大的范围内分配，这使得要区分自愿离去和非自愿离去很困难。现在我们也没保持数字。我们现在很少考虑劳动力流动情况，我们不用麻烦去做记录。就我们知道的，每个月劳动力的流动情况为百分之三到百分之六。

我们对这一套体系做了改动，但我们没有偏离这一原则：

如果你期望一个人献出他的时间和精力，那么给他定下一份工资，使他没有经济顾虑。它是值得的。我们的利润，在支付高工资和福利之后——在我们改变这一套做法之前每年的红利为1000万左右——表明支付优厚的工资是经营企业的最有利可图的方式。

有些人反对这种根据行为分配红利的支付工资的方法，说那会导致父权主义。父权主义在企业中没有位置。福利工作与打探别人的私生活弄在一起是过时的做法。人们需要顾问，人们需要帮助，经常是特殊的帮助。所有这些都应该是为正当的利益。但是管得过于宽松以及掺和别人的生活，更多地会使企业变得僵化，扼制工厂的发展。

不用改变原则，我们改变了一些支付的具体做法。

第九章　为什么没有总是很好的企业

　　老板是一年一年地活着。工人是一年一年地过着。但作为一条规律，他们都是按周来进行工作的，当他们能够并且能以他们接受的价格获得订单和工作时，他们便接受工作或订单。在所谓繁荣时期，订单和工作都很多；在所谓疲软时期，订单和工作都很稀少。企业总是大宴不已或忍饥挨饿，而且总是不是好就是糟，虽然从未有过一段时期，这个世界上的任何人都感到东西太多了——每个人都感到太舒服或太幸福了——但确定有这样的时期，整个世界对货物的极大需求和企业机器对工作的渴求，这两者——需求和满足这需求的工具——被金钱的障碍隔开了。生产和就业都是时好时坏的事情。不是稳定地前进，我们是一阵一阵地向前跳——刚才跑得太快了，现在又完全停了下来。当大量的人们要购买时，就出现了货物短缺；当没有人购买，据说就出现了生产过剩。我知道我们总是短缺货物，但我不相信我们竟有过生产过剩。在特定的时期，我们也许有太多的错误产品，那不是生产过剩——那只是没有头脑的乱生产。我们也同样会有库存很多但价格昂贵的物品，这也不是生产过剩——这不是糟糕的生产，就是糟糕的管理或糟糕的金融。难道企业的好坏是由命运独裁的吗？难道我们必须把这作为一种不可避免的情况来接受吗？企业的好或坏是我们的所作所为造成的。我们种植庄稼、开采矿藏、生产物品的唯一理由是，人们有粮食吃，有衣服可穿，有屋子可住，有可使用的物品。再不可能有别的理由了。但这一理由被迫退居其次，我们所做的一切不是为了服务的目的，而是为了挣钱——这一切是因为我们卷入了一套金融体系，这套体系中钱不再是用以交换的方便媒介，有时候反而成了交换的障碍，更多的时候是障碍。

只是由于我们管理得太糟，所以我们才经常忍受所谓的坏运气。如果我们的庄稼大面积歉收的话，我可以想象国家会陷入饥饿时的状况。但我不能想象我们怎么会忍受饥饿和贫穷，而这贫穷和饥饿主要是由糟糕的管理造成的，尤其是由非常不合理的金融结构造成了糟糕的管理。当然，战争使整个国家动荡，使整个世界不宁。如果管理更好一些的话，将不会有战争。但不能光由战争承担责任。战争表明了金融系统的大量毛病，但更重要的是它表明了只以金钱为基础的企业是多么不稳固。我不知道，糟糕的企业是糟糕的金融方式的结果，还是企业的错误动机创造了糟糕的金融方式，但我确实知道，就像完全颠覆目前的金融体系是得不偿失的一样，在服务的基础上重新塑造企业是完全可取的。然后，一个更好的金融体系就会出现。目前的这一套会被抛弃，因为它没有存在的理由了。整个过程将是循序渐进的。

开始使自己的事情稳固下来也许是任何人都可以自己做的。一个人单独行动不可能取得完美的效果，但是作为一个先例的话会有跟随者的。这样通过较长的时间，我们有望把自满不前的企业和它的伙伴不景气的企业，归入有抗病能力的企业。随着重新组织的企业和金融的到来，完全有可能消除周期性的坏的一面——即使不能消除周期性本身的话，同时也能从企业中除掉周期性的低落。农业已开始了重新组织的进程，当工业和农业都彻底地重新组织时，它们将是互相补充的。它们是属于一道的，而不是分立的。举我们的阀门厂为例吧。我们把它建在18英里之外的乡下，这样使工人可以同时是农民。由于使用机器耕种，农业将只需要现在所需时间的一小部分，自然所需的时间要大大地多于人类用以播种、培植、收获所花的时间。很多制造并不大的零件的工厂，它们建在哪里都没有太大的区别。由于水力的帮助，它们完全可以建立在农耕的乡下。这样，并不为人所熟知的是，我们拥有农民工人。他们在最科学和健康的条件下，既耕作又在工厂干活。这种安排很适合一些季节性工厂。还可以根据季节和装备进行连续的生产。另外，还可以通过更细致的管理，消除其季节性。对任何特别问题的彻底研究都会是这样。

周期性的萧条是更严重的问题，因为它们大得似乎难以控制。除非全部重新组织，否则它们不可能完全被控制，但企业中的每个人可以很容易地为他自己做些事情，这些事情一方面可以造福他的企业，一方面也帮助别人的企业。福特公司的生产并没有表现出好时期或坏时期。不管条件如何：它一直很好；除了在1917—1919年，工厂转产生产军用物资。1912—1913年被认为是停滞时期，虽然现在有人称其为"正常时期"，我们的销售量翻了一倍。1913—1914年是停滞时期，我们把销售量增加了三分之一。1920—1921年据说是历史上最萧条的一年，我们卖掉了125万辆车，或者说是1913—1914年的"正常时期"的五倍。这其中并没有什么秘诀。它像我们企业别的一切一样，都是应用一种原则的必然结果。这条原则可以应用于任何企业。

我们现在没有任何保留地支付每天6美元的最低工资。人们已经充分地习惯了高工资，再用不着监督了，工人一旦能合格生产——这就看他自己的工作愿望了——他马上就能获得最低工资。我们把估计的利润都加到了工资上，现在支付的工资比战后的繁荣时期更高。但我们是，像我们一贯的那样，根据工作付给他们报酬的。工人工作的努力由这一事实可以看出：虽然一天的最低工资是6美元，大约有百分之六十的工人的工资高于最低工资。6美元不是平均而是最低点。

首先考虑一下繁荣的基础，进步不是由一系列特技推动的。每一步都需要控制好。一个不思考的人是不可能指望进步的。再说繁荣吧。真正的繁荣时期是，最多数的人们全部能得到他们该吃的和该穿的，并体会到舒适这个词的每一种词义。是大多数人们的舒适程度——而不是生产厂家的银行收入——证明着繁荣。企业主的功能就是为这一舒适做出贡献。他是社会的工具，只有当他管理的企业是为了给社会以越来越低的价格提供越来越好的产品，同时为那些与他的企业相关的工人提供根据他们的工作支付的越来越高的工资，只有这样他才能服务于社会。一个企业主或任何企业中的一员，以这种方式并只要用这种方式就能找到他存在的合理性。

我们对统计学和经济学家关于繁荣和萧条周期性发生的理论并不太在意。他们称价钱高的时候为"繁荣时期"。一个真正的繁荣时期是不能根据企业主给产品所定的价格来予以判断的。

我们也并不太在意词的组合。如果货物的价格高于人们的收入的话，那么把价格降到低于人们的收入。一般来说，产业被认为是以生产为始、顾客为终的过程。如果哪位消费者不买或者买不起企业主想卖给他的东西，那么企业主便指责消费者并说企业糟糕。这像把车套在马的前面，它痛苦不堪地走着它的路。难道这不是胡闹吗？

是生产者为消费者而存在，还是消费者为生产者而存在呢？如果消费者不想买——或者说他买不起——生产者所提供的货物，这是生产者的错呢还是消费者的错？或是没有任何人错？如果没有任何人错的话，那么生产者必须不再去干他那一行了。

但是什么样的企业曾以生产者开始而以消费者结束呢？那些使车轮运转的钱是从何而来的呢？从消费者处来，这是当然的。一个生产者的成功只可能建立在有能力提供消费者所喜欢的物品的基础上。他可以用质量来吸引，也可以用价钱来吸引，消费者最喜欢的是质量最佳而价钱最低的物品。任何一个人如果能以最低的价格给消费者最高质量的物品的话，那么他肯定会成为产业的领导者，不管他生产的是什么样的东西。这是必然的。

那么怎样四处挣扎巴望做好企业呢？用更好的管理降低生产成本，把价格降低到购买力之下。

降低工资是对付这种形势的最容易、最草率的方式，更不用说它是一种不人道的方式。它实际上是把企业经理的无能转嫁到了工人的劳动上面。只要我们知道这点，每一次萧条都是对每一位企业家的挑战，要他更多地把脑子用于他的企业——通过管理来克服别人用降低工资来克服的困难。把乱减工资放在一切之前，是回避真正的问题。如果真正的问题一开始便抓住了的话，便不再需要降低工资了。这是我的经验之谈。迫切的实际问题是，在调整的过程中，有些人将遭受损失。除了那些有东西可损失的人之外，还有谁能损失得了呢？但"承受损失"这一表达相当容易引起误会。其实并没有真的遭受什么损失。它只是放弃一些过去获得的利润以便将来能获得更多的利润。不久之前我和一位五金商人在一个小镇聊过。他说："我预计为我的存货承受一万美元的损失。但是，当然，它并不是真的损失那么多。我们五金商人有过不少好日子。我大部分的存货都是以高价买进的，但我已经卖完过几次货并从中获利了。此外，我说的我将损失的一万美元并不是我曾有过的那种美元。它们是某种方式的投机的钱。它们并不是买百分之百货的那种好美元。因此，我的损失虽然显得巨大，它实际上并不大。与此同时，我能够让我们镇的人们继续建筑他们的房子，不会因五金货物的价格而受限。"

他是个明智的商人。他宁愿少赚一些钱，让他的业务继续进行，而不是为高价囤积货物并阻碍他的社区的进步。像这样的人是一个镇上的财富。他有着一个聪明的头脑。他能够从他的存货中调整，而不是降低他的送货人的工资——降低他们的购买力。

他并没有坐着，把持着他的价格，等待着时机好转。他认识到了那些似乎被普遍忘掉的事情——业主的一部分职能便是不时地损失一些钱。我们得承担我们的损失。

我们的销售量最终和别的货物的销售一样跌了下来。我们有大量的库存。以那些库存的材料和零件的成本价算，我们的车不能以低于我们所定的价格出售了。但这个基于企业考虑的价格比人们能够或想要出的价格高。我们决定承受我们该承受的。我们降价处理1700万的库存，宁愿承受更大的损失而不愿工厂停业。那是根本没有选择余地的。

这从来就是一个从事工商业的人的选择。他可以直接承受损失并向前推进他的工商业活动，他也可以停业不干，承受无所事事的损失。那种停业不干的损失一般来说要大于实际损失的金钱数额，因为在这段无所事事的日子里，恐惧将消耗积极性。而且如果关门太久的话，将不会剩下足够的精力再次开业。

等待着企业情况的改善并没用处。如果一位企业家要行使其职能的话，他必须把他的价格降到人们愿意购买的程度。不管情况如何，总会有一个人们能够也愿意为生活必需品而出的价格。并且如果有这种愿望存在的话,这种价格会被满足。

通过降低质量或短视的节省——这只能引起劳工们的不满——是无法满足的。它没法通过四处糊弄而满足。它只能通过提高生产效率来满足。并且,当所有的企业都被称为陷入萧条时,企业界人士应该把这看作对自己头脑提出的挑战。把注意力集中在价格上而不是集中在服务上,这点可以肯定地表明,这种企业家是不能为他作为业主的存在提出公正理由的人。

这是用另一种方式表述销售应该建立在真正价值的自然基础上。这真正的价值就是一件产品中凝聚的人的精力。但是这一简单的公式并不被认为具有"企业味"。它是不够复杂。我们有的是这样的企业,获取大多数的人类诚实劳动,使它们成为那些精明的投机者的手中之物。这种投机者能人为地制造食品或其他某种商品的短缺,并因此刺激社会的需求焦虑。我们有错误的兴奋,然后是错误的麻木。

经济的公平经常被无心地违背。你可以说是经济条件使人类成为其所是,或者你也可以说是人类使经济条件成为其所是。我们会看到很多关于是经济体制决定人类存在的论断。他们为那些我们看到的普遍存在人类身上的错误而指责我们的工业体系。我们还会看到其他的人说是人类自己创造了他自己的状况。如果说经济、工业、社会体制糟糕的话,那它只是人类自身之坏的反映。我们工业体制的坏处是人自身的坏处的反映。企业家们犹豫地承认,目前的工业方式的错误,至少部分是,他们自己的错误的系统化和扩大化。如果把这个问题摆在与他不那么密切相关之处时,他是完全能够看出这一点的。

毫无疑问,如果人类天性中的弱点更少的话,将从中成长出一个缺陷更少的社会制度。或者，人类天性比其自身更坏的话，将由此产生出一个更坏的社会制度——虽然也许一个更坏的制度不会像目前的这个一样持续得那么长久。但是，没有人宣称人类有意地建立起一套错误的社会制度，毫无保留地认定一个社会制度的所有缺陷都是来自于人自身的缺陷，这并不能推出他有意地组织他的缺陷并把它们建成制度。我们得把很大一部分归于无知。我们将把很大一部分归于幼稚。

看看我们现行的工业体制的最初时候。那时并无迹象表明它将怎样成长。每一新的进步都受到欢呼。没有人想到过"资本"和"劳动"是敌对利益。没有任何人梦想到他成功的事实当中隐藏着危险。并且随着体制的发展，其中潜伏的每一处缺陷都会展露出来。一个人的事业发展到如此规模，以至他的工人多得他都不知道他们叫什么名字。但这一事实并不令人遗憾。它也是受到了欢呼的，而它由此导致了一个非人的体制，在其中工作被当成不是人的某种物——只是一个体制的一部分。当然，没有人相信这种非人性的过程是有意制造的。它只是自然生长起来。它在整个早期体制中潜伏着，但没有人看见它，没有人预言到它。只有巨大的、闻所未闻的发展能将它带入光天化日之下。

再看产业的理念。这理念是什么呢？真正的产业理念不是为了赚钱。产业理念是表达一种服务性的观念，复述一个有用的观念，满足成千上万的需要它的人们的需要。

为生产而生产。把一个势将减少生气的体制变成一件精致的艺术；把生产奠立在为扩张和建立更多工厂、生产更多大众需要的物品这样的基础之上而提供手段——这是真正的产业理念。产业理念的负面是企图通过投机而不是工作而获取利润。那些短视的人看不到企业比任何个人的利益都大。商业是给予和获取的过程，是生活和让别人生活的过程。它是很多力量和利益的协作。当你发现一个人相信商业是一条河，这条河的有益流动一到他身边就应当停下来，那么你遇到的是一个自认为可以停止商业的流通而使商业活跃的人。他可以停止财富的生产而产生财富。

服务的原则是不可能治不好坏企业的病根的，它将引导我们把服务和金融的原则应用于实际。

第十章　能把成本降得多低

没有人会否认如果价钱够低的话，总是会有购买者的，不管是在什么样的工业状况下，这是工业的一个基本事实之一。有时候我们看到原材料根本卖不动，不管价钱多低，在上一年我们见到过这样的事情。但那是因为工厂主和销售商想在进行新的业务之前处理他们的高价存货。市场死气沉沉，但没有货物处于饱和状态。所谓的"饱和状态"的市场只是价格高于购买力的市场。

过分的高价总是企业不正常的标记，因为它们总是归于一些不正常的状况。一位健康的人有着正常的体温。一个健康的市场有着正常的价钱。高价一般都是来自于跟从短缺报告的投机推理。虽然不是任何东西都短缺，但只要几种重要的商品短缺，或只要一种短缺，投机便开始了。或者，货物根本就没有短缺。通货膨胀将很快引起表面购买力的膨胀，并产生大量的投机机会。也可能有实际的短缺和通货膨胀结合一起的情况——正如战争期间经常发生的一样。但在任何价钱过高的情况下，不管真正的原因是什么，人们付出高价都是因为他们认为将出现短缺。他们可能事先把面包买好，以使今后涨价后不吃亏，或者他们买下是为了以后再卖掉以谋利。当有传闻说糖将出现短缺，某些一生中从未买过多于十磅糖的家庭妇女，马上想存个一两万磅的糖。当她们这么干的时候，投机者把糖买到他的仓库里存放起来。几乎我们所有的战时短缺都是由投机或需要之前的购买引起的。

不管某种物品被认为是如何紧缺，不管政府是否控制并抓住每一盎司的这种物品,一个愿意出价钱的人总是能得到他想买的东西,没有一个人能确切知道任何商品的全国库存有多少。最准确的数字也只不过是猜测而已。估计世界范围内的某种商品的存货便更疯狂了,我们也许认为我们可以知道在某一天或某一个月生产了多少商品,但这并不能告诉我们第二天或下个月将生产多少。同样,我们不知道消费掉了多少。通过花费大笔的钱,我们也许在一段时间之后能准确地算出在一个时期某种特定的商品被消费了多少,但当这些数字被算出来的时候,它们将毫无用处,除了用于历史研究。因为在下一个时期,消费也许会是原来的两倍,也许是原来的一半。人们不会不改变。这是所有社会主义的和共产主义的农民所面临的麻烦,也是所有其他为社会的理想规划而设想的人所遇到的麻烦,他们全都设想人们会待着不动。反动派也有同样的想法。他坚持每个人都应该静止不变。实际没有人这样,我真为此谢天谢地。

消费是根据价钱和质量而变动的。没有人知道或能够算出未来的消费将达到什么样,因为每次价格的降低都有一个新的购买力层次到来。每个人都知道这些,但很多人以自己的行动拒绝承认这点。当一个商店老板以错误的价格购进一批货之后发现这些货卖不动,他把价格一点一点地降到这货能卖动的程度为止。如果他聪明的话,他不是斤斤计较价格从而使他的顾客产生对更低价格的希望,他把价格大大地一下降低,一下子把全部东西卖出去。每个人在一些销售中都会遭受某些损失。一般的希望是在损失之后可以赢得更大的利润来弥补损失。这通常是一种幻觉。用以弥补损失的利润应该在降价之前通过降低交易费用取得。任何一个认为繁荣时期的高利润是萧条时期的金融麻烦的永久解救之道的人,都是十足的傻瓜。然而,有一种信念,一种很强的信念,认为企业是由一系列的赢利和损失构成的，好的企业便是赢利超过损失的企业。因此有些人推出一种物品的最好售价就是它所能获得的最高售价。真的是这样？我们发现并非如此。

我们发现在购买材料的时候，不是买来马上使用的话是很划不来的。我们只买够合乎生产计划的，再加上对运输所需时间的考虑，如果交通通畅，可以保证材料稳定地运来的话，那就没有任何必要保有存货了。汽车运来的原材料按计划运到，并按计划的顺序和数量从铁路运到生产地。这将省下一大笔钱，因为这将使资金周转得非常快，这样减少了被材料积压的资金。如果交通不方便的话，你得准备大量的库存。在 1921 年重新估价存货时，这货都是不正常的高价，因为交通如此糟糕。但我们很早以前就学会了绝不为投机的目的而购买，当价钱升高时，事先购买被认为是一件很不错的事，而当价钱涨高时要尽可能地少买。如果你以每磅 10 分钱买了某种物资，后来这种物资涨到每磅 20 分钱，你因此比那些被迫买 20 分钱一磅的人占了明显的便宜，但我们已经发现这种事先购买并不划算。这是进入一场猜想竞赛，这不是生意。如果一个人以 10 分钱的价格买了大批存货，只要别的人以 20 分钱的价格购买，他便处于有利位置。后来他以 20 分钱的价格买了更多的存货，这看起来是一批很好的买卖，因为所有一切都表明价钱将涨到 30 分钱。由于对他原先的判断很满意，他从中赚到了钱，他当然买下了新的货物。然后价格又落了下来，他又回到了他的起点。多年来，我们仔细地计算过，超需要的购买是不划算的——一次购买的所得将被另一次购买的损失抵消，最终我们遇到了大量的麻烦却没有得到相应利益。因此在买的时候我们只是就所需的数量争取能争取到的最低价格。我们并不因价高而少买，也不因价低而多买。应小心地避免超过需要的购买。要做到这点并不容易。最终投机将扼杀任何企业家,给他几次好的买和卖,他从中赚钱了。不久他便会想从买和卖中赚取更多的钱而不是通过他的合法经营来赚取,他这样将毁掉自己。躲避麻烦的唯一办法是只买自己所需的——不多也不少。这种方式能减少企业的麻烦。

这种购买经验被进行了详细说明,因为它解释了我们的销售政策。不是把注意力放在竞争对手身上或要求上面,我们的价格是建立在对最大数量的人们想买或能买我们所卖的东西的估价基础之上。这一政策的结果如何,通过对比旅行车的价格和生产量可以做出最有力的说明。

年　限	价格(美元)	产量(辆)
1909—1910	950	18 664
1910—1911	780	34 528
1911—1912	690	78 440
1912—1913	660	168 220
1913—1914	550	248 307
1914—1915	490	307 213
1915—1916	440	533 921
1916—1917	360	785 432
1917—1918	450	706 584
1918—1919	525	533 706
(以下两年是处于战争年代,整个工厂转而产生产战略物资)		
1919—1920	525—440	996 660
1920—1921	440—355	1 250 000

考虑到通货膨胀的话,1921年的高价并不是真正的高。在写作本书时的价格是497美元。这价格比它看起来的数字实际上要低,因为质量在稳步地提高。我们对每一辆车进行研究,以便发现它是

否还有进一步改进之处。我们想要知道谁有比我们更好的地方，因此市场上每一种新出的车我们都会购置一辆。通常这车用一段时间，进行道路检测，拆开，并研究每一种零件是用什么材料怎么做成的。在迪尔伯恩也许散布着世界上的每一种车。当我们买一辆新车时，报纸上都有一些报道，有人评论说亨利·福特不使用福特车。去年我们订购了一辆大型兰彻斯特——这被认为是英国最好的车。它在我们长岛的工厂放了几个月，然后我决定把它开到底特律去。我们有好几个人，组成一个车队——那辆兰彻斯特，一辆帕卡德和一两辆福特车。我正巧开着兰彻斯特经过一个纽约外的小镇时，记者们来了，他们问我为什么不开福特车。

"哦，你们看，是这么回事。"我回答，"我现在在度假。我并不着急，我们并不在意什么时候能回到家里。这就是我为什么不坐在福特车里面的原因。"

你知道，我们还有系列的"福特故事"！

我们的宗旨是降低价格，扩大生产，提高产品质量。你将注意到降低价格被放在了第一位。我们从不认为任何费用是固定的。因此，我们先把价格降到我们认为可以大量销售的价位。然后我们努力去做，努力把价格做到这点。我们并不因为成本担心。新的价格使得成本下降。更通常的方法是先考虑成本再决定价格，虽然这种方法在很小的范围内也许是科学的，但在更广泛的范围内并非如此，因为你知道那些成本又有什么用呢？如果它使你生产的产品无法卖得出去的话。更重要的事实是，虽然一个人可以计算出成本是多少，当然，我们所有的成本都仔细地计算了，但没有人知道成本应该是多少。找到成本应该是多少的方法之一，是把价格定得很低，从而使得工厂的每一个人都必须达到最高效率。低价使得每个人都为利润而努力。在这种被强迫的方式下，我们发现了比任何悠闲的研究方式下知道得更多的有关生产和销售的秘诀。

付给高工资幸好有助于低成本，因为工人们由于解除了后顾之忧，变得效率越来越高。一天八小时工作日支付 5 美元工资的措施，是我们制定过的最有效地降低成本的措施。而日工资 6 美元使得成本比日工资 5 美元时更低。这一切是怎么发生的，我们并不知道。

我们总是能从我们定的价格中获得利润，就像我们并不知道工资要高到什么程度，价格要低到什么程度，但对这些事情用不着特别伤脑筋。比如拖拉机，最先售价 750 美元，然后是 850 美元，然后是 825 美元，再后来我们降价到了 395 美元。

拖拉机不是和汽车一块制造的。没有一家工厂大得足以同时生产这两种产品。一个工厂为了获得真正的经济效益，必须全力以赴地生产一种产品。

对大多数情况来说，一个有机器的人要比一个没机器的人更好。通过安排好产品的设计和生产程序，我们能提供那种能最大限度地超过手工的机器，这样我们给了工人服务的重要手段，这也意味着他有权享有更多的舒适。

把这条原则装在头脑里，我们便可以有明确的客观目标以进行反对浪费。我们不会给工厂增加任何没有用处的东西。我们没有建造精美的建筑以作为我们成功的纪念碑。这些投资的利息和保存这些建筑的费用，只能作为无用的东西附加在已经生产的东西的成本上——所以这些成功的纪念碑很容易最终成为坟墓。一座大的行政楼也许是需要的。对于我，它所引起的怀疑是，也许有太多的行政了。我们从未发现有对精美的办公大楼的需要，我们更愿意以我们的产品的质量做广告而不是以这些产品生产的地方做广告。

给消费者带来大量经济效益的标准化生产也给厂家带来了那么巨大的利润，以至厂家几乎不知道拿这些钱怎么办。但他的努力必须是真诚的、耐心的、无畏的。砍掉半打的车型不是标准化。它也许只是、并且通常只是，对企业的限制，因为如果一个人是以通常的利润为基础来销售的话——那就是，从消费者的手中尽可能地多赚钱——那么无疑消费者应该有更大的选择范围。

那么，标准化是整个过程中的最后阶段。我们从消费者开始，再返回来设计，最后进行生产。生产是达到某一种目的的手段。

头脑里记住这一顺序是很重要的。并且，这一顺序并不是被完全理解了的。价钱的关系没有被理解。那种观念仍在作祟，认为价钱应该上涨；与此相反，好的企业——大的消费——依赖于价钱的下跌。

这里还有另一点，即服务必须是你能给予的最好的服务。据认为这是好的生产实践，并不是道德很坏——即偶尔改变设计，这样旧的型号将变得过时，新的型号必须购买，因为要么旧车买不到修理用的零件，要么新型车提供销售优惠，使消费者扔掉他已有的，买下新的。人们告诉我们这是好企业，这是更聪明的经营，经营的目的应该是让人们经常性地购买，那些试图制造永远能使用的东西的人是傻瓜，因为一旦一个人买了东西之后他就不会再买了。

我们的经营宗旨与这是完全相反的。除非我们能尽我们的可能为消费者提供某种可永久使用的东西，否则我们不能想象怎么为消费者服务。我们想制造某种能一直使用的机器。让一位买主的车变得过时或损坏，这并不使我们高兴。我们要那些买过我们一件产品的人用不着再买第二件。我们从未进行过使以前的车型过时的改进。特别车型的零件不但能与所有这一型号的车的同类零件互换，并且能与我们生产的所有车的同类零件互换。这可以带来一辆十年前生产的车，买现在生产的零件，花很少的钱便可以成为一辆现在生产的车。有这种目标的话，成本总是在压力下下降。并且由于我们有着稳定降价的坚定宗旨，因此总有压力。有时候压力很大！

再举一些节约的例子。我们一年从清扫的垃圾中获取的净值为60万美元，经常进行利用零头碎屑的实验。在一个铸印操作中，6英寸的圆铁片被切了出去，这些以前都被扔进了碎屑中。这种浪费使工人们着急。他们想出办法把它用做圆盘。他们发现这铁片的大小和形状正适合于做散热器罩，但这铁片不够厚。他们把铁片的厚度加了一倍，结果发现他们以此制作的罩子比用一片铁片制作出来的要更硬。我们一天得到了15万只这样的盘子。我们现在每天使用两万只，其余的也能找到用途的。我们通过转化而不是购买这种盘子，每只能节省10美元。我们对螺栓进行实验，生产出一种特殊的螺栓，虽然所使用的材料是其他厂家所用材料的三分之一，但却比那些厂家的螺栓更有力。光螺栓这一项一年便可节省50万美元。我们以前在底特律组装我们的车。虽然通过特殊的包装，我们设法使一节车厢能装上五六辆，但我们每天仍需要上百节的车厢运输，火车一直都进进出出。有次一天上了1000车厢。某种程度的拥挤是不可避免的，把机器装入柳条箱以免运输过程中的损坏是一项很大的开销——更不用说运费了。现在，我们在底特律每天只组装三四百辆车了——只满足当地需要。我们现在把零件运到我们遍布美国的组装站——实际上这种组装站已分布世界于各地——在那里再把车组装起来。只要是在分厂生产一种零件比由底特律制造再运送过去便宜的话，那么分厂就生产这种零件。

在英国曼彻斯特的工厂，几乎能生产整车。在爱尔兰科克的拖拉机厂，几乎能生产整部拖拉机。这是一笔巨额开支的节省，它只是表明当每一个零件都在它最合适的地方制造时对整个企业所意味的是什么。我们经常实验汽车上所使用的每一种材料。我们从自己的森林里采伐我们所使用的大部分木材。我们正在实验生产人造革，因为我们每天大约使用4000码的人造革。这里一分钱那里一分钱，一年就能凑成一笔大数目。

当然，所有之中发展最大的是罗格河工厂。这座工厂满负荷开工时，可以在很多方面大幅度地降低我们生产的几乎每一种东西的成本。这家工厂坐落在底特律郊外的河边，那片地产的面积是665英亩——足以用作未来的发展。那条河比较宽阔，有一个回水潭，能容纳得下任何湖泊轮船。一条短运河并再进行一些开挖，将能直接通过水道与底特律河相连。我们使用大量的煤。这些煤直接从我们自己的煤矿经底特律、托里多和我们控制的埃尔顿铁路运到高地公园的工厂和罗格河工厂。其中的一部分用于轮船，另一部分用于我们在罗格河工厂建的炼焦炉。焦炭从焦炭炉里通过机械传送装置送到高炉里。低挥发性气体被从高炉里抽往电厂的锅炉，在那里这些气体和锯屑、刨木花一起作为燃烧材料使用。锯屑和刨木花是从车体厂送来的——我们所有的车体都转到这里来制造了。此外那些焦炉烟气——炼焦时的灰尘，现在也被用作燃料了。这样蒸汽电站完全由废物作燃料。巨大的蒸汽涡轮机直接和发电机一起将动力转化成电力。所有的牵引机和车体工厂的每一部马达都是由这电力来带动的。随着时间的推移，可以指望将有足够的电力来带动整个高地公园工厂，那时我们将降低我们的煤炭费用。

焦炭炉的另一副产品是煤气。这些煤气在高地公园工厂和罗格河工厂都用于热处理，用于搪瓷炉，用于汽车炉和诸如此类的地方。

我们以前得去买这些煤气。阿摩尼亚硫酸盐用于制作肥料。苯是汽车燃料。焦炭的碎末不适合高炉用，便卖给工人——以远比市场价低的价格送到他们的家里。大块的焦炭用于高炉，没有手工操作，我们把熔化的铁水直接从高炉引进大勺里。这些大勺传送到车间，这些铁水不用再加热直接注入铸模中。这样我们不仅根据自己的标准和在自己的控制下获得了统一的铁水质量，我们还不用再次熔化铁水，减少了整个生产程序。

所有这些节约下来的钱能达到什么程度，这是我们所不知的——我们不知道能节约出多大的数目，因为工厂运营的时间还不长，不能给出更多的前途如何的暗示。我们从很多方面节约——在运输、发电、煤气、铸造成本上，除此之外还有从副产品和小碎块焦炭上所收获的。到现在为止，这方面的投资已超过4000万美元了。

我们能在多大程度上深入到财源深处完全取决于环境。任何地方的任何人对未来的生产成本都只能猜测。更聪明的是认识到未来将比过去有更大的发展——每一天都比前一天有新的发展。

但是生产怎么样？如果所有生活必需品都能如此便宜、如此大量地生产，那很快世界不是会商品过剩吗？会不会有这样的时候到来，人们不管价格如何，除了他们已经拥有的，不再想买任何东西了？如果在生产过程中所需要的人越来越少，那么人们将成为什么样呢——他们怎么找工作并生活？

先从第二点说起。我们提到很多机器和很多方法将代替大量的人工劳动，然后有人问道："是的，从业主的角度来看这是一个很好的主意。但是那些工作被抢走的可怜的人们怎么办呢？"

这问题是完全合理的，但有点奇怪的是它会被问道，因为我们什么时候真正地被更好的工业方法夺走过工作？运货马车的马夫由于火车的出现失去了他们的工作。我们应该取消铁路而保有马车夫的工作吗？是赶运货马车的人多呢还是为铁路而工作的人多？我们应该阻止出租车的到来，因为它抢去了出租马车车夫的面包吗？出租车的数目和出租马车最兴盛时的数目相比怎么样？机器生产鞋的到来使得很多手工制鞋作坊关闭了。在用人工做鞋的时代，只有那些有钱人才有一双以上的鞋，大多数工人在夏天都是光着脚板走路。现在，几乎没有人只有一双鞋了，制鞋成了一个大工业。是的，每次你能安排一个人做两个人的活时，你就在为整个国家增加财富，将会有新的更好的工作等着那被替下来的人。如果整个工业一夜之间就改变了的话，那么安置多余的人将是一个问题，但这些变化是不会发生得那么快的。它们是渐渐发生的。以我们的经验看，更好的生产方式抢走一个人的旧工作后马上便有一个新的地方为他敞开大门。在我们工厂发生的事，也在任何地方的工厂发生。今天炼钢厂里雇用的工人的数量超过了一切都用手工来干的时候的工人数量。这是肯定如此的。它过去一贯如此，将来还会一直如此。如果有人看不到这点，那只是因为他看不到他鼻子以外的东西罢了。

现在说过剩的事。我们继续被问道："什么时候你会达到生产过剩？什么时候会出现汽车多于人们所需要的数量的情况？"

我们想这是可能的，有一天所有的商品都生产得如此便宜、如此巨量，生产过剩就成了现实。但就我们所关心的，对于这样的情况我们不是怀着恐惧看待——而是带着满意。再没有比一个所有的人都各取所需更辉煌的世界了。我们害怕的是这样的世界来得太慢了。至于对我们的产品来说，离这种情况还太远了。我们不知道一个家庭需要多少车辆。我们知道，随着价格下降，那些原先使用一辆汽车的农夫（一定要记住不很久之前农业市场对汽车还是一无所知——那时候的销售限度被所有聪明的统计学家们定为接近这个国家的百万富翁的数目）现在经常使用两辆，同时他还买了一辆卡车。也许，用一辆车送住得分散的工人回家，还不如每个工人开自己的车回家更便宜。这种事正发生在销售商身上。公众会准确无误地发现自己的消费需求，因为我们不是在制造汽车和拖拉机，而只制造零件，这些零件一组合便成了汽车和拖拉机。现在设备所能生产的还达不到 1000 万辆车，我们并不担心将来的几年会出现生产过剩，只要价格合适，人们会拒绝买那种价格便宜但质量不好的东西。如果想要经营好的话，我们就得把价钱降低，同时不影响质量。这样降低价钱，迫使我们学会改进并选择浪费更少的生产方式。企业成功的很大一部分依靠管理天才发现更好的行事方式。如果一个人把他的销售价格降到了无利可图或增加损失的地步，那么他只有被迫去发现怎样用更好的方式生产同样好的商品——用他的新方法来赢得利润，而不是从降低工资或提高售价中获得利润。

从工人或从购买者身上获取利润都不是好的经营管理，不要降低产品质量，不要减少工人工资，不要增加消费的负担。把脑子用在更好的方法上，多用脑子，再多用脑子——把事情做得比以前任何时候都好，用这种方式将使企业的各方面都受益。

所有这一切总是能做到的。

第十一章　金钱和货物

　　工厂的首要目的是生产，如果一直牢记这一点的话，那么金融就成了第二位的了，主要是记记账而已。我的财务操作非常简单，我开始的宗旨是现金买卖，手中持有大笔流动资金，收取各种降价的好处，在银行获取利息。我认为银行主要是一个安全而方便的保存钱的地方。我们在介入竞争者的经营的那一刻，便丧失了自己的经营。我们在成为金融专家的那一刻，便损失了产量。工厂的金库是车间而不是银行。我并不是说一个经营企业的人对金融应该一点都不知道，但他最好是知道得少一点而不要知道得太多，因为如果太精通的话，他就会想去借钱而不是想去挣钱，然后为了偿还所借的他就要借更多的钱，这样他不是成了一个企业家而是成了一个耍钞票把戏的人。

　　如果他真是一个把戏高手的话，他可以把这一套把戏耍很久，但有一天他注定要犯错误，那他的一切就会崩溃。产业不能和银行业混在一起。我认为有一种趋势，很多实业家和银行业混在一起，太多的银行家和实业搅在一起。这种趋势使实业和银行业两者的真正目的都变形了，并使两者都受到了损伤。金钱从实业来，而不是从银行来。我发现工厂能满足每一种要求，有一次，据信公司严重地需要资金，当工厂动员起来时，它征集了比这个国家的任何一家银行愿意借贷的大得多的一笔款子。

　　我们大多数情况下是用否定的方式谈到金融问题的。好些年之前，我们不得不站出来否定福特汽车公司归标准石油公司所有了，在那次否定声明中，为了方便起见，我们还附加了一个否定声明，否认我们将与任何其他行业合并或我们想通过邮寄出售汽车。去年最活生生的谣传是说我们到华尔街去寻找贷款。我不想麻烦去否认这些，要否认这一切需要太多的时间。相反，我们只是证明我们不需要任何钱。从那之后我再也没听说过我们去华尔街贷款的事了。

我们并不反对借钱，我们也不反对银行家。我们反对的是试图用借钱来代替工作。我们反对的是那种把企业当作西瓜来切的银行家。事情应该是把货币、借贷和金融放在它们恰当的位置上。为了做到这点，一个人必须确切地考虑清楚需要的是什么钱，这钱怎样偿还。

金钱只是经营的一种工具，它只是机器的一部分。如果麻烦出在你的企业内部，你可以借10万架车床作为10万美元，更多的车床也解决不了问题，更多的钱也一样。只有更多地动脑筋思考和聪明的勇气才能解决问题。一个企业如果滥用它已有的，那么它将继续滥用它能获得的。关键在于——根除滥用。当这一点做到了，企业将开始自己挣钱，就像一个康复的人体开始自己制造充足的血液。

借款很容易成为不陷入麻烦的借口。借贷可以很容易变成懒惰和骄傲的催化剂。有些企业家太懒，不想知道一切并下到底层看到底是怎么回事。或者他们太骄傲了，不允许想到任何他们所倡导的事情会出错。但是企业法则像重力法则一样，那些抗拒它们的人将感受到它们的力量。

为扩大生产而借钱是一回事，为弥补错误的管理和浪费而借钱是另一回事。你不会为后者而需要钱——因为钱在这方面做不了什么。浪费得用节俭来纠正，管理不善得用脑子来纠正，这两种纠正都与钱无关。实际上，钱在某种环境下还是它们的敌人。很多企业家都感谢他的星相，它的星光向他显示他最好的资本是他自己的头脑而不是银行的贷款。借钱在某些情况下就像喝醉的人为了醒酒而再喝一杯。它并不能做到人们期望它做到的，它只是增添了困难。把企业松开的口子扎紧比借任何百分之七的利息的资本都划得来。

企业的问题是最需要注意的。与人们交易的企业最重要的事情就是满足人们的需要。如果你生产了他们所需要的东西，并以对他们来说是一种帮助而不是一项重负的价钱卖给他们，那么你的事业便会永远前进。人们买他们所需要的东西就好像他们要喝水一样自然。

但是对生产产品的过程要经常注意。机器损耗，需要维修。工人们会变得不服管理，懒惰或粗心。一个企业是人和机器为了生产物品而组合在一起的，人和机器都需要维修和替换。有时候是人更难"伺候"，他们更需要修补——而他们自己总是最后认识到这点。当一个企业里挤满了坏方法时，当一个企业由于对它的一种或更多的功能出毛病时，当管理人员舒舒服服地靠在椅子上以为他们制定的计划能一劳永逸时，当一个企业成了一个纯粹生活之处而不是一个人必须努力工作的场所时——那么，你就要遇到麻烦了，有个明朗的早晨醒来你会发现自己在干比以前任何时候干过的都多的工作——但从中收获甚少。你发现你缺钱。你可以借钱，而且你可以很容易地借来。人们会把钱堆到你身边，这是年轻的企业家所面对的最微妙的诱惑。但是如果你借了钱的话，那么你就等于注射了一针错误的兴奋剂，你在助长着疾病。难道借钱的人会比自己有钱的人聪明吗？一般来说不是这样的。在这种情况下借贷是去抵押没落的财产。

当一个商人去借钱的时候，这便是他不需要钱的时候。那就是说，是当他不需要用借来的钱代他应该自己去挣的钱的时候。如果一个人的企业状况非常好，需要扩大生产，这时候借钱相对来说安全些。但是如果一个企业需要钱是由于管理不善，那么需要做的事情是对企业进行分析，从企业内部消除麻烦——不要用从外面借来的钱捂着它。

我的金融策略是我的销售策略的结果，我相信薄利多销比厚利少销要好得多，这能让大量的人们买得起并且给雇用的大批工人以优厚的工资。它能够让你为生产而谋划，消除停滞时期，消除守着无所事事的企业造成的浪费。这样便产生了正常的、持续发展的企业。如果你愿意仔细思考一下的话，你就会发现绝大多数所谓的紧急资金的需要，都是出自缺乏计划的持续发展的企业。降低价格被那些短视的人们等同于降低企业的收入。和这种脑袋打交道非常困难，因为他完全缺乏最起码的企业是什么的知识。比如，当我考虑把每一辆车的售价降低80美元时，有人说，这样对产量为50万辆车的公司来说意味着减少了4000万美元的收入。当然，如果以新的价格只出售50万辆车的话，收入是会减少4000万美元——这是一个有趣的数学计算题，但与企业没有任何关联，因为除非你降低一种物品的售价，否则销售量不会持续增长，这样的话企业便不会稳定。

如果一家企业不增长的话，那么它注定是一个低落的企业，一家低落的企业总是需要很多钱的。老式企业遵守的信条是：应该把价钱保持在人们愿意买的最高点。真正的现代企业持与此完全相反的看法。

银行家和律师很难欣赏这一事实。他们把死气沉沉和稳定混为一淡。价钱应该自愿降低是永远超出他们的理解的。这就是为什么让一般类型的银行家和律师进入企业管理是一场灾难。降低价格，增加销售量，盘活资金，带来了不可避免的利润，这些利润又可用于更多更好地经营。我们的利润，由于企业资金周转很快和大数额的销售量，一直就很高。我们每一件物品的利润很低，但总的利润很大。利润不是一成不变的。降低价格之后，有一段时间利润会低一些，但是随后不可避免地经济规律开始作用了，利润再一次达到很高。但这些利润并没有作为分红分配掉。我一贯坚持要进行低分红，公司现在的股东没有不同的意见。我认为公司的利润属于公司的要比属于股东的多一些。

股东，就我看来，应该是那些为公司积极活动、认为公司是一个服务机构而不是一架赚钱机器的人。如果获得了较大的利润——可用来使它们赚取更大的利润——那么它们应该一部分作为再进入经营的资金，因为这可以让公司提供更好的服务，一部分转给消费者。有一年，我们的利润远比我们期望的要高得多，我们自愿地返还每一辆车的车主50美元。我们觉得那是我们无意中向消费者多要了价。我的价格策略和由此而来的我的金融策略，好几年前给公司带来了一桩官司，我们被要求进行更多的分红。在证人席上我对我的策略做了有力的说明，这说明现在仍然有力。它是这样的：

第一点，我相信以合理的低价出售大量的汽车要比以高价出售少量的汽车更好一些。

我坚信这点是因为它能使大批的人们买得起并享受到使用汽车的快乐，因为它给予大批的工人以优厚的工资。这些就是我一生的目标。如果我不能在实现这些目标的同时为我自己和通过公司与我相关的人赚取丰厚的利润的话，我们就不能算是成功。我，事实上，将是完全失败的。

我所信奉的这一宗旨是很好的经营宗旨，因为它行之有效——因为持续发展的每一年我们都能使越来越多的人买得起我们的车，为越来越多的人提供工作。在此同时，通过大量的销售额，把我们的利润增加到超出了我们的预期，或者说甚至超过了我们最初时的梦想。

我要自己脑子里记着，每次你降低汽车的售价而不降低汽车的质量，你就会增加可能购车者的数量。有很多愿意以360美元买一辆车的人不会出440美元买一辆车。在440美元的价格上我已有了50万个购车者。我计算在360美元的价位上我们一年的销售量可以增加到80万辆。——每辆车的利润减少了，但卖了更多车，雇用了更多劳动力，并且最终我们会获得我们应得的利润。

让我在这里说，我不相信我们应该从我们的车上赚取过高的利润。一个合理的利润是好的，但是不能太高。所以我的宗旨是只要生产许可便尽快把每辆车的价格降下来，把好处给使用车的人和工作的人们——这将带给我们令人吃惊的巨大好处。

这一宗旨和一般的观念并不一致。一般人认为一个企业要设法达到的目的是让股东能获取最大的现金利益。因此，我不需要一般词义上的股东——他们无助于推进服务能力。我的雄心壮志是雇用更多的工人，尽我可能地把我们努力建成的企业的利益散布给更多的人们。我们想帮助人们过好的生活，有好的家庭。这就需要把最大部分的利润投回生产中。这样我们便没有给不工作的股东留有位置。工作的股东更急于增加他的服务机会而不是单纯为了分红。

如果在任何时间出现了降低工资和取消分红之间的对立，我都将取消分红。这种时候是难得到来的，因为，正如我已经指出过的，低工资并不能带来经济利益。降低工资是糟糕的财务策略，因为它同时也削弱了购买力。如果人们相信领导负有责任的话，那么这种领导责任的一部分就是看着那些被领导的人们有足够的机会挣得自己的生活。金融关注不能只限于公司的利润或债务，它也包括公司通过工资回报给社会的钱。这之中并无慈善之义。恰当的工资中没有慈善因素。这只是因为一家公司如果不善于管理，以给一个人干更多工作的机会并因此挣得一份好工资的话，这家公司便不可能称之为稳定。

工资中有着神圣的意味——它代表着房子、家庭和家务。当关系到工资的时候人们应该非常小心。在成本单上，工资只是数字，而在外面的世界，工资意味着面包箱、煤筐、婴孩的摇篮和孩子们的教育——家庭的舒适和满足。另一方面，资本也有着同样神圣的一些意味。它作为工具使得生产能够进行。如果我们的企业连血本都蚀光了的话，这对谁都没好处。那些雇用上千人的工厂有着同家庭一样神圣的地方。工厂是所有家庭所代表的美好事物的保证。如果想要家庭幸福的话，我们必须努力做到使工厂忙碌，工厂创造的利润的整个意义在于它们一方面为那些依靠工厂的家庭提供了保障，一方面为别的人们创造了更多的就业机会。如果利润只是让个人财富膨胀的话，这是一回事；如果它们是用来为企业提供更好的基础，更好的工作条件，更优厚的工资，更多的就业机会——那完全就是另一回事了。这样被利用的资本就不能随意乱动了，它完全是用于服务全体的，虽然可以具体地使用在一方面。

利润属于三个方面：它们属于企业——使企业保持稳定、发展和良好状态，它们属于那些帮助它们得以产生的人们。而且它们同时也部分地属于公众。一家成功的企业是造福于所有以上这三者的——计划管理者、生产者以及购买者。

那些用任何正常标准来衡量利润都过大了的人是应该最先削减价格的。但是他们从来都不这样。他们把所有多余的费用都向下传递，直到最后由消费者承担全部重负。除此之外，他们还对消费者要更高的价格。他们的全部生意经就是："只要能得到就是好的。"他们是投机分子，剥削者，是损害合法企业的不良分子。对他们不能有任何指望。他们没有视觉，他们除了自己的现金数字之外，再也看不见任何东西了。

这些人更容易谈起砍掉百分之十或百分之二十的工资，而不是砍掉百分之十或百分之二十的利润。但是一个企业家，似观整个社群所有方面的利益并希望为这一社群服务的话，他应该能够为稳定做出他的贡献的。

我们的宗旨一直是可以保有大量的流动资金——在最近几年，这笔资金通常是超过 5000 万美元。这笔钱存在全国各地的银行。我们并不借钱，但我们建立了广泛的信用，因此，如果我们缺钱的话，我们可能通过银行借款弄到一大笔钱，但保有现金储备使得借贷毫无必要。我对正当的借贷并不存有偏见，我只是不想拿企业的控制权去冒险，那样的话，我所献身的特别理念就会落入别人的手里。

金融的一个相当重要的部分就是克服季节性操作。金钱的流动应该是持续不断的。为了使工作获利，一个人得稳定地工作。停产是巨大的浪费。它带来的浪费包括那些失业的工人，失业的设备，以及由于停工造成的高价使未来的销售量受限制。这是我们必须面对的问题之一。在冬天，当购买者少于春天或夏天的时候，我们不能为库存而生产汽车。一个人能在什么地方用什么方法存放 50 万辆汽车？并且，如果储存的话，在紧俏季节它们怎么被运走呢？即使能够存放的话，那又由谁来出这样一大笔存放汽车的钱呢？

季节性工作对工人们来说也是困难的事。好的机械师不会接受一份一年只有几个月时间不错的工作。能满负荷一年十二个月工作，可以保证获得有能力的工人，建立起永久性的生产组织，并且持续不断地改进产品——工厂的人们通过不间断的服务，变得对操作更为熟练。

如果每一方面都想享有来自企业的最大利润的话，那么一年十二个月工厂都必须生产，销售部门都必须销售，汽车商都必须购买。如果零买的人除了在"旺季"之外考虑买车的话，需要发起一场教育运动，证明一辆全年运转的车的价值要高于季节性运转的车的价值。在教育进行之后，生产必须进行，经销商必须卖出以期待营业上升。

我们是汽车业中首先面对这个问题的企业。福特车的销售是一个商品处理的问题。在每辆车都是根据订单制造，一个月50辆车就是高产的时候，在订购之前等着销售是很合理的。生产厂家在制造之前等待订单。

我们很快便发现我们不能根据订单来进行经营。工厂的产量不足以——虽然这产量已相当不错了——满足三月至八月间所订购的汽车需求量。因此，我们多年前便开始宣传活动，证明一辆福特车并不只是夏天的奢侈品而是全年的必需品。与此同时我们还告诉销售商，即使他在冬天卖出的车不如夏天卖出的多，他为冬天储存一批货也是值得的，因为这样的话他可以即时交货。两方面的计划都生效了。在全国的绝大部分地区，冬天使用的车差不多和夏天使用的一样多。人们发现这些车可以在雪地、冰面、泥水中——在任何地方行驶。这样冬天的销售量便越来越大，销售商们部分地摆脱了季节性需求。而且他们发现,为将要到来的需求预先购买是有利可图的。这样,我们的工厂没有了季节变化。一直到前几年,工厂一直连续生产,除了每年一度的清理、结算。在特别萧条的时期,我们中断过生产。但那是为了调整我们自己,以适合市场状况。

为了能够进行连续生产并且由此进行连续的资金周转,我们必须对我们的操作进行仔细的计划。生产计划都是每个月由生产部门和销售部门认真制定出来的,目标是生产足够的汽车,以满足手中的订单。以前,组装车并运输车是最重要的,因为我们没有地方存放组装好了的车。现在我们运送零部件而不是汽车了,只组装底特律地区所需的车。这也未使得生产计划的重要性降低,因为如果生产的流水和订购的流水不能基本相当的话,那么我们要么将堆满卖不出去的零件,要么不能满足订单的需求。当你每天生产的零件可组装 4000 辆车时,你只要稍微粗心地过高估计订单数量的话,就可能积压上百万的产品。这使得生产计划成为一件要求特别高的工作。

为了从我们每辆车的低利润中获得适当的总利润,我们必须让资金周转得非常快。我们生产的汽车是为了出售的,不是为了储存的。卖不出去的产品一个月占用资金的利息可能数目就很大。生产计划是提前一年制定好的,这一年的每个月生产的汽车数量都计划好了。当然,要使原材料和我们仍从外面购买的零件与生产计划协调一致是一个很大的问题。我们承受不起积压大量的汽车,同样我们也承受不起积压大量的原材料,一切都得在该进的时候进,在该出的时候出,并且我们只有很小的回旋余地。好几年前钻石工业公司遭了火灾,他们为我们制造散热器的零件和黄铜铸件。我们必须赶快采取行动,否则要受到重大损失。我们把我们所有部门的头头、造型样设计师和制图员召集在一起。他们在一张草图上工作了24～48小时。他们设计了一个新样式。钻石公司租了一家工厂，通过特快运输送去一些机器，我们为他们装备了其他设备。在20天之后，他们的产品就能送来了。我们手中的存货足够我们使用七八天，但那场火灾使我们有10或15天不能把汽车运送出去。除了我们事先准备的存货外，这种零时措施也能使我们支持到20天——因此我们的所有花费都属正常。

重复一遍：获取资金的地方是工厂。它从未使我们的愿望落空过。有一次，当人们认为我们急需钱的时候，它非常有说服力地证明了从内部挖掘出的资金要比从外面获取的资金好得多。

第十二章　金钱——主人还是仆人

1920年12月是全国的企业都记得的时间。倒闭的汽车制造厂比开工的汽车制造厂还多，并且倒闭的汽车厂中的大部分都完全陷入了银行家的债务中。到处都流传着几乎每一家工业公司的经济状况糟糕的小道消息。我对此产生兴趣是因为有报道坚持认为福特汽车公司不仅需要钱，而且无法弄到钱。我已经习惯了所有关于我们公司的谣言——那谣传如此之多，我现在几乎不再做任何辩驳了。但是这一报道和所有以前的谣言都不一样，它们是那么确切和详尽。我从中知道我克服了反对借贷的偏见，几乎每天都可以看到我在华尔街走来走去，帽子拿在手上，向人要钱。谣传还进一步说没有人愿意借钱给我，我很可能要破产了，从汽车业中退出去。

我们确实面临着问题。这是真的。在1919年，我们为了把福特汽车公司的所有股票买下来借了7000万美元。我们还有3300万美元的所得税，同时我们还想给工人发每年都发的奖金，这笔钱达700万美元。在1921年1月1日到4月18日之间，总共算来，我们要支付5800万美元。我们在银行里只有2000万美元。我们的收支状况或多或少是人所共知的。我想人们当然认为不通过贷款的话，我们是不可能弄到所需要的3800万美元的。因为那是数目相当大的一笔钱。没有华尔街的帮助，这样的一大笔钱是无法轻易很快弄到手的。我们的经济状况相当不错，两年前我们借过7000万美元。由于我们的整个财产没有抵押负担，并且我们没有商业债务，一般来说借一大笔钱给我们是不用费什么事的。事实上，这是一笔很好的银行业务。

但是，我开始看到我们需要钱这一点被当作即将到来的失败的证据而广为流传。然后我开始怀疑，虽然谣言从全国各地报纸的新闻栏目中传来，它们可能都是从一个源头得来的。当我们知道《克里克战斗报》一个非常肥胖的金融编辑散发了有关我们金融状况严重情况的公告之后，这种想法得到了进一步加强。因此，我并不想去否定这些谣传。我们制定了我们的财务计划，这计划中并没有包括贷款。

我不能过于强调说你借钱的最糟糕的时候，是好些银行的人们认为你需要钱的时候。在上一章中我讲述过我们的金融原则，我们只是应用这些原则，我们计划进行彻底的资产清理。

返回一点看看情况具体怎样。在 1920 年的初期便有迹象表明由于战争而产生的投机企业将难以继续下去了。一些在战争中出生却并无真正存在理由的企业失败了。人们放慢了购买的速度。我们自己的销售量仍然正常，但我们知道或迟或早它都会受到影响。我认真地考虑着降低价格，但各处的生产成本都无法控制了。工人们为他们的高工资回报得越来越少。原材料的供应者根本就拒绝进行脚踏实地的考虑。暴风雨将要来临的警告根本就没人理会。

在 6 月，我们自己的销售量开始受到影响。从 6 月到 9 月，销售量的增长越来越小。我们得做一些事情以使我们的产品处于公众的购买力之内。我们得做出大的动作以向公众证明我们确实是在动真的，而不是玩假的。因此，在 9 月份，我们把旅行车的车价从 575 美元砍到 440 美元。我们把价钱砍到了生产成本以下，因为我们仍在用高价时期买的材料进行生产。这次削价产生了相当大的轰动效应。我们受到了一大堆的批评。他们说我们是在扰乱现状。这确实是我们想要做的。我们想尽我们的一份力，把价钱从人为的高价降到自然的价格。我仍然坚持这种观点，即如果这时候或更早一点的时候所有的生产厂家和批发商都进行大幅度的降价并进行彻底的家底清理的话，我们便不会有这么长时间的经济萧条了。吊在获得更高价钱的希望上只能是延误调整时间。没有人能得到他们所希望的高价。如果损失一下子就被接受的话，不仅这个国家的生产力和购买力可以变得和谐起来，而且我们将省去这漫长的一段普遍懒散的时期。总是抱住获得更高的价格不放，只能使损失变得更大。因为那些等待的人得为他们的高价存货付利息，同时也失去了在合理基础上经营可能获得的利润。失业减少了工资分配，因此买者和卖者变得越来越隔膜。有很多人谈论把巨额信贷转给欧洲——这种观点的意思是这样的话，高价存货就可能销售出去。当然，那些提议并不是如此简单地说出的。我相信相当一部分人们真诚地相信如果大量的资金流向外国的话，即使没有希望收回本金或利息，美国的企业也会因此在某种方式上受益。这倒是真的，如果这些信贷是由美国银行接受的话，那些有着高价存货的人很可能出售存货获得利润。但银行宁愿保有那么多冻结资金，以致它们更像是冰屋而不是银行。我想抱着谋取利润的想法一直坚持到最后是很自然的事。但这并不是好的经营方式。

我们自己的销售在降价之后增加了，但不久又开始下跌。我们并没有充分地进入全国的购买力之内以使销售变得更容易进行。零售价一般来说都没有到最低价。公众对任何价格都不信任。我们又实施了再一次削价的计划，并把我们的产量保持在一个月 10 万辆左右。这种产量与我们的销售量并不相称，但我们想在停工之前尽量把我们的原材料转化成汽车。我们知道为处理库存我们将不得不停工。我们想要开工时又有一次大的降价，并且手中有车以供需要。然后，新车将用低价购进的材料制造。我们下定决心要把价格降得更低。

我们在12月停工了，希望两个星期后开工。我们发现有那么多事情要做，实际上我们近六个星期没有开工。在我们停工的那一刻起，关于我们的经济状况的谣传变得更为活跃了。我知道相当大的一部分人希望我们到外面去找钱——因为如果我们寻找钱的话，那么我们就得接受其条件。我们并没有去要钱。我们并不需要钱。我们有一个人愿意提供钱。纽约银行的一位官员拜访了我，带来一个金融计划。其中包括一大笔贷款和一个协议，协议规定银行家的一位代表将作为财务主管负责公司的资金。我可以肯定这些人们的用心是良好的，但我们并不需要借钱，虽然这事发生时我们正好缺少一位财务主管。就这点来说那位银行家对我们情况的设想是不错的。我请我的儿子埃德赛尔做财务主管，同时兼公司的董事长。这样我们补上了一位财务主管。因此那位银行家就真正地不能为我们做任何事了。

然后我们开始进行清理。战争期间，我们得生产很多种战备物资，因此我们被迫偏离了我们只生产一种产品的原则。这使得我们增加了很多新的部门。行政人员增多了，很多分散生产的浪费也产生了。战备物资是匆忙生产的，因此也是浪费的生产。我们开始把一切不能用于汽车生产的东西都扔出去。

唯一需要立即支付的是纯属自愿支付给我们的工人的700万美元的奖金。并没有规定非得支付不可，但我们想在1月1日发放。我们用手中的现金支付了这笔钱。

在全国我们有35个分厂。这些全都是组装工厂，但它们中的

22个厂也同时生产零件。这些企业停止生产零件了，但在继续组装汽车。在停工的时候我们实际上在底特律没有汽车了。我们把所有的零件都运走了。在1月份，底特律的销售商实际上得到远在芝加哥和哥伦比亚的工厂取车以满足本地的需求。各分厂根据每个销售商一年的定额，给他运去足够一个月销售的汽车。销售商们为销售而努力地工作。在1月下旬，我们召来了大约一万的骨干人员，大多数是工长、低级工长、助理工长，我们开始在高地公园的工厂生产。我们收回我们在外国的钱并卖掉我们的副产品。

然后我们准备全部开工了。我们是逐渐进行的——在能获取利润的基础上。清理使那些抬高价格、吸蚀利润的浪费去掉了。我们卖掉了无用的东西。此前每辆车我们每天雇用15个工人，后来每辆车我们每天雇用9个人。这并不意味着15个人中有6个人失去了工作，他们只是不再是非生产性的了。我们能这样减低人数是由于贯彻了一条规定：任何东西、任何人必须有助于生产，否则就排除。

我们把办公室的人员大量削减，给办公室的工人在车间提供了较好的工作。他们大多数人都接受了工作。我们废除了所有不能直接有助于汽车生产的规定和统计形式。我们收集过成吨的统计数字，因为它们有趣。但统计学家并不能制造汽车——所以他们走了。

我们去掉了百分之六十的电话分机。任何组织中只有相对来说很少的几个人才需要电话。以前我们每5个人便有一个工长，现在我们每12个人安排一个工长，其他的工长去机器边工作。

我们把每辆车的间接费用从146美元削减到93美元。当你认识到对日产量超过4000辆车的工厂这意味着什么时，你便会知道，不依靠资金，不靠降低工资，只是靠消除浪费，就可能达到一个"不可能"的价格。

最重要的是，我们发现了怎样通过加速资金周转在我们的企业中使用更少的资金。在增加资金周转率当中，一个最重要的因素就是底特律、托里多的埃伦顿的铁路——我们把它买下了。铁路在经济计划中占着重要地位。对于道路本身，我有专章讲述。

在一个小小的实验里，我们发现如果货运服务被充分改进的话，可以把生产周期从22天缩短为14天。那也就是说，原材料的购买、生产、生产好的产品交到批发商的手里，这段时间可以比原先少百分之三十三（大约）。而一直保有大约6000万美元的材料存货以保证生产不中断，把时间减少三分之一之后便可盘活2000万美元，或者说一年1200万美元的利息。加上成品的库存，我们节约了约800万美元——这样，我们可以省出2800万美元的资本，节约了这一大笔钱的利息。

在1月1日，我们有2000万美元。在4月1日，我们有了8730万美元，或者说比我们需要偿还的所有债务多2730万美元。这就是我们从企业自身挖出来的东西！这一数字是从这些方面来的：

手中的现金，一月 $20,000,000

手中的存货转为资金，

1月1日至4月1日 $24,700,000

从国外的代理机构收拢的货款 $3,000,000

加速商品流通盘活资金 $28,000,000

副产品的销售 $3,700,000

出售自由公债所得 $7,900,000

总计 $87,300,000

现在我把这些全部讲出来并不是在讲述一项业绩，而是要指出一个企业怎样从自己内部发现财源而不用去外借，并且也想引发一些小小的思考：我们的钱用不着使用贴息借贷的方式，这让银行家们过得太舒服了。

我们本来可以借 4000 万美元 —— 如果我们想借的话还可以借更多。假设我们借了的话，会发生什么事情呢？难道我们会更好地开展我们的经营？或者更糟糕？如果我们借了钱的话，我们将不再承受必须找出降低生产成本的办法的压力了。如果我们能以百分之六的利息借这笔钱的话 —— 我们将受到义务制约并且还不止于此 —— 光利息一项对每年 50 万辆车的产量来说每辆车就要加 4 美元。那样，我们现在就不会得到更好的生产方法的好处而且还要背上一笔重债。我们的汽车也许每辆的成本要比现在多 100 美元。这样我们的产量就要减少，因为我们不可能有那么多的购买者；我们将雇用更少的工人。总而言之，我们将不能提供最佳的服务。你会注意到金融家提出的救治方案是借钱而不是更好的方法。他们没有提议加一个工程师进来。他们想要安排一位财务主管进来。

这就是让银行家进入企业的危险。他们只是用钱来思考。他们认为工厂只是生产钱，而不是生产商品。他们需要看着钱，而不看着生产效率。他们不能理解一个企业是从来不会站着不动，它必须前进，否则便倒退。他们把降低价格当做扔掉利润而不是建设企业。

银行家在工业事务中的影响太大了。大多数实业家私下里都承认这一点。他们很少公开承认这一事实，因为他们害怕他们的银行家。与钱打交道以谋取金钱比与生产打交道谋取利润所需要的技能要少得多，一般成功的银行家并不如一般成功的企业家那么聪明、有办法。但银行家实际上通过控制他的信贷而控制着一般的企业家。

在最近15年或20年里，银行家的手已伸得太长了——特别是自从战争爆发后——联邦储备系统有一段时间把手伸向了几乎是无限度的信贷供应。正如我已提到过的，银行家由于他受的训练和他的位置，完全不适合工业事务。因此，如果信贷的掌握者最近取得了这一巨大的权力，难道这不会被看作是金融体制出了什么问题吗？——它不去贷款而是去控制工业中的主要权力。并不是银行家的工业敏感使得他们进入工业管理。每个人都会承认这点。他们是被推到那里的，不管是否愿意，被体制本身推到了那里。因此，我个人想要知道我们是不是在最好的金融体制下工作。

现在，让我声明一下，我对银行家的反对完全与个人情感无关。我并没有一般地反对银行家。我们非常需要能思考、有办法的金融方面的人才。如果没有银行系统的话，这世界没法运行。我们得要钱。我们需要贷款；否则的话，生产的成果将不能交换。我们需要资本，没有资本的话将无法进行生产。但我们是否把银行业和我们的信贷建立在正确的基础上则是另一码事了。

攻击我们的金融体制并不是我所想做的。我并不是被这一体制打击过并想要报复的人。对我个人来说，银行家们干什么都没有任何区别，因为我们能管好自己的事务，不需要外面的金融帮助。我的追问没有任何个人的动机。我只是想知道是不是最大的利益被分配给了最大多数人。

没有一种好的金融体制会对一类生产者的待遇优于另一类生产者，我们想发现是不是不可能把那些并不基于创造财富的权力废除。任何一种等级立法都是邪恶的。我想这个国家的生产在方式上已有了如此大的改变，黄金不再是用以衡量它的最好的媒体。作为信贷控制的金本位制正如它现在（我相信这是不可避免的）所实行的方

137

式，是有阶级利害的。对财政的最后衡量是一个国家的黄金数量，不管这个国家的财富如何。

我并不准备将货币或信贷这一问题教条化。就货币和信贷来说，没有人知道得足够多，以致能够将它教条化，这整个问题将像所有其他真正重要的问题必须得到解决那样得到解决。那就是用谨慎的、有充分事实根据的实验方法。我们必须得一步一步地非常小心地向前进。这个问题不是政治问题，而是经济问题。我完全相信帮助人们去思考这个问题是完全有益的。没有充分的了解他们是无法行动的，并且会因此导致灾难。货币问题在各种程度的权利和大众的头脑里是第一重要的问题。但看一眼这包治百病的金融体制的话，会发觉它们是多么的矛盾。它们中的大多数都把人类是诚实的这一设想作为前提，当然这是一个首要缺陷。如果所有的人都诚实的话，我们目前的体系会运行得非常的好。事实上，整个金融问题中有百分之九十五是关于人的本性的问题。成功的体制必须检验人的本性，而不是依靠人的本性。

人们现在正想着金钱的问题。如果那些金钱的主人有什么信息，他们认为应该让人们知道以免人们误入歧途的话，那么现在便正当其时。时间在对各种金融危机的恐惧中悄然逝去。人们自然是保守的，他们比金融家们更保守。那些认为人们很容易被引导、他们的钱很容易被哄得花光的人是不了解人类的。正是人类惰性的保守，使得我们的货币尽管有金融家玩的各种花招，但还是保持稳定。那些花招是用大量的技术术语包装的。

人们是站在正当货币一边的。他们是如此坚定地站在正当货币的一边，以致这成了一个严重的问题：一旦他们知道真相，他们会怎么看待他们生活于其中的体制呀！

目前的金融体系是不可能由于夸夸其谈或政治轰动或经济实验而得到改变的。它将在形势的压力下得到改变——在我们无法控制的形势和我们不能控制的压力下。我们现在就处于这样的形势。我们现在就承受着这样的压力。

人们必须受到帮助，去自然地考虑金钱问题。必须告诉他们它是什么，是什么使得它成为金钱，目前的体制可能会玩出什么样的花招以使所有国家和人民处于极少数人的掌握之下。

钱毕竟是极其简单的。它是我们的运输系统的一部分，它是把物品从一个人传送给另一个人的简单直接的方法。金融就其自身来说是令人尊敬的，它是必需的，它并不是复杂的恶魔，它是社会生活中的最有用的工具之一。当它做到它本意所做的事情时，它完全是有益的，没有阻碍。

但货币应该总是货币。1英尺总是12英寸，但是什么时候1美元是1美元过？如果吨的重量在煤场变化，克的度量在杂货店里变化，一码的尺子今天是42英寸而明天就是33英寸的话（通过被称为"交换"的神秘过程），人们很快就会改正这些。当1美元并不总是1美元，当100美分的1美元变成65美分1美元，然后是50美分1美元，然后是47美分1美元，就像以前的老美国金元和银元一样，对这种"贬值的钱""跌价的钱"叫喊又有什么用呢？1美元保持100美分就像1磅保持16盎司和1码保持36英寸一样是必需的，不能乱变。

那些从事正当银行业的人应该自然地认为他们是探索和理解我们目前的金融体系的第一人——而不是满足于精通当地的银行手段。如果他们把那些号称"银行家"的赌徒的称号剥夺，并把他们从有影响力的位置上永远驱逐出去的话，银行业将得以恢复并成为它应该成为的公共服务机构。现在的金融体系和金融方式的不平等就将从人们的肩上卸下。

当然，这里有一个"如果"。但它并不是不可征服的。事情确实困难，如果那些有技术设施的人不来救治这一病例的话，那么好些缺乏设备的人便可以来试一试。再没有比任何一个阶级认为进步是对它的攻击更愚蠢的了。进步只是基于自身的召唤，用自己的经验帮助普遍的发展。只有那些不明智的人才会试图阻挡进步，并因此成为它的牺牲品。我们所有人都一起在这里，我们所有人都必须一起前进。对任何人或任何阶级来说，为进步的动向而生气都是极其愚蠢的。如果金融家们觉得这一进步是那些智力低下的人的折腾，如果他们把所有改善的建议都看作是个人攻击，那么他们所扮演的角色便比任何别的更能证明他们不适合继续领导人们。

如果目前的错误体制比一个更完善的体制对一个银行家来说更有利可图的话，如果这位银行家对他个人今后的利润看得重于为世界的生活做出贡献的荣誉——帮助建立一个更好的体制，那么利益冲突是无法避免的。但可以公正地对那些自私的金融利益集团说，如果他们发起的战斗是为了永远保有一个只为他们带来利润的体制的话，那么他们的战斗已经失败了。为什么金融应该害怕？世界仍在这里。人们仍在彼此做生意。会有钱的，也会需要金钱机制的专家。什么都不会失去，除了节疤和死结。当然，会进行一些调整。银行将不再是工业的主人，他们将是工业的仆人。企业将掌握着钱而不是钱掌握着企业。毁坏性的利息体系将进行大的修正。银行业将不再是冒险，而是服务，银行将比现在为人们做更多的事。不再是世界上管理起来花费最大的行业，在分红上获利最大的行业，它们将变得费用不那么高，它们所获的利益将分给它们所服务的社会。

老秩序的两个事实是根本事实，第一，在国内，金融控制的趋势是向最大的中央银行机构发展——要么是一家政府银行，要么是一个紧密结合的私人银行集团。在每一个国家，总是有由私人或半公共利益绝对掌握着信贷。第二，作为整体的世界，同样的集中化趋势也开始了，美国信用是在纽约的银行控制之下，就像战前世界的信用是由伦敦控制一样——英国英镑作为世界贸易的结算货币单位。

我们面临着两种改革方式，一种是从底层开始，一种是从顶层开始。后一种是更稳定的方式，前一种正在俄国试行。如果我们的改革应该从顶层开始的话，那就需要一种社会远见和真诚的深入的利他主义热情，而这些是和自私的精明完全不一致的。

世界上的财富既不是由世界上的金钱组成，也不能由世界上的金钱充分代表。黄金本身并不是一种有价值的物品，它和衣帽间对衣帽一样不会增加什么价值。但它可以方便地使用，作为财富的标志，给它的拥有者或掌管者对那些真正财富的生产者所需要的货币有控制的权力。与货币这一用于交换的商品打交道是一件非常有利可图的事。当货币自身变成一件可以买卖的货物，在真正的财富转移和交换之前，篡权者和投机分子便被允许在产品上抽一份税了。货币的控制者能保持生产力这一点会更有说服力，如果记住虽然金钱被认为代表着世界上真正的财富，而世界上的真正财富总是多于金钱。并且真正的财富经常被迫去等待金钱，这样导致了最矛盾的情况——一个充满财富的世界却无法满足需要。

这些事实并不只是财政方面的，只是变成数字留在那里。它们是和人类命运血肉相连的。世界的贫穷很少是由于缺乏物品造成的，而是由于"货币紧缺"造成的。国家之间的商业竞争导致了国际争端和恶意，这些反过来激发了战争——这表明这些事实对人类的重要。这样，贫穷和战争，两个最大的恶魔，都是从同一条根上长出来的。

让我们看看朝一个更好的方向开始是不是可能的。

第十三章　为什么会有贫穷

贫穷来自很多方面，其中重要的方面都是能够控制的。特权也是如此。我认为完全可能废除贫穷和特权——这不可能有什么问题，它们的被废除是件值得去干的事情。两者都是违反自然法则的，但它们都存在着，却不是法律。我们必须对结果抱有希望。

对于贫穷，我指的是缺乏个人或家庭必需的食品、住房和衣物。在生活水平上会有不同的等级。人们在智力和体力上都不是完全相等的。任何以这样的假设——人是或应该是平等的——为前提的计划都是违反自然法则的，也是行不通的。不可能也不值得去把高的程度降低。这样做只会使贫穷普遍化而不再是个别化。强迫效率高的生产者变成低效率的，并不能使效率低的生产者变得更有效率。贫穷只能用丰富的物质去消灭。我们现在的科学已经够发达了，作为自然的发展，能够看到有一天生产和分配都如此科学，所有的人都根据自己的能力和勤奋获得自己的一份。

现代工业在逐渐改善工人和世界的状况，我们只需要对计划和方法知道得更多。最好的结果能够也将会由个人的创造性和天才而带来——通过领导者的智慧。政府，因为它本质上是消极的，不可能给予任何真正有建设性的事业以积极帮助。它能给予消极的帮助——去掉进步的障碍，并且不再成为社会的负担。

贫穷的根本原因，在我看来，根本在于生产和消费之间——包括工业和农业两方面的——权力的来源和权力的运用之间的糟糕关系。由于缺乏调节而造成浪费是极其愚蠢的事情。在智慧的领导献身服务之前,所有的这些浪费都是在所难免的。只要领导者考虑更多的是钱而不是服务的话,浪费就将继续下去。浪费只能被有远见的人制止而不会被没远见的人制止。短视的人把钱放在第一位,他们看不到浪费。他们认为服务是利他主义的,而不是作为这世界上最现实的事情。他们不能摆脱琐屑的事情以看到大事——看到一切之中最重要的事情,那就是:从纯粹金钱立场出发的机会主义者的生产是最无利可图的。

服务可以建立在利他主义的基础上,但那种服务通常不是最好的服务。

并不是工业企业不能够公平地分配一份它们所创造的财富。只是因为浪费是如此巨大,以至没有足够的一份给予每个参与者。事实上产品的价格通常是那么高,完全限制了它被最广泛地消费。

再看看一些浪费。看动力的浪费。密西西比河谷没有煤,在它的中央奔腾着百万马力的潜在动力——密西西比河流。但是如果河岸两边居住的人们想要动力或热量的话,他们就买那些从几百英里之外运来的煤,结果这些煤便以远远高出它们的动力或热力的价值的价格出售。或者,如果他们买不起这些昂贵的煤的话,他们便出去砍树,这样便失去了他们的水力的最大维护者之一森林了。直到最近,他们还没有想到过手中的动力,这除了最初的投资之外不用任何花费,可以取暖、照明、做饭,为这座河谷所养育的大量人口而工作。

消灭贫穷不能通过个人节俭,要通过更好的生产。"艰苦"和"节俭"的观念已经过时了。"艰苦"这个词代表着一种恐惧。大量的悲剧性的浪费事实在某些环境——通常是物质最丰富的环境,给人以深刻的印象。这样导致了对奢侈的强烈反对——人们抓住了"节俭"这一想法。但它只是从大恶过渡到小恶,它并没有走完从错误到真理的全部旅程。

节俭是只生活中一半的人的法则。毫无疑问它要比浪费好得多。同样毫无疑问,它并不如享用好。那些为自己的节俭而骄傲的人把它当作一种美德。一个贫穷节俭的人在丰饶的岁月里积攒一些小金属片,把它紧紧抓住不放——还有比这更可怜的吗?能够很快地获得生活必需品不是更好吗?我们全都知道那些节俭的人们,他们甚至对他们呼吸的空气的数量都很吝啬。他们舍不得给予任何东西。他们是紧紧收缩的——身体和灵魂都一样。节俭是一种浪费——它是对生活的甘露、生命的精力的浪费。有两种浪费者——那种肆意挥霍的人,他把自己的财富在喧闹的生活中随意乱扔;还有一种便是守财奴,他让自己的钱烂掉而不使用。那些严格的节俭者有被归入守财奴一类的很大危险。奢侈通常是对过分地压制花费的反动。节俭可能也是对奢侈的反动。

所有的东西给我们都是为了使用的。只要我们不滥用的话,就是正当的,就不是恶行。对我们生活中的东西所能犯下的最重的罪就是滥用它们。"滥用"是一个含义很广的词。我们喜欢说"浪费",但浪费只是滥用的一种,所有的浪费都是滥用,所有滥用也是浪费。

过分地强调节省的习惯是可能的。每个人都有一份积蓄是合适的,值得的。如果没有一份的话那就是浪费——如果你能有一份的话,但它也可能做得过分。我们教育孩子们把他们的钱积蓄起来,作为反对不加考虑和自私的花费,这是有价值的。但它并不是积极的方式,它并没有引导孩子学会安全、有用的自我花销方式。教育孩子投资和使用钱要比光教他们节约更好。大多数不遗余力地节省几美元的人,如果把那几美元用于投资的话会更好——首先投在自己身上，然后投到一些有用的事情上，最终他们会省下更多钱的。年轻人应该去投资而不是储蓄，他们应该给自己投资以增加自己的创造性价值。在他们使自己达到有用的最高峰后，那时将有足够的时间，把收入的很大一部分存放起来。当你在阻碍自己变得更有生产能力时，你不是在节约。你实际上是在失去你最重要的资本。你在减低一份自然投资的价值。使用的原则是真正的指导。使用是积极的，活跃的，是有生力的，使用便是活的，使用增加了物品的价值。

不必改变普遍状况，个人需要就可以避免。工资增长，价格增长，利润增长，以及其他种类的增长——想把钱弄到这里或弄到那里，都只是这一群人或那一群人试图趁火打劫——不考虑对别人会有什么影响，这是愚蠢的想法，认为只要能赚到钱，风暴都能平安度过。工人们相信只要能弄到更多的工资，风暴都能平安度过。资本家相信只要能弄到更多的利润，风暴都能平安度过。有一种可怜的信念，认为金钱是万能的。在正常的时候，金钱是非常有用的，但金钱的价值不会大于人们把它用于生产。它被如此迷信地作为真正财富的替代品而受到崇拜，以至它的价值完全被毁了。

有一种观点一直流传着，即认为在工业和农业之间存在着根本性的冲突。其实并没有这种冲突。因为城市太拥挤了，所以人们都应该返回农村——这完全是胡说八道。如果所有人都这样的话，那么务农很快就会不再是一件令人满意的工作了。所有人都应该涌入工业城镇的说法，也同样是没有头脑的。如果农业荒弃了，企业主还有什么用呢？农业和工业间能够互惠互利。工厂主能给予农场主他想成为一个好农场主所需要的，农场主和其他购买者可以给工厂主他想成为一个好工厂主所需要的。然后，有着运输作为使者，我们就会有一个建立在服务基础上的稳定和良好的体制。如果我们生活在一个较小的社群，那里的生活没那么紧张，那里的田间和菜园的产品没有那么多的中间获利者，那里的贫穷和不安就会少得多。

看看整个这些季节性工作。以建筑作为季节性行业的例子。让建筑工人在整个冬天里冬眠，等待着建筑季节的到来，这是多大的浪费！好些熟练的工匠为了逃避冬天的损失被迫到工厂去工作，即使在建筑季节他们也留在工厂，因为他们害怕如果他们走了，冬天再回来时，可能就找不到工厂的工作了——这是和前面同等的技术浪费。这种全年的体制造成了多大的浪费！如果农民们在播种、耕作和收获季节（它们毕竟只占一年的一小部分）能够离开工厂回到农场，如果建筑者在建筑季节能离开工厂重操旧业，他们都将会好多少！而整个世界将会运转得多么平稳！

假设每个春天和夏天我们全都移到室外去，过三个或四个月美好的户外生活，我们便不会有"松散的时间"了。

农业有农闲季节，那时间就是农民到工厂来帮助生产他所需要的产品的时间。工厂也有它的淡季，这时候就是工人到土地上去帮助生产粮食的时候。这样我们便可以把懒散从工作中去除，恢复人为和自然之间的平稳和谐。

对生活的更平衡的看法使我们获得的不是小利益。融合的方式不仅在特质方面有益，而且使头脑更开阔，判断更公正。我们今天的绝大多数不安宁都是由狭隘的、偏颇的看法引起的。如果我们的工作更多样化，如果我们看到生活的更多方面，如果我们看到一方面是多么依赖于另一方面，我们将会更平衡。每个人在广阔的天空下面工作一段时间都会变得更好的。

这并不是完全不可能的，美好、正当的事情永远不会不可能。它只是意味着一个小小的配合——对贪婪的野心少一点注意，对生活本身多一点注意。

那些有钱人发现一年在一些奇异的冬季或夏季休养胜地无所事事地游玩三个月到四个月是一件美好的事情。大多数美国人即使能够这样,他们也不会这样去浪费自己的时间,但是他们会愿意进行协调性的户外季节性工作。

几乎不可能怀疑我们看到的自己周围的大多数不安定情况,都是由于不自然的生活方式引起的。好些整年不断地干着同样工作的人们,享受不到健康的阳光和户外辽阔的天地。如果他们在扭曲的光线中看待事物,他们几乎是不应受到责备的。这一点同等地适用于资本家和工人。

生活中有什么东西妨碍着正常的健康生活方式呢?工业中有什么东西使得工业与那些为工业服务的合格人员不和谐呢?如果工业劳动力每年夏天都从车间撤出,这将妨碍生产而遭到反对。但我们必须从更普遍的视角来看待这个问题。我们必须考虑到工业劳动力在三个月或四个月的户外劳动之后增加的能量。我们也必须考虑到共同返回田野导致的对生活费用的影响。

正如我在前面的章节中表明的,我们正在进行把农业和工厂结合的工作,并且取得了完全满意的结果。在诺斯维尔,离底特律不远,我们有一家生产阀门的小工厂。那个工厂的管理和机械相对来说都很简单,因为它只生产一种产品。我们用不着去找熟练工人,技能都是由机器完成的。乡下的人们能够一部分时间在工厂做工,一部分时间在农场耕作,因为机械化耕种并不是很劳累的活。工厂的动力来自水电。

另一座在某种程度上更大的工厂正在菲莱特洛克修建,离底特律15英里的地方。我们在河上筑了一道堤坝。这道水坝同时也作为底特律—托里多—埃伦顿铁路的一座桥梁，在那个地方这条铁路正需要一座新桥。同时还有一条为公众所用的路——全都是在一次建筑中完成的。我们想在那里生产玻璃。把河流截断后有足够深的水可以将我们大多数的原材料都从水路运进来。它还通过一座水电站为我们提供动力。因为处于农耕的乡村中间，不可能出现拥挤或任何由于人口太集中引起的事故。人们可以拥有自己的耕地和农场，同时在工厂干活。这可以覆盖工厂周围15～20英里的范围——因为，现在工人们当然可以驾驶汽车来工厂上班。在那里我们将把农业和工业结合起来，并且完全没有那些由于过度集中而产生的坏处。

那种认为工业国家必须将它的工业集中的论调，在我看来是没有根据的。那只是工业发展的一个阶段。随着我们对生产了解得越多，并知道了用可互换的零件生产产品，那么那些零件便可能在条件最好的地方生产了。而这些可能最好的条件，在雇员的角度看来是这样，同时从生产的角度看来也是最好的条件。人们无法在一条小溪边建一座大工厂。人们可以在一条小溪上建座小工厂。这些小工厂组合在一起，每一座小工厂生产一种零件，将使整个产品比在一座大工厂里生产更便宜。也有例外，比如在哪儿进行铸造。在这种情况下，正如在罗格河工厂，我们便把冶炼金属和铸造结合起来，同时我们也要使用所有的废动力。这需要大量的投资，并且在一个地方要有相当多的人力。但这种结合更是一种例外而不是普遍规律。它们并不足以影响打破工业过于集中的过程。

工业将分散化。如果一座城市被毁掉了，不可能重建一座和它一模一样的。这一事实本身便流露出我们对自己的城市的真正评价。这城市有一个地方要补充，有一件事需要做。无疑，如果不是由于城市的话，乡下将不会如此适合居住。由于挤在一起，人们了解了一些秘密。如果单在乡下的话，他们永远也不会知道这些。卫生，照明，社会组织——所有这些都是人们的城市经验的产物。但同时我们今天所忍受的每一种社会疾病，都是在大城市发源的，并以大城市为中心的。你会发现较小的社群随季节的变换和谐地生活，既没有特别的贫穷也没有特别的富有——没有任何我们人口众多的社群忍受的动荡不宁的暴力、瘟疫。在一座有100万桀骜不驯的危险者的城市里总会发生一些事情。30英里之外，幸福满足的村民读着城市的狂言谵语！一座大城市真是一群无助的群氓。它使用的每一件东西都是从外面运送来的，停止运输便停止了城市的运转，它靠商店的货架生活。那些货架什么也不出产。城市无法喂养自己，无法给自己衣服穿，给自己取暖，给自己房子住。城市的工作和生活条件是如此的人为假造，有时本能会为这些不自然的一切而造反。

最后，在大城市里生活和经营的费用变得那么高，几乎让人无法承受了。它对生活抽着那么重的税以至没有剩余以供生活了。政客们发现那么容易借钱，他们把钱借到了极限。在最近10年内，这个国家的每一座城市的管理费都极大地增加了，这笔费用的相当大一部分是用来还借钱的利息的。这笔钱要么用于非生产性的砖头、石头和灰沙，要么用于城市生活的必需设施，比如供水工程和下水道工程，这样的费用远远超出了合理的程度。那些用以维护这些工程的钱，为了保持大量的人口和交通秩序的钱，远远比从社会生活中获取的利益多得多。现代城市是挥霍浪费的，它今天是要破产的，明天它将不再这样。

提供大量的廉价并且方便的动力——并不是一下子，而是随着它的被使用而来——将比任何其他的什么东西更能带来生活的平衡并砍掉滋生贫穷的浪费。并不存在唯一的电源。也许对一个社群来说在矿井口建的火力发电站的电力是最经济的。对另一个社群来说水力发电也许是最好的，但是在每一个社区肯定应该有一个中心电站供给廉价电力——它应该被看作和铁路或供水一样是必须的。我们能够把每一处大的动力源都利用起来，为共同的利益使用，如果不是难以弄到资金的话。我想，我们应该重新审视我们关于资金的观念。

一个企业自身创造的资金，那些被用来扩大工人们的机会和增加他们的舒适和财富的资金，那些用来为更多的人们提供就业机会的资金，那些降低为公众提供的服务费的资金——这种资金，即使是由一个人掌握，也不是对人类的威胁。它是工作积余，它的使用是造福全体人们的。这样的资金的拥有人几乎不会把它当作个人的报酬。没有人能够把这样的积余看成是他自己的，因为他不是一个人单独创造了它。这是他的整个企业联合生产的产品。拥有者的观念可以失掉所有能量和方向，尽管它不能补充所有的能量和方向。每个工人都是创造的一员。没有任何经营能被认为是只与今天有关和只与参与其事的个人有关。它必须有继续进行的工具。最好的工资是应该支付的。应该保证企业的每一位参与者有一份合适的生活——不管他的角色是什么。但是为了企业有能力资助那些为它工作的工人，必须得保留一份盈余。真正诚实的企业主把他盈余的利润用于这方面。不管这笔盈余放在哪里，也不管是由谁掌握，要紧的是它的使用。

那些不能用于经常性地创造更好更多的工作机会的资金跟沙子一样无用。那些不能经常性地改善日常工作条件且更公平地给日常工作以报酬的资金并没有履行它的最高职能。资金的最大用处不是创造更多的钱,而是使钱做更多改善生活的服务。我们从事商业的人如果不能帮助解决社会问题,我们便没有做好我们的主要工作,我们便没有提供完全的服务。

第十四章 拖拉机和动力耕作

一般人并不知道我们的拖拉机，我们把它称作"福特森"，比我们计划的要早一年投产，因为盟国战时粮食紧缺，并且我们所有的早期产品（当然，除了那些用于测试和试验的之外）都直接运到了英国。在1917—1918年的关键时期，也就是潜水艇最忙的时候，我们跨海运去了5000辆拖拉机，每一辆拖拉机都安全运抵了。英国政府的官员很客气地说，要是没有这些拖拉机的帮助，英国几乎无法对付它的粮食危机。

正是这些拖拉机，大多数由妇女驾驶，翻耕了过去的私人地产和高尔夫球场，让全英国都种上了粮食，没有从战斗部队抽人或减少军工厂的人力。

事情是这样发生的：在我们1917年参战的时候，英国的粮食管理部门看到，由于德国潜艇几乎每天都击沉一艘货船，已经吃紧的海运能力用于运送美国军队过海，运送战斗部队的粮食，运送美国部队和盟军必需的军火，同时还要为英国本土的人口运送足够的粮食，这是完全不够的。也就是那个时候，他们开始把殖民地人民的妻子和家庭送出英国，并制定计划在家里种植粮食，情况很严重。全英国没有足够的牲口用于犁地和耕种，种植的庄稼所收的粮食甚至还不到进口的一小部分。机械化农业几乎没有听说过，因为战前英国的农场并没有大得足以购买沉重的、昂贵的农业机器，尤其是农业劳力那么便宜、那么充足。在英国有各种制造拖拉机的努力，但那些拖拉机是些笨重家伙，大多数由蒸汽机带动，连这种拖拉机也不够。也难以生产更多,因为所有的工厂都在生产军火。即使生产这种拖拉机的话,它们也太大太笨重了,无法用于一般的土地,并且还要工程师的管理。

为了展示的目的,我们在我们曼彻斯特的工厂放了几台拖拉机。它们在美国生产,只是在英国组装的。农业委员会请英国皇家农业协会对这些拖拉机进行测试并提出报告。下面就是他们的报告:

应英国皇家农业协会之要求,我们检查了两台福特拖拉机,25匹马力,用于耕地:首先交叉犁一块土质坚硬的难耕的休耕地,随后犁一块土质松软、长有从杂草到茂盛的草丛的地,能够测试发动机在平地和有陡坡的山上的运转情况。

在第一次测试中,用了耕两道犁沟的奥利夫犁,耕出平均5英寸深、16英寸宽的犁沟。同时还用了能犁三道犁沟的科克萨特犁,耕同样的深度,宽度为10英寸。

在第二次测试中,用了三道犁沟的犁,犁地的深度平均为6英寸。

在两种情况下拖拉机都能轻松工作,测量一英亩地犁完所用的时间为1小时30分钟,每亩地消耗2.33加仑的柴油。

这些结果我们认为是很满意的。

那些犁并不太适合所犁的地,因此拖拉机的工作受到了一些不利条件的影响。

装满燃料和水之后拖拉机的总重量为23.25英担。

对于它的动力来说拖拉机是轻便的。因此,在耕地上很容易驾驶,可以转很小的圈,留下很小的掉头地。

靠很少的一点汽油,拖拉机很快就能发动起来。

在这些测试之后,我们到了曼彻斯特拉福德公园的福特工厂。

在那里打开了一台发动机，进行了细致的检查。

我们发现设计是很好的，生产质量也是一流的。我们认为驾驶轮相当地轻。我们了解到一种新的力量更大的车型将来可以供应。

这拖拉机的设计纯粹是为了在土地上工作的，那些轮子上面装有草铲，应该加一些保护装置以使它从一座农场转到另一座农场时能在道路上行驶。

考虑到上面所列举的一切，在目前的情况下，我们建议采取行动，立即尽可能多、尽可能快地制造这种拖拉机。

在这份报告上签字的有W. E. 达尔比教授和F. S. 科特尼工程师；R. N. 格里夫，工程师和农学家；罗伯特·W. 霍布斯和亨利·欧韦曼，农学家；吉伯特·格林纳尔，名誉会长；约翰. E. 克罗丝，管理员。

在那份报告提交之后，我们马上就收到了下面的电报：

我们没有收到任何关于给科克工厂运送必需的钢材和成套设备的明确答复。然而，即使在最乐观的情况下，科克工厂也得在明年春天之后才能投入生产。英国对粮食生产的需求非常紧急，大批量的拖拉机必须尽快弄到，以便赶上为播种秋小麦而犁开长满草的土地。

我受最高权力部门之命向福特先生请求帮助。你能不能派索伦森和其他人员带着必需的图纸，把它们借给英国政府，这样零件便可以在这里生产并在索伦森先生的指导下在政府的工厂里组装？

可以明确地向你保证这是根据国家利益而提出的，如果进行的话将由政府为人民而生产，这其中不带有任何生产或资本家的投资，并且没有任何利益团体从中获取利润。

事情非常紧急。无法从美国运来充足的所需的每一件东西，因为必须提供上千辆的拖拉机。福特拖拉机被认为是最好的和唯一合适。因此国家的需要完全依赖于福特先生的设计。

我的工作使我不能亲自到美国来递交这份请求。请求考虑关照并立即做出决定，因为每一天都是至关重要的。你可以依靠这里的生产设备在政府最严格的公正控制下进行生产。欢迎索伦森和任何你能从美国派来的人给予帮助和指导。

回复电报地址：佩里，哈丁·"普罗多姆"管理处，伦敦。

普罗多姆

我明白这是由英国内阁直接发来的电报，我们立即回电完全同意出借图纸，我们到那时为止的所有经验性的文件，所有进行生产所必需的人员，都在下一班轮船便让查尔斯·E.索伦森带去了。索伦森先生开建了曼彻斯特工厂，熟悉英国的情况。他负责在这个国家生产拖拉机。

为了在英国生产零件并在那里组装，索伦森先生开始和英国官员一道工作。我们所使用的很多材料都是特殊的，无法在英国弄到。他们所有装备来铸造和制造机器的工厂都塞满了军火订单。结果表明在那里要想找到任何投标人都极其困难。随后6月到了，伦敦遭受了一系列毁灭性的空中打击，出现了危机。有些事情必须要做，最后，在英国一半的工厂中传来传去之后，我们的人和农业部成功地落实了投标人。

米尔纳爵士把这些投标人的情况拿给索伦森先生看。他们中间投标最低的价是每辆拖拉机1500美元，还不保证送货。

"这价钱没有任何理由。"索伦森先生说，"这些拖拉机每台不会超过700美元。"

"你能按这个价格生产5000台吗?"米尔纳爵士问道。

"能。"索伦森先生回答。

"要多长时间你才能交货?"

"我们将在60天之内开始交货。"

他们当场便签订了合同。合同规定预先支付百分之二十五的货款。索伦森先生打电报告诉我们他干了什么,并乘下一班轮船回来了。那百分之二十五的预付货款,我们一直到整个合同履行完毕才动用,我们把它存在保证金中。

拖拉机厂并未处于准备生产的状态。高地公园的工厂本来可以调整,但工厂的每一台机器都在日夜不停地生产必需的战略物资。只有一条路可走。我们在迪尔伯恩的工厂建起了临时厂房,在那里装备上用电报订购、用特快列车运送来的机器。在不到60天的时间,第一辆拖拉机便在纽约码头交到了英国当局手中。他们没有马上找到货运舱位。但在1917年12月6日,我们收到了这份电报:

伦敦,1917年12月5日

索伦森

福特森,F. R. 迪尔伯恩。

第一辆拖拉机收到,史密斯和其他的人什么时候动身。请回电。

佩里

整个5000辆拖拉机的航运在3个月之内完成。这就是为什么这种拖拉机在美国被真正知道之前便在英国使用很久了的缘故。

制造拖拉机的计划确实是要早于制造汽车的计划。在农场,我最初的实验是拖拉机。还记得我被一位蒸汽拖拉机生产厂家雇用过一段时间——生产那种很大很重的运输和脱粒引擎。但是看不出这些大拖拉机有任何发展前途。对小农场来说它太贵了，需要太多的技术才能操作，并且与它产生的动力相比也太沉重了。公众对坐着比对拖着更感兴趣。"不用马拉的车"对想象更有吸引力。所以我实际上把拖拉机的事放下了，直到汽车投入生产。随着汽车在农场的出现，拖拉机成了必需的了。因为那时候农民们才知道动力机械。

农民很需要一种新的工具作为动力来带动他已有的工具。我跟在一张犁后疲惫地走过很多英里路，我知道这完全是一桩苦差事。一个人跟在一群马的后面几个小时、几天地慢慢走着，而同样的时间里拖拉机可以干六倍的活！毫不奇怪，什么事都用手工慢慢地干，一般的农民只能挣得满足温饱的生活，农产品从未达到过它们应该的那样便宜丰富。

如在汽车上一样，我们要的是动力——不是重量。重量的念头在拖拉机制造者的头脑里根深蒂固。他们认为多余的重量意味着更多的牵引动力——机器无法获得这一动力，除非它很沉重。他们没有考虑到汽车重量并不大但很能爬坡这一事实。我已经阐述过我对重量的看法。我认为唯一值得去造的拖拉机是那种轻便、有力，同时简单得任何人都能使用的拖拉机。同时它还要很便宜，以便谁都能够买得起它。

把这些要求记在心里，我们在设计上花了近15年，并花了好几百万美元用于实验。我们完全沿着制造汽车的路子行事。每一种零件都尽其可能地制造得强有力，零件的种数要少，每种都能适合大批量的生产。我们有过一些想法认为汽车发动机也许可以用于拖拉机，我们对此进行了一些实验。但最后我们确信，我们想要的那种拖拉机和汽车实际上没有任何共同之处。从一开始我们的意图便是拖拉机应该与汽车分开生产，并且是在不同的工厂里。没有一家工厂大得足以制造这两种产品。

汽车的设计是为了装载；拖拉机的设计是为牵引——爬坡。这种功能的区别使得整个结构都不同。最大的困难是找到能承受得起巨大牵引力的轴承。我们最后找到了它和从各方面看都是最好的结构方式。我们装上了一个四缸发动机，发动机由汽油发动，但发动之后由柴油带动。我们在保证动力的情况下获得的最轻的重量是2425磅。挂接处在驱动轮的凸耳上——就像在猫的爪子上一样。

除了它的严格的牵引功能之外，为了提供最大的服务，拖拉机也被设计得可以作为固定发动机使用，这样，当拖拉机不在路上行驶或在田里工作时，它可以套上传送带带动其他的机器。总而言之，它是一个小型的、多功能的发电站。它确实就是这样。它不止用于犁地、耙地、耕种和收割，它还用于脱粒、带动磨坊、锯木场和各种其他的作坊，拉木头、铲雪，能做一套一般的电力设备可做的每一件事情——从剪羊毛到印刷报纸。它装有很大的轮胎可在路上行走，装有能在森林和冰面行驶的装置，还装有可以在铁轨上行驶的带轮辋的车轮。当底特律的工厂由于缺煤而停工的时候，我们派了一台拖拉机到电铸版印刷厂去印刷《迪尔伯恩独立报》——把拖拉机停在一条小巷上，装上一条四层楼高皮带把动力送上去，用拖拉机的动力制版。有95种不同的工作请求我们帮助。也许我们知道的还是一部分。

拖拉机的机械原理比汽车的更简单，并且是用完全相同的方式生产的。直到现在，产量都因没有适当的工厂而受到限制。第一辆拖拉机是在迪尔伯恩的工厂制造的，那里现在是实验站。那地方不够大，无法产生规模生产的经济效益，而且那里也不适合扩大。拖拉机的设计是想在罗格河的工厂生产的，而那里，直到今年还没有完全开工。

现在那座为制造拖拉机而建的工厂已经建成了。生产流水线完全和汽车生产线一样。每一种零件都是由单独的部门生产，每一种零件造成后都由传送装置送到最初组装处，最后进行组装。一切都是传送的，并不需要什么技术工作。现在工厂的生产能力是一年100万台拖拉机。这是我们预计制造的数量——因为这世界现在比过去更需要这种便宜的、普遍适用的电站——同时现在对机器的了解足以产生对这种设备的需要。

第一批拖拉机，正如我已经说过的，运到了英国。它们第一次提供给美国使用是在1918年，售价为750美元一台。第二年，由于成本更高，售价涨到885美元。在那一年的中期，又能够把价格再次定为750美元。在1920年，我们定价为790美元。下一年，我们对生产已经够熟悉了，能够开始削价，价钱减到了625美元。然后在1922年随着罗格河工厂的运行，我们能够把价格降到395美元。所有的这一切都表明，只要进行科学生产便能降低价格。就像我并不知道福特牌汽车最终能生产得多便宜，我也不知道福特牌拖拉机最终能够多便宜地制造。

拖拉机应该便宜，这一点很重要。否则的话，动力将无法进入所有农场。所有农场的人们都需要动力。几年之内那些只靠马和人力的农场就变得像由人力踏车带动的工厂一样稀奇了。农场主们要么使用动力，要么便改行。费用单的数字使得这一点不可避免。在战争期间，政府用福特森拖拉机做了一次测验，看它的费用和用马工作的费用相比怎么样。拖拉机的费用按高价购买算，再加上运送、耗损费和维修费，并不像报告所列的那么高；即使如此，由于售价已经减半，所以耗损费和维修费也应该减半。

实际上，用拖拉机犁地只需要用马犁地的四分之一的时间，犁地已成为一件拖拉机在田地里纵横驰骋的事了。

老式的农业耕作迅速蜕化成记忆中的画面。这并不意味着工作将从农场消逝。工作不可能从任何创造生产的生活中消逝。但动力耕作确实表明这点——农场工作中的苦差事从此一去不复返。动力耕作就是把负担从血肉之躯上转到钢铁上。我们还刚刚开始动力耕作。汽车给现代农场生活带来了一场革命，并不是由于它是交通工具，而是由于它是动力。农业不该只是乡村工作，它应该是生产粮食的企业。当它确实成为一个企业时，一般的农场一年干的全部农活，只要24天就能干完了。其他时间可用于从事其他工作。农业是一件季节性极强的工作，用不了一个人的全部时间。

作为一个食品企业，如果农业能生产出足够多的粮食，并根据能使每个家庭都获得合理需求所需粮食这一原则分配的话，那么农业就将使自己成为合理的企业。我们如果能使所有种类的粮食产量达到那么高，以至所有的操纵和剥削都成为不可能，这时候便不会出现粮食危机了。那些限制自己耕种面积的农民很容易被投机者利用。

然后，也许，我们将见到小型磨坊业的复兴。乡村的面粉磨坊消逝是非常糟糕的日子。农业合作将得到大的发展，我们将看到农民们将联合起来，在他们自己的食品加工包装厂里，他们自己的猪将被制成火腿和熏咸肉；在他们自己的磨坊里，他们的谷物将被加工成供出售的食物。

为什么一只德克萨斯的菜牛被运到芝加哥然后供应给波士顿，

只要这个城市所需要的全部菜牛能够在波士顿附近的地方养的话，这个问题便无法回答。集中化的食品加工企业，为运输和组织花大量的费用，这是太大的浪费，无法在发达社区长久地进行下去。

在下一个 20 年，我们将在农业方面有巨大的发展，就像上一个 20 年工业方面的巨大发展一样。

第十五章　为什么会有慈善事业

　　为什么一个文明社会会有布施的需要？我反对的并不是慈悲之心。上帝不允许我们对一个需要帮助的生灵冷漠无情。人类的同情心是极美好的品质，冷漠、算计的态度是无法取代它的。人们说不出任何伟大的进步其后面是没有人类同情心的。正是为了帮助人们，每一种重要的服务才得以进行。

　　问题在于我们把这一伟大的美好的动力用于太小的目的。如果人类的同情心促使我们给挨饿的人以粮食，为什么它不能给予最大的希望——使饥饿不可能在我们中间出现呢？我们的同情心如果足以帮助人们摆脱困难的话，可以肯定我们应该有足够的同情心让他们根本就不会陷入困难之中。

　　给予是容易的。更难的是使给予成为不必要。要使给予成为不必要，我们必须要看到个人痛苦的原因——当然，应该毫不犹豫地把他从当前的困境中解救出来，但不能止于暂时的解救。难以做到的似乎是找到事情产生的原因。大多数人能够站出来帮助一个贫困的家庭，但是难得动脑子想把贫困彻底地消灭。

　　对职业慈善者或任何种类的商业化人道主义，我都没有耐心。在人类的帮助被系统化、组织化、商业化和职业化的那一刻，这种助人的心灵便消除了，它就成了一件冷漠的令人不愉快的事情了。

　　真正的人类帮助是永远不能印成分类卡片或做广告的。有更多的孤儿在那些爱他们的人们的家里得到照顾，而不是在收养机构。住在朋友家里的老人要比你在老年之家看到的老人更多。由家庭给予家庭借款得到的帮助，要比社会贷款给予的帮助更多。这就是，基于人道主义的人类社会对它自己的守护。这是一个沉重的问题——我们应该在多大程度上反对把慈善的自然本能商业化。

职业慈善机构不只是冷漠的，并且其弊端多于益处。它贬低了接受帮助的人们，打击了他们的自尊。它是和伤感的理想主义相联的。几年之前，一种观念广为流传，即：服务是我们应该期望的为我们而做的事情。数不清的人们成了善意的"社会服务"的接受者。我们人口中的一大部分被娇宠成陷入期待的、孩子一样无助的状态。由此诞生了为人们做事的常规职业。这给了可称赞的服务热情一个渠道，但它并未给人们的自强贡献任何东西，也没有改变那些状况——产生对这些服务的需要的状况。

比这种鼓励孩子气的任性更糟的是，它不是训练自强和自足，它反而造成了一种憎恨的情感，这一点总是抵消并超过了慈善的好处，人们经常抱怨他们帮助过的人"忘恩负义"。没有比这更自然的了。第一，我们所谓的慈善之举几乎没有真正的慈善，没有完全是出于同情的。第二，没有人会由于被迫接受别人恩惠而感到快乐。

这样的"社会工作"制造了一种紧张关系——施舍的接受者感到他在接受救助时被藐视了。施舍者在施舍的时候是不是也感到被蔑视了——这是一个问题。慈善从未不会使一桩事情彻底了结。慈善机构的目的如果不是使它自身逐渐变得不被需要的话，它就不是在提供服务。它只是在为它自己制造工作，是不生产的记录上添加的又一项。

当那些似乎无法谋生的人摆脱这种不能进行生产的状况，能够投入生产时，慈善便成为不必要了。在前面的章节中，我已经讲述过的我们工厂的经验证明，在进行充分分工的企业中，有很多工作可以由残疾人来做。科学的企业并不是怪物，所有靠近它的人都会被它吞掉。如果它是这样的怪物的话，那么它就没有站在它在生活中应该站的位置上。在企业的内外肯定会有工作，这些工作需要强壮的人的全部力气。还会有其他的工作，这样的工作很多，需要比中世纪工匠的技术更高的技术。产业分工使一个身强力壮的人或一个有技术的人总是能运用他的力气或技能。在以前的手工工业中，一个技术人员要把他相当多的时间用于无须技能的工作上。那是一种浪费。因为在那时候，每一件既需要技术劳动又需要非技术劳动的工作都是由一个人完成的，因此几乎没有余地留给那些由于太笨学不会技术的人或那些由于没有机会学一门手艺的人们。

没有机器，只靠手工劳动的人只能挣得温饱生活，他不可能有积累。一般认为，一个人到了老年，必须由他的孩子们来赡养；如果他没有孩子的话，他就应该能被公众赡养。所有这些都是很不必要的。产业分工实际上能为任何人提供合适的工作。在分工高度明确的企业里，盲人能干的活比非盲人还多。在每一个这样的工作岗位上，那些可能被当作慈善救济对象的视力不佳者，能够挣得和那些最灵巧、身体最棒的人完全相同的好生活。让一个身体健全的人去做一份可以由残疾人做得一样好的工作是一种浪费。让盲人去编织篮子是一种可怕的浪费。让囚犯去捶石头或捻麻绳或做任何琐屑无用的工作都是浪费。

一座管理良好的监狱不仅应该自给自足，而且一个坐牢的人应该能够养活他的家庭；如果他没有家的话，他应该能够积攒一笔钱，当他出狱的时候能带走。我并不是在提倡囚犯劳动或实际上像奴隶一样役使人。这样的想法是羞于出口的。监狱的事，我们已经做得过分了。我们是从错误的目的开始的。但是，只要有监狱，它们就能恰当地纳入整个生产计划之中，这样一座监狱便可以成为一个生产单位，为公众减轻负担工作，同时也使囚犯受益。我知道有法律——由没有头脑的人通过的愚蠢的法律——限制监狱的工业活动。这些法律大多数是听从所谓的劳动之命通过的。它们不是为了劳动者的利益。增加一个社会的负担不会对这个社会的任何人有好处。如果头脑里总记住服务的念头的话，那么每个社会的工作都多于人们能做的工作。

为服务而组织的工业消除了对慈善家的需要。慈善家，不管他的动机是多么高尚，都不是为自强而有的。我们必须自强。一个对其已有的表示不满意、不满足的社会是更好的社会——我不是指那种琐屑的、日常的、斤斤计较、没完没了的不满，而是一种广阔的勇敢的不满，它相信已经做过的一些能够并且应该在最后干得更好。为服务而组织的产业——员工和领导一样必须服务——能够提供优厚的工资使每一个家庭都可以自我依靠和自我养活。一个把时间和金钱用来帮助这世界为自己做得更多的慈善家比那种只是施舍并因此鼓励懒散的慈善家要好得多。慈善，像别的一切，应该成为有生产能力的事业，我相信它也能够成为。我个人对一所中等职业学校和一所医院进行了一些实验，想发现这些通常被认为慈善的机构能不能靠自己的脚站立。我发现它们能够。

我并不赞同一般组织的那种中等职业学校——孩子们只是获得一些零散的知识，他们并没有学会怎样运用这些知识。中等职业学校不应该是技术学院和学校的交叉处。它应该是教会孩子们成为能进行生产的人的工具。如果他们做一些没用的事——写一篇文章然后把它扔掉——他们将不会感兴趣或获得他们有权获得的知识。在上学期间，孩子们是没有生产能力的；学校——除非靠赞助——没法资助学生。很多学生都需要资助,他们必须干能到手的第一件活。他们没有机会挑挑拣拣。

当孩子们这样没有训练便进入生活,他们只是给已经数量巨大的不合格劳动人数增添了数量而已。现代工业需要一定程度的能力和技术,既不是尽早离开学校,也不是长期待在学校能够获得的。为了能吸引这些孩子们的兴趣,对他们进行手艺培训,劳动培训部门引进了更先进的学校制度,但即使这些也是权宜之计,因为它只是迎合、而不是满足正常的孩子们的创造性本能。

为了满足这些要求——对孩子们进行各种教育,同时开始在生产线进行工业培训——亨利·福特中等职业学校在1916年成立了。我们并没有把慈善这个词和它联系在一起。它是由于想帮助那些为环境所迫过早离开学校的孩子们而建立的。这种给予帮助的希望非常符合为工厂输送经过训练的工具制造者的需要。从一开始,我们便遵循三条重要原则:第一,孩子应被当作孩子,不能转化成未成年的工人。第二,文化教育和工业指导共同前进。第三,孩子们对他的工作有自豪感和责任感,因为训练他去做的工作是有用的。他制造着有确认的工业价值的东西。这所学校是作为私立学校开设的,招收12～18岁的孩子,它是以奖学金为基础组织的。每个孩子在入学时一年给予400美元现金的奖学金。如果他的成绩令人满意的话,奖学金将逐渐增加到最高的600美元。

课堂和车间工作的成绩都有记录,同时还有孩子在这两者中表现出的勤奋程度,对他以后的奖学金进行调整正是根据他的勤奋程度来判定的。除了奖学金外,每个月还给每个孩子一小笔钱,这笔钱他必须存起来。这笔节约资金必须存在银行,直到他离开学校,或者得到学校允许在紧急情况时使用。

管理学校的问题一个一个地解决了，也发现了实现它的目标的更好的方式。在刚开始，孩子们一天的三分之一用于课堂学习，三分之二用于车间工作。这种一日之中的两项安排被发现是对进步的阻碍，现在孩子们是按周数进行安排的——一周用于课堂学习，两周用于车间学习。课程连续进行，各学习小组轮换学习。

在这里最好的老师是工厂职员，教材就是福特工厂。它比绝大多数大学更能提供实践教学的机会。算术课来自具体的车间问题。孩子们的头脑不再被那神秘的可代表四英里的 A 和代表二英里的 B 所扭曲。实际的程序和实际的状况就展现他眼前——他被教会观察。城市不再是地图上的黑点，世界不再只是书上的纸页。工厂运往新加坡的产品和工厂收到的来自非洲和南美洲的原材料就展现在他面前。世界成了人们居住的星球，而不是老师讲台上的彩色地球仪。在物理课和化学课方面，工厂提供了一个实验室，在这里理论变成了实际，课程变成了实际经验。假设要教的是水泵的工作，老师讲解零件和其各自的功能，回答问题，然后他们一伙人一起去机房看那台大水泵。学校有固定的工厂车间，里面的设备是最好的。孩子们从这一台机器到下一台机器地工作。他们主要生产公司所需要的零件。但我们的需要是如此广泛，这张需求单几乎可以包括一切了。通过检查，合格的零件由福特公司购买，当然，不能通过检查的零件便是学校的损失了。

那些进步最快、程度最好的孩子们做精细的测定微螺旋的活儿，他们做每个操作时都明白其目的和相关的原理。他们修理他们自己的机器。他们学会怎样置身机器之中保护自己。他们学习制模。在干净、明亮的教室里他们和自己的老师一起为他们成功的人生打下牢固的基础。

当他们毕业时，工厂总是有工资优厚的工作向他们敞开。孩子们的社会和道德健康得到了周到的关怀。监管不是权威性的，而是朋友似的。每个孩子的家庭状况学校都知道得很清楚，他的性情也被注意到。并没有试图去娇宠他，也没有试图把他当性格软弱的人看待。有一天，两个孩子要打架。学校并没有对他们进行打架不好的教育，而是提议用一种更好的方式解决他们之间的分歧。但当他们男子汉气概十足，更喜欢更原始的解决方式，便给他们两副拳击手套，到工厂的某个角落去决斗。对他们唯一的规定是必须在那里结束战斗，不能在工厂外面打架。结果是短暂的对抗——随后是友谊。

他们被作为孩子管理。他们原本的孩子气本能受到鼓励。当在课堂上和车间里看到他们时，人们会很容易看到他们眼睛里快乐的光芒。他们有一种集体归属感。他们感觉到正做着有价值的工作。他们主动地、如饥似渴地学习，因为他们所学的东西是每个活跃的孩子都想学的。关于他所学的，他经常问一些没有一个他的家人能够回答的问题。

学校从 6 个孩子开始，现在已有了 200 人。由于学校有着一套实用的制度，它还可以扩张到 700 人。学校开始的时候有财政赤字。任何有价值的东西都能够自己支持自己是我的基本观念之一，它也是如此发展的，现在它完全能够维持自己了。

我们能够让这些孩子享有他的少年时代。这些孩子是学习做工人的，但他们没有忘记怎样做一个孩子。这一点是最重要的。他们一小时挣 19～35 美分——这比他们作为孩子从事任何为孩子提供的工作所挣得的都多。他们待在学校比出去工作更能帮助养家。当他们毕业时，他们已有了良好的普通教育、初步的技术教育，成了相当有技能的工人，能挣一份好工资。这份工资，如果他们喜欢的话，能给他们继续接受教育的自由。如果不想接受更多的教育，他们至少也有了在哪里都能挣得一份好工资的技术了。他们并没有被要求必须进我们的工厂。他们中的大多数确实进了我们的工厂，因为他们不知道哪里还有更好的工作——我们想使我们的工作对那些接受这些工作的人来说都是好工作。但并没有什么义务束缚着孩子们。他们是自己走过自己的路的，没有欠下任何债务。这里没有慈善，学校负担自己的经费。

福特医院也是按相似的想法成立的。但是由于战争的原故——它交给了政府，成了第36综合性军医院，住着1500位病人——工作并没有进展到确定的目标点。它在1914年作为底特律综合医院开始，计划用公众的捐助来建立。和其他人一道，我也捐助了，建筑开始了。第一栋楼还远没有建成，资金便用完了。我被请求再次捐助。我拒绝了，因为我认为管理者在动工之前应该知道这楼要用多少钱才能建成。这样的开头使人对医院建成之后将会管理成什么样没有太大的信心。但是，我同意把医院全部接过来，把所有其他的捐赠都退还回去。这事办成了，我们向前推进自己的工作，直到1918年8月1日，整个医院转交给政府。它在1919年10月交还给了我们。同年的11月10日，第一位私人病员被接收进医院了。

医院位于底特律的西大波尔瓦德，占地20英亩，因此有很大的扩张空间。我们的想法是建立一所有自己存在理由的医院。医院的最初设计被完全废除了，我们致力于建立一所在设计和管理方面全新的医院。有很多为有钱人开设的医院。有很多为穷人开设的医院。但没有为那种能支付得起适度医疗费并且愿意支付、以免有受慈善救济感觉的人开设的医院。人们想当然地认为一所医院不可能既是服务性的又是自负盈亏的——医院要么是由私人捐赠以维持，要么是成为谋利的私人疗养所。这所医院的设想是要自立的——以最低的费用给予最大的服务，不带有丝毫慈善色彩。

在我们建起的新楼里没有病房。所有的房间都是个人私用，而且每个房间都有浴室。这些房间——24套一组——全是一样的大小，一样的家具，一样的装置。房间没什么可挑选的。计划要做的就是医院里没有任何可挑选的。每一个病人都和其他病人一样处于同等的地位。

根本就无法肯定，现在这样管理的医院，是为病人而存在还是为医生而存在。我对一个能干的外科大夫或内科大夫用于慈善的大量时间不是没有注意到，但我同时无法信服手术费应该根据病人的贫富来规定，并且我完全相信所谓的"职业成规"是对人类的诅咒，并且阻碍着医疗事业的发展，对疾病的诊断并没有大的促进作用。我并不想运营这样的医院——医院的每一条措施不是为了保证病人按照他确实所患的病进行医治，而是按照某个医生认定他所患的病进行医治。职业成规使得要纠正一个错误的诊断非常困难。会诊的医生，除非他是一个非常圆通的人，否则不会改变一个诊断或治疗方案，除非那位找他来的医生也完全同意。而且如果诊断或治疗方案被改变了的话，通常也不会让病人知道。似乎有一种这样的观念：一个病人，特别是在医院的病人，他们成了医生的财产。一个有良知的行医人不会剥削病人。一个没有良知的行医者确实是在剥削病人。很多医生都把维护他们的诊断视为与病人的康复一样重要。

我们医院的目的就是废除所有的这一切行为，把病人的利益放在第一位。因此，它便成了被称为"封闭性"的医院。所有的医生和所有的护士都是按年聘用，而且不能到医院外面去行医。包括实习医生在内，医院一共有21个外科大夫和内科大夫。这些人都是精心挑选出来的，他们的工资至少达到如果他们个人行医很成功所能挣得的数目。他们中没有一个人能从医治任何一位病人中获得金钱利益。病人不能由外面来的医生治疗。我们很高兴地给家庭医生留下他的位置和作用。我们并不寻求取代他，我们接过他放下的病例，并且尽可能快地把病人交还给他。我们的制度使我们不希望病人在医院住比他所需更长的时间——我们并不需要这种事情。我们将与家庭医生分享我们对病情的了解，但当病人住在医院的时候，我们承担全部责任。这是对外面医生的治疗的封闭，虽然我们并没有封闭与任何希望合作的家庭医生的合作。

对病人的管理是挺有意思的。进来的病人首先由高级大夫检查，然后再转给三四个或看起来需要多少的大夫检查。不管病人是因为什么病而来到医院，这种多重检查都是要进行的。因为正如我们逐渐认识到的，重要的是身体的完全健康而不是某一种病症。每一个医生都进行一次彻底检查，每一位检查过的医生都写下一份检查结果交给主任医师，检查的医生没有任何机会和另一位检查过的医生进行商量或咨询。最少有三份，有时候有六份或七份，绝对完全和绝对独立的诊断意见，交到医院院长的手里。它们组成了这一病例的全部记录，采取这些谨慎的措施是为了保证在目前知识限度内诊断的正确。

目前，医院能提供600张病床。每一个病人的医疗费是根据一个固定的收费表收取的。收费表包括医院的住房费、膳食费、药费和手术费、护理费，没有其他额外的费用，没有私人护士。如果一个病人需要的照顾多于安排给他的护士，那么就再加一位护士，但病人不用再多付钱。然而，这种情况很少发生，因为病人都是根据他们所需要的护理数量进行分组的。根据情况的类型需要，也许一个护士照顾两个病人，也许一个护士护理 5 个病人。一个护士护理的病人不能超过 7 个，由于这种安排，一个护士照顾 7 个并不是病危的病人也是比较容易的。在一般的医院里，护士们必须走很多没用的路，她们用在走路上的时间要多于用在照顾病人上的时间。这所医院的设计是要节约走路的，每一层楼的功能都是完整的。就像在工厂里我们致力消除浪费的运动的需要，我们同样在医院里也致力消除浪费的动作。病人为房间、护理和药物需缴的费用是 4.5 美元一天，随着医院规模的扩大，这一收费还会降低。大手术的手术费是 125 美元，小手术的收费则根据固定的收费表。所有的这些收费标准都是统一的。医院就像一座工厂一样有一个成本计算体系。这些收费将根据收支平衡来进行调整。

似乎看不出有任何理由使这些试验不能成功。这所医院的成功纯属一件管理和数学的事情。能够使一座工厂提供最大服务的管理方法，同样也可以使一所医院提供最大的服务，并且是在很低的、每个人都能支付得起的价钱范围之内。在医院和工厂之间，唯一的财务差别就是我不指望医院回报利润。我们确实指望它能承担自身的费用。对这所医院的投资到现在为止大约是 900 万美元。

如果我们能摆脱这些慈善业，那些现在用于慈善业的资金可以投入促进生产之中——使物资的生产更便宜、产量更大一些，然后我们不但能够把税务的重负从公众身上卸下，让人们轻松，而且我们还能增加普遍的财富。我们把太多的东西用于私人利益了，我们应该为我们自己去做一些服务集体利益的事情。在公共服务方面，我们需要更多的建设性思考。在经济事务中，我们需要一种"通用的训练"。投机资本的过分的野心，如同对不负责任的劳动的不合理要求一样，都是由于对生活的经济基础的无知而造成的。没有人能够从生活中获取多于生活所能给予的东西——然而，几乎每个人都认为他自己能够获得。投机资本想要比自身能有的更多的利润，劳动者想要比自身能得的更多的利益，原材料出售者想要的更多，购买的公众想要的更多。一个家庭知道支出多于收入是无法生活的。甚至孩子们都知道这点。但是公众似乎从来就没有明白无法超出自己的收入而生活——拥有比生产出的更多的东西。

在清除慈善的需要中，我们头脑里不仅要牢记存在的经济事实，而且还要记住缺乏对这些事实的了解会鼓励恐惧。消除恐惧，我们可以自力更生。在自力更生实行的地方，慈善不会现身。

恐惧是由于把依赖置于外部事物而产生的。依赖于一个工长的善良，也许依赖于一个工厂的繁荣，依赖于市场的稳定。用另一句话来说，恐惧就是那些把自身的事业置于尘世环境中的人的一部分。恐惧是身体凌驾在灵魂之上的结果。

失败的心境纯属精神上的，并且是恐惧之母。这种心境总是固定在那些没有远见的人的身上。他们开始做着某种从 A 到 Z 的事情。在 A 阶段的时候，他们失败了，在 B 阶段的时候他们摇摇晃晃，在 C 阶段的时候，他们碰到了似乎是无法克服的困难。然后他们叫喊着"失败了"，把整个事情扔掉。他们甚至没有给他们自己一次机会去真正的失败。他们甚至没有给自己的设想一个机会去证明其对或证明其错。他们只是让他们自己被一些很自然的困难击败。这种困难在每一种工作中都是会遇到的。

被击败比失败更甚。他们需要的不是智慧，或金钱，或才智，或"推动力"，而只是毅力和骨头。这种粗糙的、原始的、简单的力量——我们称之为"咬定青山不放松"的力量——是努力的世界的无冕之王。人们在这些事情上的看法完全是错误的。他们看到人们创造的成功，并且他们在某种程度上显得很轻松容易。但这是一个远离事实的世界。失败才是容易的，成功总是非常艰难。一个人可以轻轻松松地失败，他只有付出他所有的一切和所做的一切，他才能成功。正是这一点才使得成功如此悲哀——如果它不能用于改善人们的生活，是无用的东西的话。

如果一个人对工业形势经常感到害怕的话，他就应该改变他的生活，不再依附于它。总是有土地的，现在在土地上工作的人比以前少多了。如果一个人生活在对某个雇主的恩惠改变的恐惧之中的话，他应该使自己摆脱出来，不依靠任何雇主。他可以做自己的老板。也许他会成为一个比他离开的那个要穷的老板，但他至少去掉了那种恐惧的阴影，而这一点是能值一大笔钱和一个好职位的。对于这种人来说，最好是战胜自我，超越自我，在他的日常生活的环境中摆脱恐惧。在那些你丧失自由的地方成为一个自由人，在你失败的地方赢得你的战斗。你将会看到，虽然你的外部环境有许多不对之处，但在你的自身内部有更加不对劲的地方。这样你就会知道你自身内的不对之处甚至会毁掉你外部环境中好的方面。

人类仍然是地球上万物的灵长。不论发生什么，他还是一个人。企业也许明天会不景气——他还是一个人，他经历环境的变化，就像他经历温度的变化一样——他仍然是一个人，只要他让这种思想在他身上重生的话，它就会在他自身之内掘出新的井和矿。在他自身之外没有安全之处，在他自身之外没有财富。消除恐惧也就带来了安全和供给。

让每个美国人在娇宠面前都像钢铁一样坚强。美国人应该憎恨娇宠,它是麻醉药。站起来并站出去,让脆弱的人接受救济。

第十六章　铁路

在这个国家，找不到一个比铁路更好的例子来说明一个行业可以如何背离它的服务功能的了。我们的铁路有问题。很多渊博的思考和讨论都致力于这个问题的解决。每一个人对铁路都不满意。公众对它不满意，因为客运票价和货运运费都太高了。铁路职工也不满意，因为他们说自己的工资太低而工作时间太长。铁路的所有者也感到不满意，因为他宣称投资没有取得充分的收益。所有与一个管理良好的企业相关的人都应该感到满意的。如果公众、职员、所有者对企业的运行都不觉得满意，那么这一企业得以运行的方式中肯定存在着非常错误的东西。

我完全没有想要摆出一副铁路权威的样子的意思。也许有铁路权威，但如果今天美国铁路所提供的服务是铁路知识积累的成果，那么我不能说我对这种知识的用处会有多么深的尊敬。我没有一丝的怀疑，这个世界的铁路的现行管理者，那些真正做事的人，能把这个国家的铁路管理得让每一个人都满意。我同样不怀疑这些现行经理人员被一系列的环境条件所迫，全都无法管理了。而这一点就是大多数麻烦的根源。那些懂得铁路的人没有被允许去管理铁路。

在前面关于金融的章节中，已阐述过不加分别地借钱的危险。这是不可避免的，任何能够随便借钱的人、掩盖管理错误的人都会去借钱而不是去纠正错误。我们的铁路经理们实际上是被迫去借钱，因为从铁路的最开始，他们便不是自由的人员。铁路的指挥棒不是由铁路人员握着，而是由银行家握着。当铁路欠债多的时候，更多的是从发行浮动债券和有价证券的投机中弄钱而不是从为公众的服务中挣钱。铁路所挣的钱中只有一小部分用于铁路的保养维修。当良好的管理使纯收入多得足以给股票相当的红利的时候,那么分红首先被内部的投者机使用,控制铁路的财政政策使股票价格涨起来,然后把他们的股票卖掉。当收入下降或人为地抑制时,投机者再买回股票,然后再随着时间进行下一次操纵,使股价上涨,再把股票卖掉。在美国,没有一条路没有实行过一次或更多次的破产管理。因为金融利益堆在一大堆有价债券上,直到整个结构倒塌。然后,它们便被破产管理,从那些容易受骗的债券持有人身上弄钱,开始同样的老一套的堆金字塔的把戏。

银行家的天然盟友便是律师。这种在铁路上玩的游戏需要法律专家和法律顾问。律师,像银行家们一样,对企业一无所知。他们想象一家企业如果在法律规定之内运行的话就是恰当的管理,或者如果法律能被改变或解释得符合自己的目的。他们是靠法律为生的人。银行家把金融权从企业管理者的手中拿走。他们让律师去监察铁路是否违反法律,于是便诞生了庞大的法律部门。不是按照正常感觉和根据具体条件去操作,每一条铁路都根据顾问们的建议去操作。规章制度在组织的每一个部门里传播。然后又来了州和联邦规定的束缚。到现在,我们发现铁路被捆绑在一大堆的法律法规之中,由于内部有律师和银行家,外部又有各种各样的政府规定,铁路管理人员没有任何机会。这就是铁路遇到的麻烦,企业是不能由法律来指挥的。

我们有机会向自己证明摆脱银商—律师的旧势力的自由意味着什么。这就是我们在底特律—托里多—埃伦顿铁路的经验。我们买下了这条铁路,因为它对我们在罗格河工厂的一些改进措施有妨碍。我们买下它并不是作为一项投资，或作为我们企业的附属产业，或因为它的战略位置。只有在我们买下它之后，这条铁路的非同一般的良好状况才似乎变得尽人皆知。而且，这一点还不是关键。我们买这条铁路是因为它和我们的计划冲突。然后我们便可以对它做点什么事情。唯一去做的事就是把它作为一个生产性公司管理起来，把我们应用到我们工业的每一个部门的同样的原则应用到它的上面。我们没有做出任何的特别努力之举，那条铁路也不是建立起来作为铁路管理示范的。但这是真的，以最小的价格提供最大的服务这条原则的应用，使得这条铁路的收入超过了支出——这对于这条铁路来说，意味着最不寻常的成绩。它代表着我们作业的改革——还要记住这些改革是像简单地作为日常工作而做出的——是特别的革命，并不能应用在普遍的铁路管理上。我个人觉得我们的小铁路线和那些大铁路线并没有多么大的区别。在自己的工作中我们总是发现，只要我们的原则是正确的，它被应用到什么地方并不要紧。我们应用到高地公园的大工厂的原则，应用到我们建立的每一座工厂都一样地切实可行。对我们来说，我们是用5还是500乘以我们所做的没有任何差别。大小只是乘法表的事，再无其他了。

底特律—托里多—埃伦顿铁路是20多年前组织起来的，从那之后每隔几年便要重组一次。最后一次重新组织是在1914年。战争和联邦政府对铁路的接管中断了重新组织的循环。这条铁路有343英里的铁轨，有52英里的支线，有45英里的其他铁路线路使用权。它从底特律直着向南过俄亥俄河到埃伦顿，这样经过西维吉尼亚的煤矿区。它穿过了很多大的铁路干线。这条铁路从一般的商业眼光看来，应该是很划算的。它确实划算。它似乎是对银行家划算。在1913年，这条铁路每英里的净收益是105000美元。在下一次破产管理时，这就降低到了每英里47000美元了。我不知道这条铁路总共带来了多少钱的收益，我只知道在1914年的重组中，债券持有人被评估且其权益被迫转成了近500万美元的金额——这就是我们为整条铁路所付的钱。我们为在外的抵押债券付了百分之六十的现金，虽然就在购买之前规定的价格只是百分之三十到百分之四十的现金。我们为每股普通股出了1美元，为每股优先股付了5美元——这看来是一个公平的价，因为债券从未分得过利息，而股票要想分到红利那几乎是完全不可能的事。铁路拥有的全部车辆包括70台机车，27节客车车厢，2800节货车车厢。所有的铁路车辆都处于非常糟糕的状态，相当大的一部分根本无法使用了。所有的建筑都肮脏不堪，未予粉刷，并且几乎要倒塌了。路基更像是一条生锈的带子而不像是一条铁路。修理厂的人员过剩而机器不够，实际上与运行相关的所有事情都在以最大的浪费而进行。然而，还有一个特别庞大的管理和执行部门，当然，还有一个法律部门。光法律部门一个月开支就近18000美元。

我们在1921年2月接手了铁路。我们开始应用产业原则。在底特律有一个管理执行办公室，我们把它关闭了，把管理交给一个人负责，给他在货运办公室半张大办公桌。法律部门和执行部门一起裁掉了。没有任何理由让那么多打官司的人和铁路联系在一起。我们的人很快处理完了所有的积压问题，有些问题已经挂了好几年了。一有什么问题冒出来，马上就得到解决并且根据事实来解决，因此法律费用一个月很少有超过200美元的时候，所有不需要的会计制度和繁文缛节全部都扔掉了。铁路的在职人员从2700人减少到了1650人。

根据我们普遍的政策，除了法律规定需要的头衔和办公室之外，其他的头衔和办公室一律取消。一般的铁路组织是僵化的。一个情况要经过一定的权力线路上报，没有上级的明确命令任何人都别指望去做任何事情。一天早晨,我很早就到铁路去,发现一辆救援列车,蒸汽机车已经发动，乘务员都已登车，一切出发准备都已就绪。它还得"等待命令"半个小时。在命令下达之前我们便把列车开到事故地点并把障碍清除了；那是在个人责任的观念被提起之前。要打破这种"命令"的习惯还有点困难。人们一开始害怕承担责任，但随着计划的进展，他们似乎越来越喜欢这种方式了。现在没有人不敢履行他的职责。一个人领取一天八小时工作的工资，他也被指望在这八小时中工作。如果他是一位工程师，跑完了四小时的一趟车，然后他在任何需要他的地方干另外的四小时。如果一个人工作的时间超过了八小时，他不会为这超时而领钱——他把超过工作的时间从第二天的工作时间中减去，或者把它积攒下来，能有一天不来上班而领工资。我们的八小时一天是一天八小时，而不是计算工资的基础。

最低工资是 6 美元一天。没有额外人员。我们砍掉了一些办公室的人员、修理厂的人员和铁路上的人员。在一个车间，20 人现在做着比以前 59 个人做的还多的活。不久之前，我们的一个铁道班，由一个工长和 15 个人组成，在两条平行的铁路上干活。另一条铁路是 40 人的一班，和他们干着同样的铁轨维修和铺道砟工作。在 5 天之内，我们的一班比对方的一班多干了两根电线杆之间的路线！

铁路被重新修复。几乎全部路轨都重铺了路渣，还铺了很多英里的新铁轨,机车和全部铁路车辆都在我们自己的工厂进行了大修，所花的费用很少。我们发现以前买的装备都质量很次或者不适合使用。我们通过购买质量更好的设备并注意不要有任何浪费，从而节省了用于设备方面的钱。人们看来完全愿意为节约合作。他们不会扔掉可能有用的东西。我问一个人："你能从一部发动机中得到什么？"他用一本经济账回答了我。我们就这样不再大把乱花钱了。每一件事都以节约的原则进行。这是我们的原则。

　　火车必须运行并且准时运行。货运所用的时间砍到了原来的三分之二。一节在侧线上的车厢并不只是一节在侧线上的车厢。它是一个要问的大问题。必须有人知道它为什么在那里。以前货车经过费城或纽约需要八到九天，现在只需要三天半时间。整个组织在提供服务了。

　　关于为什么会扭亏为盈，我们收到了各种各样的解释。人们告诉我这完全是由于福特公司的货运都改道了。如果我们把所有货运都改到这条线路的话，那将无法解释我们怎么会把运行费降得比以前低那么多。我们确实是尽可能多地把我们的货转到这条铁路上来，但那只是因为我们在这里能得到最好的服务。过去的几年里我们都是通过这条铁路运送货物，因为它的位置方便。但我们从未因为它运货迟缓而使用过它。我们不能承受五或六个星期的货物运送，因为这占用了太多的资金，同时也打乱了我们的生产计划。没有理由说明为什么铁路不应该有一个时刻表。但它确实没有，延迟运送成了法律纠纷，需按法律程序解决。这不是企业经营的方式。我们认为一次延误便是对我们的一次批评，并且是某种需要立即进行调查的事情。这就是企业经营。

　　铁路普遍地都不景气。如果以前底特律—托里多—埃伦顿铁路的管理是一般铁路管理的标准的话，那么这世界上没有它们不该垮台的理由。太多的铁路不是由实际工作的人们管理，而是由银行家的办公室操纵，整个操作的原则，整个外观，都是金钱——不是运输，而是金钱。这样的垮台只是由于对铁路的注意力更多的是用在股市上而不是用在为人们提供服务上。过时的观念一直保持着，发展实际上完全停止了。有眼光的铁路人员并不能自由地发挥自己的才能。

10亿美元能解决这种问题吗？不能。10亿美元只是会使问题变得比10亿美元更糟糕。那10亿美元的目的只能是继续目前的铁路经营方式，而正是由于目前的铁路经营方式，才会有所有这些铁路问题的存在。

我们很多年前犯的错误和干的蠢事正在报复我们。在美国的铁路运输刚开始的时候，得教会人们怎样使用它，就像他们被教会使用电话一样。同时，新铁路应该经营好，以使自己不负债。由于铁路融资是在我们的企业史上最糟糕的时期开始的，因此很多实践作为先例确定下来，一直影响铁路工作，铁路所做的首要事情之一就是扼制所有其他方式的交通运输。在这个国家有一个初步的极好的运河系统，一个运河化的大动脉正处于高峰。铁路公司买下了运河公司并让运河被淤泥和杂草填满、堵塞，并不管理。整个东部各州和中西部的部分州都有这一内陆水系网的遗迹。它们现在在尽可能快地修复。它们被联结在一起，各种各样的团体，公共的和私人的，都看到了一个完整的水运体系将为全国各方面提供的服务，感谢他们的努力、毅力和信念，这一工程正取得进展。

但还有另一件事。这是一个把运输弄得尽可能长的系统。任何一位熟悉揭露出来的州际商业委员会成立所造成的后果的人，都知道这意思是什么。有一段时期，铁路运输并不被视为旅行的、生产的、从事商务活动的人们的仆人。企业受到的对待就好像企业是为铁路的利润而存在似的。在这一段愚蠢的时期,把货物从它们的托运站通过可能最直最短的线路运到货物的目的站,并不被认为是好的铁路运输,而是让货物在尽可能长的路上行走,在路上尽可能地多待一些时间,以便给尽可能多地铁路线一份利润,让公众承受由此导致的时间和金钱的损失。这曾经被认为是好的铁路运输,在今天实际上它也没有完全被废除。

这种铁路政策贡献给我们经济生活的重大变化之一,便是一些经营活动的集中化。并不是因为集中化是必需的,也不是因为集中化对人们有利,而是因为和其他事情一起,使铁路的业务翻了一倍。举两种主要产品——肉和谷物为例。如果你在地图上排列食品加工包装厂在哪里,再看牲口是从哪运来的;然后你再想到那些牲口,在被变成食物后,又由同样的铁路运回它们所来的地方,你便会明白运输问题和肉价的问题了。再看谷物,每一个广告读者都知道全国最大的面粉加工磨坊在哪里,并且也许知道这些大磨坊并不是处于美国的粮食种植地带。有数量惊人的谷物,上千火车之多,被无用地运送很长的距离,然后再以面粉的形式拉很长的距离回到粮食种植的州和地区——这一铁路负担对谷物种植地区的人们没有任何好处,也不会对其他人有任何好处,只是对垄断的磨坊业和铁路有好处。铁路不必对全国的企业有任何帮助,自己就可以成为一个大企业。它们可以总是投入这种毫无用处的拉来拉去。关于肉类和谷物,也许还有棉花,其运输负担可以减少一半多——只要在运输之前把它转化成能用的产品。如果宾夕法尼亚的煤矿区把煤采下,然后把煤通过铁路运到密歇根或威斯康星去进行筛选,然后再把它运回宾夕法尼亚使用,这也不会比把活菜牛从德克萨斯运到芝加哥,在那里宰杀,然后再把牛肉运回德克萨斯更愚蠢;或者把堪萨斯的谷物运到明尼苏达去，在那里加工成面粉，然后再把面粉拉回堪萨斯。这对铁路来说是一件好业务，但对企业来说就是坏业务了。看待交通运输问题，几乎没有人会把注意力放在这种把东西运来运去的无用之举上。如果这个问题从去掉铁路无用的运输这一点得到解决的话，我们也许会发现我们的处境会好于只考虑这个国家的合理的交通运输业。

像煤炭这种商品，它们必须从产地运送到使用地。工业原材料也是同样的道理——它们必须从自然存储它们的地方运送到人们准备为它们工作的地方。由于这些原材料并不是经常汇聚在一个地方，因此有必要进行相当多的运输把它们集中起来。煤炭从一个地区运来，铜从一个地区运来，铁从另一个地方运来，木头从另一个地方运来——它们必须汇聚到一起来。

但只要是可能的地方，便应该采取分散化的方针。我们需要的不是庞大的大磨坊，而是众多的小磨坊分布在所有的产粮地区。只要是有可能，出产原材料的地方也应该把原材料加工为成品。谷物应该在它出产的地区加工成面粉。养猪的地区不应该出口猪，而应该是火腿、熏猪肉和猪肉。棉花加工厂应该靠近棉花生产地。这并不是一个革命性的观念。从某种感觉上看它还是反动的观念。它没有提出任何新鲜的东西。它提议的是非常老式的东西，这就是这个国家以前行事的方式，那时候我们还没有养成把什么东西都装在马车上到处转运几千英里，然后把运费加到消费者的账单上的习惯。我们的社会自身应该更完整。它们应该并不总是依靠铁路运输。从自己的出产中，人们应该满足自己的需要并把剩余部分运出去。除非他们有设备能把他们的原材料，像谷物和牲口，加工成成品，他们还能够怎样做到这点呢？如果私人企业无法获得这种设备的话，那么农民们合作起来就能够做到这点。今天的农民仍然遭受的最大的不公平是农民虽然是最大的生产者,但他被阻止同时成为最大的商人。因为他被迫把他的产品卖给那些再把他的产品加工成销售商品的人们。如果他能够把他的谷物变成面粉,如果他能够把他的牲口变成牛排,如果他能够把他的猪变成火腿和熏肉,那么,他不仅可以获得他的产品的全部利润,而且还会使他周围的社会更不受铁路限制,有更大的独立性。这样,由于他解除了运输系统承运他的未加工产品的负担,从而也就帮助改善了交通运输系统的状况。这种事情不仅仅是合理合情的,切实可行的,而且还是绝对必须的。还远不止于这些,它可以在很多地方很多方面进行。但是,如果它不是更广泛地实行和在更多原材料上实行的话,那么,它将无法对交通运输状况和人们的生活费用产生自己的影响。

这是自然的补偿之一——把财产从那些不能提供服务的企业中抽出去。

我们在我们的底特律—托里多—埃伦顿铁路上发现,只要遵循我们的总方针,我们就能够把运费降低并且承受更多的业务。我们推行了一些降价措施,但州际商业委员会不允许实行这些降价!在这样的情况下,为什么还用得着把铁路当作企业来讨论呢?或者当作一种服务来讨论?

第十七章　一般事务

没有人在广阔的洞察力和理解力方面能超过托马斯·A. 爱迪生。我第一次见他是很多年以前我在底特律爱迪生公司工作时——也许是 1887 年或稍后一点。电力方面的人员在亚特兰大市举行一次会议，爱迪生作为电力科学的领导，在会上做了一次讲话。我那时正忙于我的汽油发动机，大多数人，包括我在电力公司的所有同事，都苦口婆心地对我说把时间花在汽油发动机上纯属浪费——未来的动力将是电力。这些批评对我没有任何影响。我正尽我的全力向前工作。但由于和爱迪生同在一个屋子里，这使我想起要是知道电力大师是不是认为电力将成为未来唯一的动力倒是一件有意思的事。因此，在爱迪生先生讲话之后，我设法和他单独待了一会。我告诉他我正在干什么。

他马上便表示感兴趣。他对每一种知识的每一种探索都有兴趣。然后我问他是否认为内燃发动机会有前途。他用他特有的方式进行了回答："会有的。任何重量轻、能发出大马力并能自足的发动机，都会有极光明的前途。没有一种动力能把全国的所有工作都干好。我们并不知道电力能做什么，但我自认为不能做好一切。继续干你的发动机。如果你能做到你想做的，我看会有远大前途的。"

这就是爱迪生的特点。他是电力工业的中心人物，当时电力工业正年轻，充满激情。那些电力人员的眼睛看不到任何别的，只看得到电力，但他们的领导清晰地看到没有任何一种动力能做得了这个国家的所有工作。我想这就是为什么爱迪生能做领导的原因。

这就是我第一次和爱迪生相见。一直到很多年之后我才又见到他——直到我们的汽车制造出来并且投入生产。他完全记得我们的第一次见面。从那之后我们经常见面。他是我最亲密的朋友之一。我们俩一起对很多看法交换过意见。

　　他的知识几乎是无所不包的。他对每一个可以想象的问题都有兴趣。他不受什么限制。他相信什么事情都是可能的。与此同时他又总是脚踏实地。他总是一步一步地向前进。他认为"不可能"是对我们当时还没有取得的知识的描述。他知道随着知识的积累，我们在准备力量克服不可能。这是干"不可能"的事的理性方式。不合理性的方式是不去积累知识而劳苦、盲目地乱干。爱迪生真是世界上最伟大的科学家。他还有建设和管理才能。他不仅有设想，而且还能把它们变成现实。他有着一个发明家身上罕见的管理人和事的能力。他几乎总被认为是富有想象力的、好幻想的人。虽然他首先不是一个商人，但由于特别需要，他还是使自己成了一个商人。爱迪生能做好任何一件他用脑筋去做的事情。他能看穿事物——今天，世上最为缺乏的就是看透事情。

　　约翰·巴罗夫是另一个其友谊使我感到荣耀的人。我和他一样也喜欢鸟。我喜欢户外生活。我喜欢在乡间穿行，跳过篱笆。在农场我们有500间关鸟的屋子。我们称它们为我们的鸟类旅馆。这些旅馆中的一座，有76个房间。整个冬天，我们用铁丝把装满食物的篮子挂在树上，然后是放一个大水盆，水盆里的水由一个电热器保持不结冰。无论夏天和冬天，食物、饮水和住房都为鸟儿准备好了。我们在孵化器里孵出过雉鸡和鹌鹑，然后把它们转到电育雏暖房里。我们有所有种类的鸟舍和鸟窝。麻雀是最不识好歹的鸟，坚持它们的窝是不能动的——它们不能在风中晃动。鹩鹪喜欢摇晃的鸟窝。

所以我们用有弹性的钢丝做了不少的鹪鹩笼子，这样它们便能在风中摇晃了。鹪鹩喜欢这一做法，而麻雀不喜欢，这样我们能让鹪鹩在安宁中入眠。夏天，我们让樱桃留在树上，让草莓留在地上。我想我们是北部各州中，来访的鸟的数量和种类最多的地方。约翰·巴罗夫说他和我们想的一样。有一天，他在我们那里待着的时候，看到一种他以前从来没有见到过的鸟。

大约10年前，我们从国外进口大量的鸟儿——黄鹂、苍头燕雀、金翅鸟、红白鸟、黄嘴朱顶雀、红腹灰雀、松鸦、朱胸朱顶雀、云雀——大约有500种。它们在我们那里待了一阵，但我不知道它们现在在哪里。我再也不想进口鸟儿了。鸟类有权待在它们想要待的地方。

鸟儿是人类最好的伙伴。我们为它们的美丽和陪伴而需要它们。我们需要它们也有经济理由，因为它们啄食很多害虫。我借用福特组织对立法进行的唯一一次影响是为了鸟儿。我想这一目的能使这一手段变得合理，《威克斯－麦克林鸟类法案》——为我们的候鸟提供鸟类避难所——在我们的国会悬搁着,这一法案很可能会失败。它的支持者无法在国会议员中间唤起多大兴趣。鸟儿没有选举权。我们支持这一法案。我们请求我们的6000位经纪商每个人都给他在国会的代表发电报。开始变得很明显了，鸟儿也有选票了。法案通过了。我们的组织从未用于任何政治目的，并且永远不会。我们认为人们有权选择他们所愿意的。

再谈约翰·巴罗夫。当然，我知道他是谁，我几乎读过他所写的一切。但我从来没有想到过要去见他，直到好些年之前，他提出了对现代进步的反对。他厌恶金钱，他特别憎恨金钱给予那些粗鄙的人的权力，让他们毁坏美丽的乡间。他变得对金钱由之产生的工业讨厌了。他不喜欢工厂和铁路的噪音。他批评工业进步，而且他宣称汽车将会扼杀对自然的欣赏。我不同意他的观点。我想他的感情把他带上了一条错误的路线。所以我送了他一辆汽车并请他试一试，让他自己去发现汽车会不会帮助他更好地了解大自然。那辆汽车——他花了不少时间才学会自己驾驶——完全改变了他的看法。他发现汽车能帮助他看得更多。从他有了汽车之后，几乎所有的追寻鸟儿的探索都是在方向盘后面进行的。他认识到他不再被局限于斯拉布赛德周围的数英里之内，整个乡间都向他敞开了。

　　从那辆车生长出了我们的友谊。这是一种非常好的友谊。他不是一个职业自然主义者，他也不是为伤感的情绪而进行他艰苦的研究。在户外是很容易变得感情用事的一个人，追寻关于鸟的真理很难像追寻机器原理一样不动感情。但约翰·巴罗夫做到了这点，也因此他所做出的观察都非常准确。他对那些对自然生活的观察不够准确的人很不耐烦。约翰·巴罗夫爱自然首先是为自然本身而爱。自然不只是他作为职业作家的写作素材。他在写自然之前就爱上了自然。

　　巴罗夫在生命的晚年转向了哲学研究。他的哲学并不只是关于自然的哲学，更多的是自然哲学——一个一直居住在树木的安宁氛围中的人的悠长、静穆的思索。他并不是异类。他也不是泛神论者。他并没有在自然和人的本性之间做出什么区分，也没有在人性和神性之间做什么区分。约翰·巴罗夫过着健康的生活。他很幸运，他的家就是他出生所在的农场。在漫长的岁月里，他的周围都是使头脑安宁的一切。他热爱树林，并且让满脑子尘土的城里人也热爱树林——他帮助他们看到他自己所看到的一切。他并没有挣得超出他的生活的钱。也许，他本来是可以挣到很多钱的，但那不是他的目标。像其他的美国自然主义者一样,他的工作可以被描述为鸟窝和山间小道的检视者。当然,这工作拿不到美元和美分。

当了解到事情真相时,巴罗夫改变了对工业的看法。也许我在这方面起过一些作用。他看到整个世界不能靠寻找鸟窝来生活。在他生命中的一个时期,他反对所有的现代进步,特别是与烧煤相关及与交通噪音相关的工业进步。也许这是由于他对文学的喜好而来的。华兹华斯也讨厌铁路。而梭罗说他靠步行可以看到更多的自然。也许是由于诸如此类的影响,使约翰·巴罗夫有一段时间反对工业发展。但只是一段时间而已。他终于明白对他来说,幸亏别的人趣味在别的方面——就好像他的趣味在自己的方面一样,是这世界的幸事。自从有记录的观察以来,看来在鸟巢的营造方式上没有能观察得出来的变化。但这几乎难以成为人类不选择现代的卫生住房而仍保持穴居的理由。这就是约翰·巴罗夫头脑清醒的一个例子。他是自然的热爱者,但他不是自然的奴仆。在时间的流逝中,他终于能够看到现代工具的价值并赞同这些工具,虽然这事本身就很令人感兴趣,但更有意思的是,他做出这些改变是在他年过七旬之后。约翰·巴罗夫决不会因太老而无法改变自己的观点。一直到生命的最后,他仍在成长。那些由于太老而不能改变观点的人是虽生犹死,葬礼只不过是一个仪式而已。

如果巴罗夫谈论的一个人要远比谈论其他的人更多,那这个人就是爱默生了。他不仅以一个作家之心了解爱默生,而且他还以一种精神之心了解他。他教我认识爱默生。他是如此沉浸在爱默生之中,有一度他像爱默生那样思考,甚至用爱默生的表达方式表达。但后来他找到了自己的道路——这对他来说是一条更好的路。

在约翰·巴罗夫的死中没有悲哀可言。当稻谷在丰收的阳光下变成成熟的金黄色，收获者便忙着把它捆成束，谷粒没有悲哀可言。它已熟透了，它已圆满地走过了自己的一生。约翰·巴罗夫便是如此。对于他，这是完全的成熟和收获，没有腐烂。他几乎一直工作到最后时刻。他的计划越出了端点，他们把他安葬在他所喜爱的风景之中，那是在他的84岁生日之时。那些风景将保持着他所热爱的面貌。

约翰·巴罗夫、爱迪生、我和哈维·S.费尔斯顿，一起结伴有过几次漫游旅行。我们坐着有篷汽车，晚上睡在帐篷里。一次我们漫游过阿迪龙达克，再游过阿勒汉斯，向南方走去。旅途非常有意思——只是他们开始引起太多的注意了。

今天，我比以前更反对战争，并且我相信世界人民都知道——即使政客们不知道——战争决不会解决任何问题。正是由于战争才使世界的秩序成为今天这副样子——一个松散、混乱的大杂烩。当然，有人从战争中发了大财。另一些人由于战争变穷了。但那些发财的人并不是参战的人或那些真正在战线后面帮忙的人。没有爱国者从战争中捞钱。有着真正的爱国主义的人不可能从战争中捞钱——从其他人的牺牲中捞取个人钱财。直到战士能由于战斗而挣钱，直到母亲能由于把他们的儿子交给死亡而挣钱——只有在这之后，任何公民才可能从那些为保卫祖国而献出生命的人的战争中挣钱。

如果战争还将继续的话，正直的商人们将越来越难以相信战争是获得高额、快速利润的合法手段。战争每天都在丧失它的地位。在压倒性的否定和对战争谋利者的反对面前，有一天甚至贪婪都会止步不前了。企业将会站在和平一边。因为和平是企业的最好财富。为什么在战争期间，发明天才会如此稀少呢？

对上一次战争、战争之前的情况和战争之后的结果进行一次公正调查的话，将会毫无疑问地表明，这个世界上有一群人掌握着巨大的权力，他们更愿待在不为人知的幕后，并不寻求公职或任何权力的表征，他们不属于某个国家而是属于整个国际社会——这支力量利用每一个政府，利用每一个广泛分布的企业组织，利用每一个公共机构，利用每一民族心理的触发点，以便把整个世界扔进恐慌之中，这样他们便能攫取对世界的更大的权力。那些赌徒玩的一个老赌场花招便是当桌上有很多钱的时候大喊一声："警察！"在随之而来的众人的恐慌中把钱拿起，带着跑掉。在世界上有一股势力大叫："战争！"在各国陷入混乱、人们为安全与和平做出不加限制的牺牲时，这股势力带着从中捞取的好处溜掉。

头脑里应该记住的一点是，虽然我们赢得了军事竞赛，但世界并未完全成功地赢得对战争贩子的胜利。我们不应该忘记战争纯属制造出来的魔鬼，并且是根据明确的技术制造出来的。为战争而开展的运动和为其他任何目的而开展的运动完全一样。首先，把人们叫起来。通过一些聪明的故事使人们对那些希望与之交战的国家产生疑心。让整个国家产生疑心。让另一个国家产生疑心。你所需要的全部就是一些有点聪明而缺乏良知的机构和一个其利益与将在战争中受益者的利益联系在一起的新闻单位。随后"公开行动"很快便会出现。一旦你把两个国家之间的仇恨挑起到一定程度，要采取公开行动是毫不费劲的事。

在每个国家，都有人很高兴地看到世界大战爆发并很难过地看到它结束。上百的美国富豪发家于南北战争，上千的新富豪发家于世界大战。没有人能否认，对那种喜欢战争横财的人，战争是一件有利可图的事。战争是金钱的狂欢，就像它是鲜血的狂欢一样。

如果我们考虑到是什么使得一个国家真正伟大的话，我们就不会那么容易地被引入战争。并不是外贸数额使得一个国家真正伟大。创造私人财富，和创造一个独裁政体一样，不会使任何一个国家变得伟大。只是把农业人口转变成城市工业人口也不会使一个国家伟大。一个国家只有通过智慧开发它的资源，提高它的人民的技能，财富被广泛、公平地分配时，才会变得伟大。

对外贸易是充满幻觉的。我们应该希望每一个国家都能尽最大可能地自力更生，自我依靠。不要希望让他们依赖于我们所生产的东西，我们应该希望他们学会自己生产，建立起基础稳固的文明。当每一个国家都学会生产它能够生产的东西时，我们将能够回到彼此服务的基础上，沿着那些互通有无的原则，不可能会有竞争。北温带地区绝不可能去和热带地区竞争热带的特产。我们的国家在茶叶的生产方面绝不可能是东方国家的竞争者，也不可能在橡胶的生产上是南方国家的竞争者。

我们的对外贸易相当大的一部分是建立在我们的外国客户的落后上。自私是愿意保持这种落后的动机。人道主义是愿意帮助落后国家变得自立的动机。比如，看看墨西哥。我们听到很多关于"墨西哥的发展"的谈论。剥削是那里的一个应该代替"发展"而使用的词。当它丰富的自然资源的开发利用是为了增加外国资本家的个人财富时，它不是在发展，它是在被抢劫。你永远不可能发展墨西哥，除非你让墨西哥人发展起来。那些外国剥削者在谈到墨西哥的发展时，考虑到了多少当地人民的发展呢？墨西哥人民在那些外国捞钱人看来只不过是他挣钱的燃料。对外贸易是他的堕落。

目光短浅的人们害怕这样的劝告。他们说："我们的对外贸易应该成为什么样？"

当非洲本地人开始种植他们自己的棉花，当俄国本地人开始制造他们自己的农场设备,以及当中国人开始供给他们自己的需要时,可以肯定,这将会有不同的面貌。然而,任何有头脑的人会想象整个世界能够长久地继续由少数几个国家供应全世界的需要吗?我们必须从这样的角度来想,即当文明成为普遍的时候,世界将是什么样子;当所有的人们都能自助时,世界会是什么样。

当一个国家为对外贸易而发狂的时候,它通常是依赖其他国家为它提供原材料,把它的人口变成工业人口,创造一个富人阶级,并让它自己的国内问题置于被忽视的地位。长久以来,在美国这里,我们就有足够的事情要做,以发展我们的国家,把我们从寻求对外贸易的需要中解脱出来。在我们寻求对外贸易的时候,我们有足够的农业养活我们,我们有足够的钱把工作干好。还有比这更愚蠢的事吗?——由于日本或法国或任何其他国家没有给我们送来订单,美国便无所事事地站着,而与此同时还有着一百年也干不完的工作等着我们去做,去发展我们自己的国家。

商业起源于服务。人们把他们多余的东西给那些没有的人。那些种植玉米的国家把玉米运到那些不能种植玉米的国家。那些生产木材的地方把木材运到不长树的平原去。出产水果的国家把他们的水果带到冰寒的北方国家。草原国家把肉类带到没有草原的国家。这全都是服务。当世界上所有的人们都发展到了自立,商业将重新回到这一基础上。商业将再一次成为服务。将不会有竞争,因为竞争的基础消失了。各种人们将发展技能,这些技能是独有的特长,将不会有竞争。从一开始,人类便涌现出不同的天赋;这个人长于政府行政,那个人长于开发殖民地,另一个人长于航海,另一个人长于音乐和艺术,另一个人长于农业,另一个人长于商业,诸如此类,等等。林肯说过,这个国家一半自由人、一半为奴隶,是无法生存下去的。人类要是一半为剥削者、另一半为被剥削者的话，也不可能永远存在下去。除非我们同时成为卖者和买者，一样成为生产者和消费者，不是为利润而是为服务而保持平衡，否则的话，我们将处于乱七八糟的境地。

法国能够为世界提供一些没有任何竞争者可能与它相比的东西。意大利有这样的产品。俄国有这样的产品。南美国家有这样的产品。日本有这样的产品。英国有这样的产品。美国有这样的产品。我们能越快回到自然特长的基础上，扔掉目前这一套混乱的乱捞体制，我们就越能尽早保证国际自尊与和国际和平。试图掌控世界贸易会促使战争爆发。它不能促进繁荣。有一天，甚至是银行家也会认识到这一点。

我从未能够为世界大战的开始找到任何光彩的理由。它似乎是从非常复杂的情境中产生的，这一情境主要是由那些自以为能从战争中捞取好处的人创造的。在1916年，我根据别人向我提供的情况相信，有一些国家急于恢复和平，表现出欢迎和平的景象。正是由于希望这是真的，我才资助向斯德哥尔摩的进发——被称为"和平号轮船"的行动。对那次行动我并不感到遗憾。它失败了，这一事实对我来说，并不是它不值得一试的绝对证据。我们从失败中学到的要多于从成功中学到的。我从那一次旅程中所学到的是值那次所花的时间和金钱。我现在也不知道当时向我传递的消息是真还是假。我并不在意于此。我相信每一个人都会同意，如果有可能在1916年结束战争的话，世界将会比今天更好。

对于胜利者，他们在获胜中浪费了他们自己。失败者在抵抗中浪费了自己。没有人得到什么好处，荣誉或耻辱——从那场战争中。最后，我希望在美国参战的时候，它参加的是一场结束战争的战争。

但我现在知道，战争不能结束战争，就像一场特大火灾不能消除火灾的危险一样。当我们的国家参战时，每一个公民的职责就是尽他的最大努力把我们所承担的责任完成。我相信那些反对战争的人的职责就是把反战坚持到实际宣战为止。

我对战争的反对不是基于和平主义立场或不抵抗原则。也许目前的文明状况是如此，有一些国际问题无法讨论。也许这些问题不能不通过战争来提出。但战争永远不会解决这些问题，它只是使参战者的头脑同意讨论他们想通过战争解决的问题。

一旦我们参战，福特工业公司的一切都将听命于政府的指令。我们到宣战时为止，一直拒绝接受任何交战国的订单。这完全是违背我们公司的根本原则的——如果不是紧急情况而干扰我们的生产常规。去帮助战争中与我们国家没任何牵连的哪一方，都是与人的原则相冲突的。一旦美国进入了战争，这些原则就不再适用了。从1917年4月到1918年11月，我们的工厂实际上专门为政府工作。当然，作为常规生产，我们生产汽车、零件、特别运输卡车和救护车。但我们也做了很多或多或少对我们来说是新做的事情。我们制造2.5吨和6吨的卡车。我们生产了大量的自由式发动机、航空飞艇、1.55毫米和4.7毫米的弹药箱。我们生产了监听装置、钢盔（都是在高地公园工厂和费城的工厂生产的）和鹰式舰艇。我们在装甲钢板、差动装置和船体甲板方面做了大量的实验。为了制造鹰式舰艇，我们在罗格河的地盘上建立了一座特别的工厂。这种舰艇是专门为攻击潜水艇而设计的。它们有204英尺长，用钢材制造，其先决条件之一是它们的制造不能与任何其他军用物资的生产相冲突，并且要尽快交货。设计是由海军部队做出的。在1917年12月22日，我向海军部队提出愿意制造这种舰艇。讨论在1918年1月15日结束，海军部队把合同交给了福特公司。在7月11日，第一艘造好的鹰式舰艇下水了。我们制造舰壳和发动机。除了发动机之外，整个结构没有锻接式轧制的缝纹。船壳是我们用整块钢板做成的。它们是在室内制造的。在四个月内，我们在罗格河边建起了一幢1/3英里长、350英尺宽、100英尺高的建筑，占地面积超过了13英亩。这些舰艇不是由海洋工程师制造的，它们只是通过把我们的生产原则应用到一件新产品上而制造的。

随着停战，我们马上就扔掉了战争，回到了和平。

一个能干的人是一个能做事的人。他的做事能力依赖于他所具有的素养。他具有的素养依赖于他曾有和将有的想法及其应用。

一个受过教育的人并不是一个其记忆被训练得能记住某些历史日期的人——他是一个能干成事情的人。一个不能思考的人并不是一个受过教育的人，不管他取得过多少学校的学位。思考是一个人能做的最困难的事——也许这就是我们为什么只有很少思想家的理由吧。有两个极端需要避免。一个是对教育持轻蔑态度。另一个是可悲的势利，以为在一个教育系统内爬升是治疗无知和平庸的绝对有效的方式。你不可能从任何学校学到这个世界明年将会发生什么事情，但你能学到这个世界去年想要做些什么事情，这些事情在什么地方失败了，在什么地方成功了。如果教育在于警告年轻人避免人们已经尝试过的失败，这样可以节省他们试错的时间，这种教育的好处是毫无疑问的。一种由标示着过去的失败和过错的路牌组成的教育，毫无疑问是非常有用的。只是拥有一大堆教授的理论，并不是教育。投机是非常有意思的，有时候也很能赚钱，但不是教育。要想成为精通科学的人，只要知道100个还未曾证明的理论就可以。不知道这些理论是什么便是"没受过教育""无知"。如果猜测的知识是学问的话，那么一个人只要自己胡思乱想便可以成为博学之士了。根据同样的逻辑,他可以把世界上的其他所有人都贬为"无知"，因为他们不知道他胡思乱想的是什么。教育能给一个人最好的东西，是让他拥有自己的力量，让他掌握上天赋予他的工具，教会他怎样去思考。大学能提供的最好的服务是作为精神体操的训练场，在其中精神肌肉得到发展，学生们有能力去做他们能做的事。然而，要说那种精神体操只有在大学才有是不对的，这一点每个教育工作者都知道。一个人的真正得到教育始于他离开学校之后。真正的教育是从生活这门课程中获得的。

知识有很多种，那要看你碰巧是处于什么样的人群之中，或当天的流行款式是什么，在哪一刻哪一种知识最受尊重。知识也有流行与不流行，就像任何其他东西一样。当我们年轻的时候，知识曾经只限于《圣经》。附近地区有一些人对《圣经》非常精通，他们受人敬仰，受人尊重。《圣经》知识那时候很为人们所看重；但现在，对《圣经》的深入了解是否足以给一个人赢得博学的名声，很令人怀疑。

知识，在我看来，是某种过去的某人知道的东西，并留下一个形式使所有那些愿意学习的人们都能掌握它。如果一个人天生具有一般人的资质，如果他具有足够的能力运用我们通常称为"文字"的工具阅读或写作的话，那么人类所具有的知识中没有他学不会的——如果他想学的话！为什么没有一个人学会了人类所认识到的一切知识？是因为从来没有一个人发现值得去学那么多。人们的头脑更多的是从发现他们自己所要的知识中得到满足，而不是把别人发现的知识全都堆积起来。你可以用尽一生采集知识，但带着你所采集的全部知识，也未必能赶上你所处的时代。你也许会往你的脑袋里塞各个时代的各种"事实",当你塞过之后,你的头脑也许只是一个超载的事实盒。关键之点在于:头脑里的大堆知识并不意味着同样活跃的精神活动。一个人可以非常博学而毫无用处。与此同时,一个人可以没什么学问但是非常有用。

教育的目的不在于把一个人的头脑填满知识。教育在于教会他怎样用他的头脑去思考。经常会出现这样的事:当一个人不被过去的知识束缚时,他倒能思考得更好。

人们很容易倾向于认为,人类还不知道的东西没有人能了解。同时,并不是每个人都清楚地知道,人类过去的认识不能用于阻碍人类未来的认识。当你把人类的进步和人类还不知道的东西进行衡量时,你就会知道人类知道的并不多——有着很多的秘密等着人类去发现。

阻碍进步的一个好方法就是让一个人的头脑填满过去的所有知识。这使他感到因为他的头脑满了,再没有更多的东西要学了。只是采集知识可以算是一个人能做的最无用的工作。你能做什么来帮助世界和治愈世界呢?这是一道教育测验题。如果一个人能实现自己的目的,他算一个人。如果他能帮助10个人或100个人或1000个别的人实现他们的价值,他可以算更多。他也许对很多印刷品王国的事一无所知,但他仍然一样是一个有学识的人。

第十八章　我们可以期望什么

　　我们正处在变化之中。这种变化在我们的周围四处发生，缓慢地、几乎不被觉察地，但却步伐坚定。我们逐渐学会了把结果和原因联系起来。我们称之为动荡的很大一部分——很多在那些似乎是传统机构内部的不安——实际上只是某些东西将要走向新生的表面迹象。公众的观念正在发生变化，我们实际上只需要换一种观点来看，就能把过去很糟糕的制度变成未来很好的制度。我们正在去除那些过去被称赞为坚强的美德，它实际上是木头脑袋，铁石心肠；同时我们也正在去除泡沫似的多愁善感。第一种人把强硬和进步混为一谈，第二种人把心肠软和进步混为一谈。我们对现实有了更好的认识，并且开始知道我们的世界上已经有了生活最需要的东西。一旦我们知道它们是什么，我们就应该更好地使用它们。

　　无论是什么错误——事实上我们全都知道世界上有很多不对之处——我们能够通过对错误定义的清理而得到改正。我们正彼此打量，看到一个人有什么，另一个人缺什么，我们从中所进行的个人事务已经超出了个人范围。可以肯定，人的天性渗透在我们的大部分经济问题中。自私是存在的，毫无疑问它使生活的所有竞争活动都有着它的色彩。如果自私只是某一个阶级的特点的话，那它是很好对付的。但它是在人类之中普遍存在的。并且贪婪也是存在的。嫉妒也是如此。羡慕也是。

　　但是只为生存而奋斗变得少了——它比过去要少，虽然一种不安宁的感觉增加了——我们有机会追求一些更好的动机。当我

201

们变得对文明的虚饰习惯以后，我们更少想到它了。进步，正如世界对它的了解，是伴随着生活中的大量事物增长的。在普通美国人的院子里有着比在一个非洲国王的整个王国里还多的齿轮、机械材料。普通美国小孩周围的工具比整个爱斯基摩社会所拥有的还多。厨房用具、餐厅用具、卧室用具和煤矿设备可以列一个单子，这个单子将使500年前最奢侈的大富豪目瞪口呆。生活设施的增多还只是到达一个阶段。我们就像带着他所有的钱到镇上来的印第安人一样，买下他看到的每一种东西，还没有充分认识到劳动和工业材料的很大一部分被用于为世界增添一些无价值的小玩意儿。这些小玩意儿被制造出来只是为了出售，被买下来只是为了占有——不能为这个世界提供服务，它们最终将只是垃圾，如同它们最初只是浪费一样。人类已经向前发展，超出了它的生产小玩意儿的阶段，工业已经用来满足世界的需要。因此我们可以更进一步地发展，朝着我们现在很多人可以眺望的生活发展。但是目前"已经够好了"的阶段阻碍着我们去获得那种生活。

我们正在摆脱这种对占有物质的崇拜。成为富人不再是多么了不起的事。事实上，成为富人不再是共同的野心了。人们并不像过去那样为挣钱而挣钱了。他们也当然不再敬畏它了，也不再站着向拥有它的人敬礼了。积攒我们并不需要的东西，并不能增添我们的荣耀。

只要稍微想一想就能明白，就个人好处来说，大量地积攒金钱没有任何意义。一个人只是一个人，他靠同样数量和种类的食物养活，靠同样多的衣服温暖自己，不管他是穷人还是富人。没有人能同时住两间屋子。

但是如果一个人能想到服务，如果一个人有着宏伟的计划，这计划不是一般的情况能够实现的，如果一个人有一个毕生的雄心想使产业像玫瑰一样开出美丽花朵，一天的工作生活突然开放成新鲜的充满激情的人类动机，那么，一个人在一大笔金钱中看到的就像一个农夫从他的玉米苗中看到的一样——新的更大的丰收的开始，这丰收的幸福将像太阳的光辉一样洒遍大地。

这世界上有两种傻瓜。一种是百万富翁，他认为通过聚集钱财能在某种程度上积累真正的权力。另一种傻瓜是身无分文的革命家，他认为只要他能从一个阶级手中把钱拿过来，再把钱给另一个阶级，这世界上的所有疾病都将治好。他们都是走上了歧路。他们试图去买下世界上的国际象棋和多米诺骨牌，以为这样他们便获得了大量的棋牌技巧。我们时代的一些最能挣钱的人，从没有为人类的财富增添过一分钱的东西。难道一个玩牌的人为这个世界增添了财富吗？

如果我们所有的人都尽我们最大的创造能力创造财富的话，那么这将是很容易做到的事——每个人都能获得足够的东西，这世界也能为每个人提供足够的东西。在这个世界上出现的任何真正的生活必需品的匮乏——不是由钱包里缺少金属片的碰撞声引起的虚幻的匮乏——都只能归于缺少足够的生产。而缺乏生产经常只能归于缺乏怎样生产和生产什么的知识。

我们必须相信以下这些是出发点：

大地出产或者能够生产足够的物质以供每个人过上美好的生活——不只是粮食，而且还有我们需要的其他一切。因为一切都是从大地出产的。

劳动、生产、分配和报酬是能够组织得非常良好的，能根据公正的原则使每个人得到与他的贡献相称的一份。

无论人类本性的弱点如何，我们的经济制度都能够调整好以使自私——虽然也许不能消除——没有权利造成严重的经济不公正。

企业的生存容易还是艰难，要看生产和分配中表现出来是有技术还是缺乏技术。有人认为企业为利润而存在。这是错误的。企业的存在是为了服务。它是一种职业，必须有被认可的职业道德，违背这种职业道德将使一个人丧失他原先的社会地位。企业需要更多的职业精神。这种职业精神从自豪感中获取职业正义，而不是从被强制中获取。这种职业精神能够发现自己被违背之处，并能对此示以惩罚。企业有一天会变得清白。一台一会儿停顿一下的机器是一台有毛病的机器，它的毛病就在它的自身之内。一个不时得病的身体是一个有病的身体，他的疾病就在他的自身之内。企业也是如此。它的错误，其中很多纯属企业的道德错误，妨碍着它的发展，而且使它不时得病一场。有一天企业道德将被普遍认可，到那时候下海从商将被看作所有职业中最古老、最有用的职业。

福特公司所做的一切——我所做过的一切——就是致力于证明把服务置于利润之上的那种，能使世界变得更好的事业是一种高贵的职业。我经常想我们的公司能取得在某种程度上被认为是显著的发展——我不想说"成功"，因为这个词是墓志铭，而我们正刚刚开始——要归于一些偶然事件。我们所使用过的一些方法，虽然其本身非常好，但只适合制造我们的特别的产品，而不能用于任何其他的企业，或者不能用于与我们不同的其他生产或人类事务。

曾经有人想当然地认为我们的理论和我们的方法在根本上是不对的。这是因为他们没有理解。事实已经驳倒了这种评论，但是仍有人真诚地相信我们所做的一切不能由任何其他公司去做——我们是被一根魔杖触动的，我们或任何其他的人都不能按照我们生产汽车和拖拉机的方式去制造鞋子，或帽子，或缝纫机，或钟表，或打字机，或任何其他的生活必需品。只要我们冒险闯入其他的生产领域，我们就会很快地发现自己的错误。对于这些说法，我不能表示同意。没有任何东西是从天上掉下来的。这本书前面的篇章可以证明这一点。我们没有什么东西是别人不能拥有的。我们并没有什么特别的好运气，除了那些总是眷顾任何尽最大努力工作的人的好运气。在我们开始的时候，没有任何可以被称为有利的因素。我们几乎是白手起家。我们所拥有的都是我们干出来的，我们是通过对一种原则的坚定信仰和不停劳动而取得的。我们把被当作奢侈品的东西变成一种生活必需品，没有花招或诡计。当我们开始制造我们目前的这种汽车时，全国只有很少的好公路，汽车也很缺乏，公众的头脑里根深蒂固的观念是，一辆汽车在最好的情况下也只不过是有钱人的玩具。我们唯一的有利之处是缺乏先例。

我们根据一条信条开始投入生产——一条在当时尚未被企业所知的信条。新的观念总被人看成是古怪的，我们中的一些人生来如此，我们不能不想任何新的东西都必须是古怪的并且可能是奇异的。源于我们的信条的机械产品经常改变。我们不断地发现新的和更好的方式并把它用于实践，但我们并没有发现有必要改变这些原则。我不能想象怎么可能会有改变这些原则的必要，因为我坚信它们是绝对普遍适用的，肯定能够引领所有的人们走向更好的更广阔的生活。

如果我不这么想的话，我将不会一直工作——因为我所挣的钱并不重要。金钱只有用于以实际的例子推进一条原则时才是有用的。这条原则就是：企业只有提供服务才是正当的企业，企业对社会必须获取少而给予多，除非每个人都能从一个企业的存在中获利,否则这个企业就不应该存在。我已经用汽车和拖拉机证明了这一点。我想用铁路和公共服务公司来证明它——不是为了我个人满意,也不是为了可以从中赚钱(应用这些原则,却不能够比把利润当作主要目标获更大的利润,是完全不可能的)。我希望证明它,这样,我们所有的人就会拥有更多,通过增加所有企业提供的服务,我们所有的人就可以生活得更好。贫穷不可能用公式来消除;它只能通过艰苦和智慧的工作来消除。实际上,我们是证明一种原则的实验站。我们确实赚到了钱,这又只是我们对它的更进一步的证据。因为这是一种不用言词而自己确立的证据。

在第一章中我已阐述过我们的信条。我将在依据这些信条而完成的工作的总结中再把它重复一遍——因为它是我们所有工作的基础:

一、对未来毫不畏惧,对过去充满敬意。一个惧怕未来、惧怕失败的人会使他的行为受到限制。失败是更富智慧的行动再次开始的唯一机会。诚实的失败并不丢人,丢人的是害怕失败。过去的一切只有作为对进步指明可能的途径和方式时才是有用的。

二、不要理会竞争。不论是谁,如果能将一件事干得更好,就该由他去做这件事。试图不让另一个人从事商业是犯罪——因为他为了个人利益试图降低别人的条件——用权力而不是用智力。

三、把服务置于利润之前。没有利润,商业无法存在。谋取利润并不是注定错误的。诚实经营的商业企业是不会得不到利润回报的,但利润必须不可避免地作为良好服务的报酬而来。它不能是基础——它必须是服务的结果。

四、生产并不是低价买进、高价卖出。它是这样一个过程:以公平的价格买进原料,以可能最小的成本,把这些原料转化为可消费的产品，再把它交给消费者。赌博、投机和损人的交易，只会阻碍这一过程。

我们必须生产，但生产背后的精神才是更重要的。那种提供服务的产品不可避免地会带来真正服务的愿望。各种各样的完全人为的规则，在金融和工业方面建立起来，并作为法律被通过，这些东西的经常性失败证明它们甚至不是好的构想。所有经济推理的基础是大地和它的出产。使大地生产，以各种形式，作为真正生活的基础的足够多和足够可靠的物品——不止限于温饱——是最高的服务。那是一套经济制度的真正基础。我们能制造物品——生产的问题已经被极好地解决了。我们能够把任何一种东西成百万地生产。我们的物质生活方式极有力地证明了这点。现在还有很多的程序和改进被期盼、等待着用于实践，以使生活的物质水平达到极完美的程度。但是我们太过陷入我们所做的事情中，被它包裹——我们对我们为什么做这些事的理由没有足够的关心。我们的整个竞争体制，我们的全部创造性表达，我们所有人员的工作都围绕着物质生产中心，还有物质生产的副产品，成功和财富。

比如，有一种感觉认为个人或一个群体的利益可以以另一个人或另一群体的利益为代价而获得。通过粉碎任何一个人，不可能得到任何好处。如果农民压倒工业主的话，他会变得更好吗？如果工业主压倒农民，难道他就会变得更好些？资本家能够通过压倒劳动者而获得利益吗？或者劳动者通过压倒资本家而获益？或者一个企业的人能通过压倒竞争对手而获益？不能，毁灭性的竞争不会给任何人带来好处，那种引起大批企业失败而给少数企业带来利润的竞争必须去除。毁灭性的竞争缺乏那种从中进步产生的品质。进步来自于高尚形式的竞争。糟糕的竞争是个人的。它是为了某些个人或群体利益的膨胀。它是一种战争。它是由一种想搞掉某人的欲望煽动起来的。也就是说，它的动机不是对生产的骄傲感，也不是想在服务中超人一等的愿望，也不是想用科学的方法进行生产的正常的雄心。它只是被把别人挤出去的欲望推动，为了获得更多的金钱垄断市场。一旦达到目的，它总是代之以质量低劣的产品。

把我们从那种渺小的毁灭性竞争中解脱出来，也就能把我们从很多观念中解脱出来。我们被太紧地捆绑在老方法和教条的使用上。我们需要机动性。我们总是对某些东西使用一种方法。我们只用一条渠道输送很多东西——当这种使用减少了，或那条渠道堵住了，企业也就停顿了，所有的"萧条"的悲惨结果便开始了。以玉米为例来看。在美国储存着成千上百万蒲式耳的玉米，却看不到有出路。一定数量的玉米用作人和动物的食粮，但并不是所有的玉米。在禁酒法通过之前，相当一部分玉米用于酿酒，但这并不是使用好玉米的好方法。在漫长的岁月里，玉米只沿着这两条渠道使用，当其中的一条被堵塞，玉米的存货便开始堆积起来。通常使货物不能流通的是金钱因素，但即使有足够的钱，我们也不可能消费掉我们有时候拥有的粮食。

当食物多得不能作为粮食去消费时，为什么不寻找其他的消费途径呢？为什么只把玉米用于喂猪和酿酒？为什么坐等为降临玉米农场的可怕灾难而悲伤呢？难道除了生产猪肉或酿造威士忌之外，玉米就没有别的用处了吗？肯定有的。只要最重要的用途能够完全满足，玉米应该还有很多用途。总是有足够的渠道畅通，以使玉米物尽其用而不至浪费。

有一段时间，农民把玉米当燃料去烧——玉米很多而煤很少。这是处理玉米的极野蛮的方式。但这其中包含着一个新想法的萌芽：

玉米中有燃料，可以从玉米中提取油和酒精燃料。有人打开这种新思路是非常重要的时刻，因为如此一来，储存的玉米便可以挪动了。

为什么我们的弓上只有一根弦？为什么不能是两根？如果一根断了，还有另一根。如果养猪业衰落了，为什么农民不把他的玉米变成拖拉机燃料？

我们需要更多的多样化。到处都四通八达将不会是个坏主意。我们有一个单行的货币体制。对那些拥有它的人来说这是非常好的体制，对于食利者、控制信贷的金融家来说，这是完美的体制。这些人直接拥有叫作钱的商品并直接拥有造钱和使用钱的机器。但是人们发现这是一套糟糕的体制，因为它限制生产，堵塞流通。

如果有对利益集团的特别保护，也应该有对平民百姓的特别保护。多样化的出路，多样化的用途，多样化的金融途径，是我们对经济危机的最有力的防御。

劳动也是一样。肯定应该有由年轻人组成的机动劳动力队伍，可以为收割的田野、矿井、工厂或铁路提供紧急援助。如果由于缺煤，几万家企业的火有熄灭的危险，100万人有失业的危险，那么足够数量的人员自愿到煤矿和铁路上去工作就既是一件好工作又是很人道的事情。在这个世界上总是有一些事情需要去做，并且只有我们去做。整个世界可能游手好闲，在工厂中也许"无事可干"。在这个地方或那个地方可能会"无事可做"，但总是有一些事需要去做。这一事实应该促使我们去组成一个我们自己的组织，使得这些"有事要做"可以做到，使失业减少到最低程度。

每一种进步都以很小的方式在个人身上开始。群众不会比单个的个人相加更好。进步在人的自身之内开始。当他从兴趣所至发展到有明确的目的；当他从犹豫不决进展到决定性的方向；当他从不成熟的判断进展到成熟的判断；当他从实习生变成师傅；当他从业余爱好变成一个在工作中发现真正乐趣的工人；当他从一个需要别人看管的人变成一个不用监督和鞭策就能干好自己工作的可信任的人——那时候整个世界就前进了。前进并不容易。当所有的人都被教导一切都应该轻松容易时，我们是生活在一个疲软没劲的时代。有真正意义的工作从来都不会是轻而易举的。你所承担的责任越重，你的工作就越难做。当然，轻松也有其存在之处。每一个工作的人都应该有足够的休闲活动。工作劳苦的人应该有轻松的椅子、舒适的炉边、快乐的环境。这些是他应享的权利。但一个人只有做完他的工作之后才能享有他的轻松。从来不可能给工作罩上轻松的面罩。有些工作是没必要的劳累，它可以通过适当的管理给予减轻。应该采用每一种装置，以使人能自由地干他的工作。血肉之躯不应该用来承担那些可以由钢铁承担的重负。但即使条件到了最好，工作仍然是工作，任何一个投入他的工作的人都会感到这是工作。

不会有多少可挑挑拣拣的。那些被分派的工作可能远不如期望的。一个人的真正事业并不总是他志愿去做的事业。一个人的真正事业是他被选择去做的事业。现在，微不足道的工作要比未来的社会多。只要还有这样的琐细工作，就需要人去做。但是，并不存在因为一个人的工作微不足道而去处罚他的理由。有一点可以用于指称细小的工作而不能用于指称很多所谓的重要工作，那就是：它们是有用的，是令人尊敬的，是诚实的。

已经到了必须把苦役从劳动中清除出去的时候了。人们反对的不是工作，而是苦役的成分。我们必须把苦役从我们所发现的地方驱逐出去。在把惩罚犯人的踏轮从日常工作中清除出去之前，我们不可能是完全文明的。现在，发明在某种程度上从事着这件事。我们在把人从又重又累的榨取他们力气的工作中解脱出来这一方面，取得了很大的成功。但即使在减轻重活的时候，我们也未能消除工作中的单调。这是向我们召唤的另一领域——废除单调。为了做到这一点，我们毫无疑问将要发现对我们的体制做出的另一些改变。

现在工作的机会远比过去多得多。进步的机会也更大了。这一点是真的。现在的年轻人进入产业时，他所进入的是和25年前的年轻人开始其生活时所进入的完全不同的一套体制。这套体制变得更紧密了，其中更少了游戏或摩擦。很少事情留给个人的喜好愿望。现代工人发现他是一个组织的一部分，这组织显然很少留给他主动性。虽然一切如此，但"人只是机器"，这并不是真的。在组织中机会已完全失去，这也不是真的。如果年轻人愿意从这些观点中解脱出来，按体制本来的模样看待它，那么他将发现他原来以为是障碍的东西实际上是帮助。

企业组织并不是阻止能力扩张的手段，而是减少由于平庸造成的操作失误和浪费的手段。它并不是阻止有抱负、头脑清晰的人们发挥其最大能力的手段，而是阻止那些满不在乎的人表现出其最糟糕一面的手段。那也就是说，当懒散、马虎、迟钝和无精打采得逞其事的时候，所有的人都要为此受累。企业不可能繁荣，因此也不能付出生活的工资。当一个组织使那些满不在乎的人工作得比他们的本性使其工作得更好时——这是为他们好，他们在身体上、精神上和经济上都更好了。如果放任这些满不在乎的人自行其是的话，我们怎么能够付出工资呢？

如果一个企业体制在把平庸提高到更高标准的同时却把有能力的降到更低的标准——这将是非常糟糕的体制。确实是非常糟糕的体制。但是一种体制，甚至是一种非常完美的体制，必须要有能干的个人来运作它。没有一种体制能够自己运行。现行体制的运行比旧体制的运行需要动更多的脑筋。现在比以前任何时候都更需要有头脑的人，虽然也许需要他们的地方和以前需要他们的地方不一样。这就好像动力：以前每一台机器都是由脚力带动，这种动力对机器也不错。但是现在我们把动力往回移——把它集中在动力房。这样我们就使工厂的每一件工作不再需要最高的能力了。头脑更好的人用于智能电站。

每一个企业在发展的同时也为有能力的人们创造着新的用武之地。这是它不可避免地做到了的。这并不意味着新的机会每天都会到来，并且成群结队地到来。根本就不是这么回事。它们只有在艰苦的劳动之后才会到来。只有那些能承受得住日常劳苦并依然能保持生气和机警的人，最后才能获得机会。一个人在企业中并不是寻求一鸣惊人，而是正当地、扎实地工作。大的企业必须行动从容和谨慎。有抱负的年轻人应该把目光放得长远一些，为事情的发生留下充分的时间。

大量的事情正处在变化之中。我们应该学会做自然的主人而不是自然的仆人。虽然我们已有那么奇妙的技术，我们仍然极大地依赖于自然资源，并且认为这些自然资源是无法取代的。我们开采煤炭、开采矿石和砍伐树木。我们使用煤和矿石，这些东西便被消耗掉了。树木不能在短期内重新长大以供使用。有一天我们将充分利用我们周围的热能，不再依靠煤炭——我们现在能够通过水力发电获取能量。我们将进一步改进这种方法。我非常相信随着化学的发展，我们将发现一种新的方法，能把越来越多的东西变成比金属更耐用的物质——我们还没有接触到棉花使用。我们将会制造出比生长出来的木材更好的木材。真诚服务的精神将会为我们创造一切。我们每个人都要诚恳地干好我们的每一份工作。

一切都是可能的……"信仰是希望获得的东西,是尚未被看到的事物的证据。"

今天与明天

第一章　我们生来都有机会

数百年来，人们都在谈论机会的缺乏，都在议论如何把我们所拥有的东西分割开来供更多的人享用。然而，年复一年都有一些新的思想被提出和发展，与此同时，也有很多机会相伴而生。今天，许多被验证的新思想一旦付诸实践，就能把这个世界提升到一个新的水平，并且可以通过为劳动者提供生计而消除困扰人们的贫困。但是在这些新思想孕育和发展的道路上，唯一的障碍就是那些陈旧、迂腐的观念。这个世界自缚手脚，自蒙双眼，而且还不住地问，世界为什么还是老样子！

随便提出一个思想作为事例——其实是别的某个人可能也有的思想，只是由我将其系统整理并付诸实践——制造一辆简单而具有强大动力的小汽车，不仅使其价格低廉，而且给予汽车制造的工人高工资。1908年10月1日，我们终于制造了第一部现代汽车。到1926年6月4日，我们制造出第1000万辆汽车。1926年的今天，已经有1300万辆汽车驶离我们的生产线。

这些事实听起来很有趣，但也许并不重要。重要的是，我们从一个车间的几个人，发展到了今天雇用20万员工，而且他们每天的收入都在6美元以上。我们的交易商和服务中心又雇用了20万人。但是，无论如何，我们所使用的东西并不是都由我们自己生产。粗算起来，我们所购买的东西相当于所生产的东西的两倍，可以毫不夸张地说，还有20万人在我们的工厂外面为我们工作。这样，大概有60万员工直接、间接地为我们生产汽车。也就是，18年前的一个简单的念头得以实施后，就为近300万男女老幼提供了生计。这样的估算还不包括那些在一定情况下帮助批发和维修汽车的很多人。要知道汽车还处于发展的初期！

这些数字丝毫没有夸张的成分。我不是在谈论具体的人或企业。我正在谈论的是思想。这些数字显示出一个简单的思想所能创造出的成就。人们需要食物、衣服、房子等等。如果大家团聚在一起，那么还需要供应他们团聚所需要的物品。我们应该有一座比纽约还大的城市。实现所有这些所需要的时间比孩子长大的时间还要短。认为或谈论缺乏机会简直是胡言乱语，我不知道他们所指的是什么机会。

世界上有两类人——一种是先驱者，另一种是尾随者。后者常常攻击前者。他们认为，先驱者都把机会抢走了。然而，简单的事实却是，没有先驱者首先铺平道路，尾随者就失去了方向。

不妨想想自己的工作。你的工作是你自己创造出来的，还是别人为你创造的？你为自己创造机会呢，还是别人创造的机会使你受益了呢？

我们也见过根本不想要任何机会的人们大发脾气——机会的所有成果必须全部送给他们才行。这样的脾气可不是我们美国民族所具有的，而是从其他国家由其他民族进口过来的，这些民族没有发现机会的能力——虽然机会就在他们身边。

如果说几十年前每一个机会都有1000个人去争取的话，那么现在却是每一个人都有1000个机会在等着他。发生的变化就是这么大！

但是，过去在工业的发展过程中，机会还很有限。人们只能看见一条道路，大家都想上这条路。其中一些人被挤出来并不奇怪，因为人比机会多。这就是我们过去竞争非常激烈和残酷的原因。人们选择机会的余地不大。

但是,随着工业的不断发展,又有更多的机会相继出现。设想一下,工业每向前发展一步会开辟多少创造性的活动空间。很显然,在日益激烈的竞争中,任何人要想抓住自己的机会,到达成功的目的地,就必须为他人创造出多于自己开始时几倍的机会。

不承认过去缺乏机会,就无法理解现代工业的崛起。有些行业发展很快,但其中一些收入就来自那些被淘汰的部门。

但是有足够的事实显示,过去在人们的需求压力下不断向前挪动步伐的工业领域中,总有一些人高瞻远瞩,而另一些人则目光短浅,后者当然要落后于前者。有时候,他们的方法并不道德,但是他们取得成功并非不道德——而是由于他们能洞察到人们的需求以及满足这些需求的方法和手段,如果依赖不诚实或残酷的方法做成某件事的话,那么,这件事本身应该是千真万确地无懈可击。把成功归因于不诚实是人们通常容易犯的错误。我们听见有人说某人太诚实了,做不成大事。这样说对那位失败者是一种安慰,但诚实绝对不是失败的原因。

不诚实的人有时确实能成功。但是,只有当他们所提供的服务超过他们的不诚实时,他们才有可能成功。诚实的人有时候会失败,因为他们还缺乏与诚实相匹配的其他基本素质。说到不诚实者的成功,他们成功的原因中应该将不诚实这一特征排除。

不相信机会的人仍然会凭借他人创造的机会找到自己的位置,自己无法直接取得成功的人总会接受他人的领导。

但是我们前进的速度是不是太快了呢——不仅仅是在汽车制造方面,而且是包括生活的各个方面?人们会听到许多有关工人被繁重劳动压垮，有点进步是以这样或那样的东西为代价，或者关于效率是如何毁灭生活中的一些美好东西，等等。

生活确实失去了平衡——生活一贯如此。直到现在，大多数人还没有闲暇时间可以利用；当然，他们也不知道如何利用闲暇时间。我们面临的最大问题之一就是在工作和放松之间达到平衡，在睡眠和吃饭之间达到平衡，甚至明白人类生老病死的原因何在。

毫无疑问，我们现在比以前的前进步伐在加快。或者更准确地说，我们被生活推动得越走越快。但20分钟的汽车里程与四个小时的徒步奔波相比，哪个容易，哪个困难？旅行者选择哪一种交通方法更省力呢？哪一种方法更节省时间呢？不久的将来，汽车一天的里程可能会被空中一个小时的飞行所代替。那时候我们汽车人是遭难者吗？

这种所谓的被遗弃的精神状态是我们的现实生活呢，还是书本中的神话呢？人们在书本中能读到现代工人精疲力竭的描述，但你听到工人们亲口对你这样说了吗？

不妨走进参加实际工作的人群，从每天乘公共汽车上下班的普通工人，到一天之内横越美洲大陆的年轻经纪人。和他们交谈，你会发现人们的态度各不相同。但是有一点是相同的，他们不但不回避生活现实，而且对未来热切盼望。为了明天，他们总是倍加珍惜今天。这就是那些勤奋的工作者，就是那些不愿在图书馆里苦思冥想，试图用旧模式套新世界的劳动者。和公共汽车中上下班的工人们交谈，他们会告诉你，仅仅几年前他们还是很晚才下班，而且回到家总是累得没有空换衣服——穿着工作服吃饭，吃完饭直接上床睡觉；现在却不同了，他们可以在车间里换下工装，太阳还没落山就回到家，早早地吃过晚饭，并且有空和家人一起乘车出外兜风。

他们会告诉你,以往那种令人窒息的压力已经没有了。也许,人们工作时比以前要更专注,但是过去那种无休止的、令人疲惫不堪的驱赶已不复存在。

问问那些带动社会变革的领导者,他们也会告诉你同样的情况。他们没有精力衰竭。他们沿着前进的道路一往无前,他们会说,拉历史车轮后退比顺历史潮流而行更费力。

有这样一个事实:那些感到头痛者正是那些竭力阻止世界向前发展,试图用他们的老定理解世界的人们。这一切绝不可能。

"效率"一词被人们痛恨,只是因为人们不了解它的真正含义。追求效率只是用目前所知的最好方法做事,而不是最坏的方法,相当于用汽车装载木材上山而不是靠人力背上山。换句话说,让工人们掌握一定的技术,向他们提供动力以便于让工人们挣得越来越多,生活得越来越舒服。

我们福特公司一直在努力开发更多的动力资源。我们去煤田,去江河湖海,总是希望得到一些廉价而方便的资源,并将其转化为电力,输送到工厂,以提高工人的产量,增加工人的工资,降低产品的价格,让消费者得到实惠。

所有这些变化都有很多因素。你必须充分利用动力,充分利用原材料,充分利用时间。我们可以远离家乡去修建铁路,开发矿山,砍伐木材,建造轮船。为了节省几个小时的时间,我们不惜投入几百万美元。虽然,我们所做都是分内之事——那就是制造汽车。

我们在制造时所使用动力又生产出另一种动力——将发动机动力输入汽车。价格20美元的原材料可以变成20马力的汽车动力。截止到1925年12月1日,我们已经通过汽车和拖拉机,为这个世界贡献了3亿马力的动力,相当于尼亚加拉瀑布的97倍。全世界共消耗2300万马力,其中我们美国的消耗量就超过900万马力。

开发所有这些动力对国家的影响,我们迄今还不知怎样估算;但我相信,美利坚合众国的繁荣在很大程度上应归因于这些增加的动力;另外,把人们从繁重的劳动中解放出来也有助于唤醒他们的智慧。

交通的便利推动了社会进步。我们用汽车改变了国家的面貌。但我们并不是因为繁荣才有汽车,而是因为有汽车我们才繁荣。要知道并不是所有人立刻都能拥有汽车。购买汽车应该循序渐进——我们根本没有能力接受全部订单,因为以我们现有的用户每六年更新一部汽车计算的话,我们每年200万辆的产量只能满足这些老用户的需求。

这个问题暂且不提。总的来看,不管农业收成如何,国家的全面繁荣与汽车的数量有更直接的关系,二者应该相对称。这是无法回避的事实,因为你不能不考虑对各方面的影响而盲目大规模地开发动力资源。在汽车的众多优点中,除了其本身的有用性以外,汽车进入人们的生活后还使人们熟悉了开发动力的好处——教会人们如何利用动力为他们的生活服务。在汽车进入家庭以前,很多人一生都不曾去过离家乡50英里以外的地方。这样的情况在美国一去不复返了,在世界的许多地方也属于历史了。当俄国派代表来为他们农庄购买拖拉机时,我告诉他们:

"你不要买拖拉机。你们首先要买汽车,让俄国人首先熟悉机器和动力,了解汽车给人们带来的便利。汽车会促进公路建设,然后便有可能将农户品运往城市出售。"

他们听从了我的建议,买回去数千辆汽车。几年后,他们又买回去几千辆拖拉机。

221

重要的不在于汽车或其他什么物品可以通过计划和使用动力价格低廉而完美地制造出来。这一点我们早已经明白。我们所讲的汽车的优点的确很重要，但尤其令我们感到重要的是，通过发展汽车工业，我们发现了工业发展的崭新动机，抛弃了一些空洞无味的术语，如"资本""劳动力"和"公众"。

多年来，我们对"追求利润的动机"这句话已经非常熟悉，它的意思是被称为"资本家"的某些人提供生产工具、机器并且以尽可能低的工资雇用人力然后制造产品，接着把这些产品卖给那些称为"公众"的人们。资本家以最高价格出售产品，然后将利润归为己有。听起来，公众如子虚乌有，公众的钱也不知从何而来，反正公众需要保护，以免受到唯利是图的资本家的盘剥。工人们也要受到应有保护，于是有人就杜撰出了"生活工资"这一概念。所有这些完全是对整个工业发展进程的曲解。

小型的企业或许可以按照"资本—劳动—公众"的错误模式来运转，但是大企业便不可能，小企业也不可能依赖压榨工人发展成为大企业。很简单，购买产品的公众并不是天外来客。工厂主、工厂雇员和购买物品的公众都是相同的主体，如果企业经营不能依照高工资、低价格的原则进行，那么企业将无法生存，因为不那样做，购买产品的客户投资将受到限制。

企业的雇员才是该企业本身最好的客户。

我们福特汽车公司的真正发展应该追溯到1914年，那一年我们把员工的最低工资标准从每天两美元提高到每天5美元，这样，我们等于增加了我们自己的购买力，相应地，其他人的购买力也被我们相应带动。我们国家出现的繁荣局面正是通过高工资、低价格以增加购买力这一思路实现的。

这是我们公司的基本动机，我们称之为"工资"动机。

但是，并不是你要求高工资就付你高工资。如果提高工资的同时不降低产品成本，那么购买力就无法增加。根本没有什么"生活工资"，因为，除非支付相当于员工工作量的工资，员工就没有办法依赖工资生活。也没有所谓的"标准"工资，天知道多高的工资才符合标准呢！标准工资的提法是以企业管理和发明创造已经到达尽头为前提的。

没有什么办法比小工作量、高工资更能损害工人，因为那样做等于提高商品价格，最后使得工人根本买不起商品。

当然，认为商品的利润或者发明创造降低生产成本所带来的利益都属于工人也不正确。这种观点也是对工业生产进程的曲解。利润主要应归于企业，工人只是企业的一部分。如果将全部利润都给予工人，那么产品质量的提高以及与之相关的很多工作都将无法做到。商品价格上涨，人们的消费水平会下降，企业便逐渐濒临破产。利润应该用于降低生产成本，成本下降的最大实惠应给予消费者。事实上，这和提高工资是一样的效果。

这些道理听起来蛮复杂，但我们操作起来却既简单，又见效。

我们只有把企业发展成大企业，才能做到推动经济、开发动力、降低消耗，也才能最后实现工资动机——当然大企业并非一定是企业的集中化，相反我们要使企业分散化。

任何企业，只要全神贯注于提高服务，只要以工资动机为基础，肯定能发展壮大。企业不可能停留在某一规模上，停滞不前；企业必须向前发展，否则就会后退。当然，依赖大量收购小企业似乎也能建立一个大企业。但是，结果可能真是一个大企业，也可能只是一个企业展览馆，让人们看到用钱可以买到很多稀奇古怪的东西。

依赖金钱买不来大企业：建立大企业只能借助服务的力量。

美国人民的生活要依赖大企业。在我们国家，不管我们把企业分成多少块，我们的企业必然是大的企业。美利坚合众国土地辽阔，她众多的人口有着巨大的商品需求，与之相适应也需要大规模的生产和供应。在美国，任何一个小商品生产都是一个很大的产业。比如自行车，现在的产量比当初自行车热潮时还要大。企业必须不断发展，否则市场供应就会不足，产品价格便居高不下。

我们不妨看一看两百年前马萨诸塞州桑地伯里农庄主们的生活。当时为了降低昂贵的生活费用，波士顿的商人和居民曾经开会，研究并通过了一系列措施。当时各种商品的合理价格为：咖啡每磅20美元，男人的鞋子每双20美元（记录中没有提女人的鞋价，可能女人没有必要穿鞋）；棉布价格很高，盐价倒不算高。

到底是什么原因导致上述商品的价格降低到目前的水平呢？是企业——商品供应的有效组织。

企业总是从小做起，逐步壮大。其间并无神秘可言。当交通困难时，人们离不开锄头、铲子，这些物品很容易买到。也许，这些工具并不是最好的，但它们是最容易得到的。这里面隐含着最大的商业因素之一就是选择最接近需要者的地方供应商品。过去，市场差不多就是制造物品的场所。小城里生产人们所需的一切。所有行业都在邮电所的附近发展起来。铁匠生产农业劳动所需的大部分工具。纺织工除了厨房用具外生产所需的大部分织物。一个小城简直就是一个自给自足的社区。

当然，这并不是说所有这些服务都是最好的或者是最便宜的。任何一位杂货商都会告诉你"农庄黄油"并没有什么特殊意义，一切全得看农庄主的老婆是用什么方法制造黄油，或者看她们的手艺如何。最好的黄油和最坏的黄油都是通过家庭工艺制造出来的。现代的牛奶场可以制造出质量均衡的上乘黄油。很显然，随着疆域的扩大，各个社区的工艺便可以相互交流，尤其是随着交通的发展，提供优质黄油的供应者便会得到更广泛地区的客户。

因此，许多较大的企业最初都设立在东部地区，因为那里是日益增大的人口中心。工业在矿区发展最快，因为那里能提供基本的工业原料——铁矿砂和油料。当食物供应成为紧迫问题后，工业常常分布在粮食产区和人口密集区之间。大企业的发展绝对不是盲目的，它们是按照客观需要有序进行的。工业的组织者是有头脑、有理性的人类。也许某个发明或创新最初只来源一个或几个人，但是，没有人民的支持，任何发明和创新都不可能发展成为一个企业，或形成一个产业。

现在，随着国家的疆域不断扩大，我们的企业也在不断发展，对此我们有较深的了解。发展企业是一门科学，同时它又离不开其他科学的支持。我们正处在从背负生活艰辛向享受生活的转变过程。在以后的章节中，我将谈谈这种转变的方式及其对我们的影响——而且从自己的切身体会来谈。

第二章　大企业的发展有极限吗

如果工人们买得起他们生产的产品——也就是说，如果工资动机能够完全得到贯彻——那么，发展大企业势在必行。

让工人们买他们所生产的产品当然也不是都能做到，有一条必须考虑到：产品的用途必须基本符合工人们的所需。不能期望工人购买一台蒸汽机、一座摩天大楼或一台管风琴。这些东西对工人来说没有什么用处。他们所需要的是优质的食品、漂亮的服装、宽敞的住房和包括他们自己在内的全家的欢乐。

工人们无法通过任何政治计划或依赖任何谈判组织如工会获得这些物品，因为法律和谈判都制造不出这些东西——在我看来，工会组织并不被广泛承认。过去几年中，有很多外国工会领导人来拜访我，他们都毫无例外地与我大谈政治，而外国工业界的领导人谈起政治则总是愤愤不平。至少从表面上看，他们一直在寻求调解劳资双方的分歧。当然，如果总是用"劳资"概念思考问题，永远走不出圈子，但是，他们至少还是在摸索通过生产来解决问题的出路，而劳工领袖似乎更希望找到一个发表讲话和求得一官半职的机会。

人们一直被教导要提防大企业。人们对企业的担心部分是因为他们不了解大企业，部分是由于他们害怕大企业搞垄断。另外，他们还害怕金钱的影响力，并且把大企业和金钱的魔力混为一谈。他们的思想已经落后于时代多年了。他们还停留在100万美元是天文数字的年代，那时候人们都认为谁也不可能通过诚实劳动挣到100

万美元。坚持这种观念的人思路极为狭窄，否则他应明白，诚实劳动无论如何也要比不诚实劳动更容易挣到钱。所有这些偏见归结为一点，他们把企业尤其是大企业视为与金钱有关的东西，而不是一个服务组织。

现在，我们要记住，今天就是今天，既不是昨天，也不是明天。这个世界需要领袖。昨天的领袖是军事和政治性的。过去，组成什么形式的政府无关紧要；国家有领袖就能成功，否则就会失败。军事领袖和政治领袖都没有创造性。企业的成功只能建立在取代别人已经创造的物质的基础上。但是，与过去喋喋不休地争吵于事无补。这种领袖之所以在过去能取得成功是因为当时需要。但是，历史已经翻开了新的一页，今天，军事或政治领袖根本做不到像工业界领袖那样，为人民服务。各地的政治领导者们很可能仍是高素质的，之所以显得低下是因为人们无法摆脱过去的思维定式：要求政治去做只有实业才能做到的一切。职业改革家们并不理解这个道理。他们认为政治能够做那些只有实业才能做到的，他们喜欢提出这样那样的价格规则，根据是他们自己能够缔造繁荣。

人们对法律规定的繁荣抱有极高的期盼，仅此而已。仅仅把工作视为谋生手段是对生活的污辱。思想家们认为，工作是人类在道德上、生理上和社会上拯救自己的灵魂。工作不仅仅能使我们得以谋生，还给予我们想要的生活。但是，如果工资和物价可以由法律确定的话，繁荣好像总是离不开高工资和高物价（实际上并不如此），那么，法律就可以取代工作了。

现在大家应该明白，真正的繁荣离不开物价降低，降低物价是唯一能够在正常情况下造就繁荣的途径，也只有这样才能够避免经济的非正常波动。

我们不妨考虑几个基本原则。首先，为什么我们要有繁荣呢？所谓繁荣就是很顺利地不间断地供给人们正常的、多种多样的需求，而且满足这些需求的手段非常充足；另外，当繁荣到来时，我们的各种供给还应有所剩余，以帮助资源尚未得到开发的偏远地区的人们。既然如此，我们为什么没有这种让人神往的繁荣呢？即使在"困难时期"，我们也有繁荣的各种因素，问题是，如果我们的管理体制没有出故障的话，我们何以要经受"困难时期"而无法享受繁荣呢？

但是，必须有人引导人们走向繁荣。一群乌合之众只有面对穷途末路时，他们才会显示出力量。并不是所有的人都是天生聪慧的，他们需要有人教。不是所有人都明白在工作中运用智慧就能避免千辛万苦，他们需要有人教。不是所有人都明白如何将方法和目的相协调，不是所有人都知道珍惜劳动成果，也不是所有人都知道节省人间最珍贵的商品——时间，他们都需要有人教。

工业领域也得有自己的统帅，而且是高级统帅。工业界得到合理的领导就必然导致大企业或大公司的诞生。

公司会发展多大？公司的发展有没有限制？如果有，那么，这个极限是多少？应该规定他们要服务于公众利益吗？垄断的危险何在？应该限制垄断吗？如果我们看一看一个服务性的公司是如何成立的，这些问题的答案就不言自明了。首先，公司要以提供服务为目的，公司的成立必须在提供服务之后。服务不能跟在成立公司之后。公司的设计至关重要。这个世界的一切要想做得好，都离不开设计，花在做正事上面的时间永远都不是白费。从长远来看，设计还会节省时间。这里也许有人会问："我应如何设计？"也许你要设计的东西别人已经很了解，你可以参考他的方案设计出更好的方案,但是,更好的方法可能是按照自己的所想去判断他人所想。

立足现实,让公众为你做生意。公众,也只有公众才能为你带来生意。如果说我们现在的钢铁质量不错的话,那是因为钢铁质量还不好时,公众仍然购买,这使得钢铁企业有机会提高钢铁生产的技术。如果说我们现在的交通设施很舒服的话,那是因为曾经有人为痛苦的交通设施付过钱,才使得我们现在的交通系统发展得如此完善。如果说我们今天的汽车很便捷、耐用而且性能可靠的话,那是因为当初汽车处于试验阶段时人们购买过它们。如果说我们现在有了各种各样的汽油产品的话,那是因为人们曾经购买和使用过煤油,正是他们的信任和帮助,才使得石油工业在全世界范围得以迅猛发展。

既然是公众造就了企业,那么,企业的责任就是为公众服务。那些在企业里工作的人也是公众的一部分。这样一个基本的公司政策便确定下来——企业发展后的利益应该给谁?

假如某个行业通过提高效率和改善服务,使得客户的购买价格下降,那么,该行业发展的好处就等于给了它的客户。如果生产某件商品的费用比以前少花一美元,那么,这一美元就要在售价上体现出来。这样,就会有越来越多的人买得起该商品。客户越多企业就越大,企业生产成本降低的幅度越大,反过来就越能促进企业的发展。

很显然,不管企业生产的效率如何,如果企业的效益不能与公众共同分享,那么,企业就得不到发展。假如在生产中节省的一美元打入企业利润,客户购买产品的价格仍没有变化,那么,企业的业务量也不会有任何变化。假如生产过程中节省的一美元打入工人工资,企业的业务量同样没有任何变化。但是,如果这一美元与公众分享，公众很快就会得到很大的好处，企业随即会受到良性刺激，产品价格下降，企业的业务量相应上升，结果以前只雇用几十个人的企业现在却招聘几千人，工人的工资因此大幅提高，企业利润相应增加。也就是说，只要产品的价格对公众下降，产品的价值和工人的工资就会上升，企业盈余也会自动增加。应该注意的是，绝对不能迫于工人工会的压力，就把全部利润转入工人工资的账下。对于一位拥有五口之家的工人来说，降低其全家生活必需品的费用比只给他提高工资而不降低生活必需品费用会给工薪家庭带来更多的利润。增加工资必须依赖企业业务量的扩大来取得，不降低面向公众的商品价格就不可能增加企业的业务。

与其说劳动者是销售者，不如说是购买者。整个汽车生产过程中最重要的环节就是用户购买。要为购买者提供便利。这样可以创造工作机会，可以创造工资，也可以创造扩大生产和服务所需要的盈余资金。

所有这些任务都是管理者应该负责的。普通工人在任何管理体制下都可以工作。在车间里，工人们并不关心或很少关心他们的方法是否是最好的，也很少关心能否从原材料和工人的劳动得到最好的结果。他们习惯于一成不变的日常工作。每天工作的重要性在于生产价值，这方面属于管理者负责的事务。

假设某个企业在为公众服务的政策方面得以发展和繁荣，企业无法自给自足——它必须从企业外部购买企业所需。企业的供应也会受到威胁。供应原材料的企业一旦管理不善引起工人罢工，其他依赖该企业供应原材料的企业就无法得到应有的供给。交通管理政策的失误常常导致交通费用上涨，影响原材料供应商以合理的价格向客户出售商品。凡此种种，企业管理者便受到企业外部劳工活动和原材料供应商的支配。保护企业客户的利益是企业管理者必须承担的义务。消费者需要买得起的商品，他们害怕商品的价格涨到买不起的程度。

企业——也就是生产者——必须立即决断他对客户的服务是受自己难以控制的外力的限制，还是不得不由自己供应生产所需。如果他像我们那样做出决定，即服务的数量和质量由我们自己控制，那样，他逐渐便过渡到自己生产原材料以及其他事宜，后面我们将对此详细论述。控制原材料供应以后紧接着便是对服务的考验。

我们使用的每一种原材料都有利润，如原煤利润、石灰石利润、铁矿砂利润、木材利润、交通运输利润等。生产厂商应该把这些原材料利润和产品的利润加在一起装进自己的口袋里吗？如果他是一个真正按照用户至上原则做事的企业家，他就只会取得企业发展所需的必要利润，他会放弃各个环节的辅助利润，并将其返回到用户身上。

他利用以前公众给予他的利润获得了企业发展，现在企业可以通过稳定的产品供应、稳定的成本消耗和较低的销售价格回报公众。这样，在一种商品中取得的多种利润便相应削减。

检验一个公司服务质量的标准就是看产品的利润在多大程度上返还给了公众。企业在一种产品的利润种类和总量的削减对社会公众将会很快地产生积极影响。

这样做对一个企业是一种危险呢还是一种优势？如果这样的企业能不断发展，这样做对公众当然是一种优势。企业可以通过向公众服务获得发展，企业的规模大小标志着它向公众服务的能力。另外，企业向公众的服务也会受到企业管理水平和交通运输状况的制约。我们没有感觉到管理上有多费劲，在很大程度上是因为我们的管理体制比较灵活（这个问题我在上一篇中有详细的论述）。我们的企业在发展，各个部门在增加，与此同时，从基层涌现出许多人才便能胜任公司的管理工作。

真正制约企业规模的因素是交通运输状况。如果产品运得特别远，企业就无法提供应有的服务——这样等于限制了它的规模。从生产工厂到用户运输环节和距离太多。

如果把低销售价格和高工资视为危险的话，那么，大工业就是一种危险。另一个值得重视的问题是，有些公司成立以后，没有去提供服务，只注重销售股票。

有些人认为大公司有危险仅仅是因为它规模大。他们相信企业利用本地资源自给自足的老方法。这种方法在一百年以前是好方法。鞋匠在自己的小镇里制造鞋子——他们做的鞋子的确不错。当地马车制造者为整个小镇制造马车。

在企业筹建过程中，我们一定要记住，为每一个发明创造和革新领取工资或利润的人，正是那些最终购买这些新产品的人。如果没有人去弥补生产消费，那么，任何新的工业产品包括拖拉机、汽车、脱粒机、火车机车都开发不出来。

那些旧的商业思想，包括乘人之危赚钱的做法，也不再为一贯奉行此类商业规矩者所坚持。美国的商业思想要以经济科学和社会道理为基础——也就是说，我们要坚持在遵守习惯法的前提下从事商业活动，再也没有比商业活动对其他人的影响那么大、那么持久了，我们不必要求对商业活动进行统一的公众规定。公众总是不会忘记给商业活动设定规矩的。对于一个文明而智慧的民族来讲，想要超级控制或垄断某种商品简直是不可能的，一个不愿意对茶征税的民族怎么可能容忍别人完全控制他们的生活必需品呢？一个解放奴隶的民族怎么可能再把自己变成奴隶呢？别针生产者有权生产好别针，否则，其他人会取而代之。真正的控制权在公众手里。

不管大企业或是小企业，都是因市场的需求而做出反应，而市场需求则是由服务所带动。服务一旦停止，需求便不复存在。如果需求没有了，那么，何来大企业呢？即使把全世界的钱加在一起都不能制止美国人民的竞争精神。把一件事做好有助于把另一件事做得更好。

企业是因公众的需求而发展。但是，任何时候企业的发展都无法超过需求。任何垄断都比不上公众对服务的反应。唯一可能的垄断是以提高最好服务为基础的，这种垄断是一种优势，对大家都没有好处。任何别的试图垄断某个产业的行为不过是变相浪费资金。

但是，大公司的增长会不会扼制个人的创造力呢？年轻人还有没有前途呢？

一个人是到别人的企业里就业好呢，还是自己创业好？清楚下面两方面的情况再问这个问题是可以理解的：现在开创私人企业的机会比以前多，到别人工厂里就业和开创自己的私人企业各有利弊。

有些人总是不断地跳槽。在任何一个行业里都有这样的人：他们曾经开创有自己的企业，后来他放弃了。也有另一种人：他们希望有一天辞去现在的工作，自己当老板。

那些放弃自己的企业到别的工厂就业的人有各种各样的理由。有些人觉得受不了那种压力。他们很适合听从调遣，但不习惯指挥别人，甚至无法使企业的服务赶上时代的发展或形势的变化。所以最后他们选择在别人的指导下工作，这样，有稳定的有限收入，也有空培养自己的业余爱好和随便做点别的什么。

有些人选择在别人的企业里任职是因为他们看到，在现代企业里，他们的才能有更广阔、更有利的施展机会。他们终生梦寐以求的显然就在他的身边，而且由其他人为他铺就，他只需在其中即可。

这就是现代企业对青年人的魅力所在：他起步的机构已经磨合成熟，准备了走向更加成功的条件，因为它积累了丰富的经验。

如果说在自己开创企业的过程中，创业者体会到一种竞争精神的话，那么，在他人的公司里就业更能感受到合作的气氛。现代化大企业的发展依赖于许多人的聪明才智和奉献精神。这种合作的基础是人们对工作的共同利益，而不是个人爱好或感情协议。

同时，在大企业中升职的机会和竞争能力的提高比私人企业里更多、更大。因为那里需要更多的人去填补各种机会，而且报酬更多。在美国，大企业的薪水比小企业的利润更丰厚。那些认为企业会嫉妒员工进步的思想是过时的。只有企业内部员工的才智获得充分发挥的情况下，企业本身才能获得提升。企业的生存离不开企业所激发出来的员工的智慧和活力。与小企业相比，每个大企业都需要更多、更好的人才。这种对人才的需求越大，企业所提供的机会越多。

我们现在的情况是，要做的事要比我们现有员工所能做的要多。所有这一切都是大企业所带来的影响。

当人员比机会多时，总是会出现异常激烈、通常又不人道的争斗。但是，认为这是现代企业基本规律的说法是没有道理的。现在条件已经发生了很大变化，我们知道良性的正常的竞争有助于企业的发展，因为过去机会稀少的很多领域都出现了更多的机会。

以服务为宗旨的大企业会规范自己的行为，调整自己的规模。但是，如果企业在经营中主要依赖金钱的影响，而不是全神贯注于为用户服务，那么，问题就出来了。

第三章　获取利润，有什么错

去年，福特汽车公司直接向工人支付工资 2.5 亿美元，因各种购买而对其他行业的工人支付 5 亿美元的工资，另外，向服务中心的工作人员和交易商支付 2.5 亿美元工资。算起来，去年公司以工资的形式共支付近 10 亿美元。

从第一辆汽车到生产第 100 万辆汽车，大约花费我们 20 年的时间和心血——1915 年 12 月 10 日，第 100 万辆汽车出厂。1921 年 4 月 28 日，我们生产出第 500 万辆汽车。1924 年 6 月 4 日，我们生产出第 1000 万辆汽车。从那时起，我们每年都保持 200 多万辆汽车的生产水平。

1922 年，我们购买的车辆是我们制造的三倍。现在还保持两倍的水平。现在，我们将最低工资标准从每天 5 美元提高到每天 6 美元。但是，我们的汽车价格比 1914 年下降百分之四十多，而那时工人的工资标准只有每天 2.4 美元。在几乎所有其他商品价格不断上升的同时，我们的汽车售价一直在稳定降低。一部旅行车可以按每磅 20 美分购买——那可是高度技术的结晶，用的是最好的原料，最先进的设备，其每磅的价格竟然比牛肉还低。

我公司数额不菲的利润都用于公司的发展。公众通过购买我公司的产品建设了我们福特公司。公众通过按照一定的价格购买福特公司的汽车，而不是股票或证券对我们公司认捐了款项。我们卖出的产品价格一般高于产品的生产成本——尽管我们把价格降到几乎看不到利润的地步，而且为了获得这一点点利润，我们总是想方设法降低生产成本。

公司每年都有赢利。几乎每年的全部利润都流回公司的生产中，用于购置设备以进一步降低生产成本，提高工人工资。公司利润从来没有用于投资在房地产上。我们没有把这些钱用于一些为获取利息而进行的投资上。这笔钱是公众的钱，对我们公司产品放心并给我们钱的公众有权因此而获得利益。我们无权通过这些对我们公司的投资而获取利息。

当然，我们公司要不断获得利润。也许利润率确定得不合理，也许利润的用法也欠妥当。但是，一旦出现这种情况，利润很快便成为无源之水、无本之木。一个获取太高利润的企业和一个赔本经营的企业一样，都不会有太长的寿命。

不管产品多好，但是如果产品的生产和销售没有赚钱，那么，其生产将会中止。产品和服务的质量根本无法弥补亏本经营的损失。利润是企业生命之本。随着企业的业务逐渐增多，产品的成本也相应下降。维持一个门可罗雀的车间要比一个门庭若市的车间花费更多的钱。公司每一个经理的职责就是通过质优价廉的产品来促进企业的业务发展。一个国家的信心和活力的维护要通过降低产品成本从而降低产品价格来进行。提高价格比政府对人民课以重税影响更大。良好的管理将带来较高的工资、较低的售价和日益增加的业务，差的管理则只会对企业的创造精神带来负担。

这个道理不言自明。暴富者无法永保财富。为了财富而致富是白费功夫。有些企业的唯一宗旨就是某个人发大财。使某一个人富裕或让一个家庭富裕的企业没有稳固的发展基础，这个目标一旦实现，企业便无法存在。的确，贪财会导致企业的产品质量下降，企业的业务将因为对公众的服务降低、收费增加而毁灭，更不用说某个人致富了。

企业必须赢利以满足那些参与投资、但没有实际参加经营的人们的需求。他们是不在场的分红者。这些利润不会增强企业的力量，相反只是从企业挖走资金，只会增加企业外部的闲散资金。当然，并不是所有的游手好闲都是不对的。在我们国家，有数百万的孩子在学校读书，他们的闲暇和教育是建立在有人工作的基础上，老年人和病残者也是这样。但是有些不合理的闲游者也是靠别人劳动而生活的。

一个企业就是要对与之相关的每一个方面支付一些钱，因为企业的运转离不开他们的参与。企业应当向经营人员的智慧、工人的生产劳动能力付钱——企业还要付钱给支持帮助它的社会公众。一个不能为销售者和购买者带来利润的企业不是好企业。如果一个花钱购物的人还没有一个把钱装在口袋里的人富裕，那么，肯定出了问题。由于商品交换，购买者和销售者都应该更好过一些，更富有一些，否则平衡会被打破。各种不平衡积累在一起，这个世界迟早会翻天。任何商品交换如若不能给各方带来利润，对社会都不利。

参与生产或提供服务的企业本身也需要不断获利以保持其增长的势头。利润会防止企业过度紧张而衰竭，也会促进企业的发展。增长才有生命，要增长就必须有利润再投入企业中。

这样说是对企业而言——不是对企业主也不是对企业的董事长。和其他工人一样，企业主或董事长的收入也是企业成本的一部分。利润归企业所有——保证企业继续提供服务和发展。企业要受到格外关心——正是它给生产者创造了就业，给公众提供了有用的服务和必要的服务。

利润的多少要按照合理的设备更新和必要的企业扩张来确定。

有一些限制具有灵活性——但仍然是限制。有时候，人们常常抱怨企业扩大规模，好像规模扩大具有潜在的危险性。前一章我们所谈都是违背服务至上的原则。人们担心的应该是企业没有增长，因为这样对公众的服务也不会增长。

现在，不妨看看我们的福特公司。福特公司是如何使用公司利润的？我们用公众的钱都做了什么？我们的服务如何？

从1921—1922年我写《我的生活与事业》到现在，我们公司生产拖拉机和汽车的能力已经增长了两倍。我们现在几乎不用当时的方法生产一个机器零件了，或者说不用当时的材料生产零件了。我们逐步过渡到使用最初级材料。我们只做发动机相关的车辆业务，不做其他任何业务。我们所做的一切都围绕生产汽车或拖拉机。加拿大福特汽车公司共有88个工厂，其中60个在美国，28个在国外。哪一个工厂也不能独立生产一部整车。在所有美国的工厂中，有24个工厂专门生产零部件，34个工厂负责组装，或部分生产零部件，部分组装汽车。

我们国外的主要工厂在爱尔兰的考克和英国的曼彻斯特。在安特卫普、巴塞罗那、博道克斯、布宜诺斯艾利斯、哥本哈根、蒙特维狄奥、波耐布克、鹿特丹、圣地亚哥、圣保罗、斯多克赫姆、特里斯特柏林、墨西哥、约克哈马、哈瓦那有装配线，其中有些工厂生产一些零部件，或正准备生产零部件。加拿大福特汽车公司还在下面这些地方有工厂或分支机构：安大略、加尔各里、蒙特利尔、利吉那圣约翰斯、多伦多、温哥华、温尼皮格、南非、伊丽莎白港、澳大利亚吉隆。

分支公司还有：澳大利亚的福特汽车公司；生产和销售部门有：吉隆、布里斯班、阿达莱德、悉尼、佩斯、赫博尔特等。我们在美国的工厂分布在迪尔伯恩、绿岛、汉密尔顿、霍登、格莱顿、钢山、林肯等地，分支机构则遍布全国。

我们的产业部门都是围绕汽车生产或因汽车而建立的，主要有：飞机，采煤，焦炭厂，副产品生产，铅矿，钢铁制造，铸造，工具制造，机器制造，卡车、轿车和拖拉机制造，玻璃制造，人造革，钢线厂，纺织，发电机，电池，纸，水泥，发电厂，水厂，收音机，印刷，照相，面料，医院，商店，海洋运输，铁路，湖运，等等。

我们种类繁多的生产和销售进行得都很顺利，因为公众发现我们的产品很有用。我们只要按照客户和工人的需求增加生产即可，用不着采取别的步骤。我们不是为了建筑而建造大楼，我们不是为了生产而生产。我们的每一步都是以汽车制造为中心。

如果那些向我们销售的厂家不按我们认为合适的价格供货，我们就自己动手去生产。有时候，我们直接采集最初级原料，有时候我们生产的不多，因为我们只是为了熟悉生产过程以备急用，有时候我们生产某种产品只是为了检测我们付的价格值不值。在批发过程中，我们也采取同样的方法。我们自己有湖运船只、远洋船只、铁路，它们能够帮我们了解运输费。所有这一切都是为了向公众服务，因为，除了铁路是一个独立的公司以外，一个新部门都会成为汽车制造业的一部分，所节省下来的开支都是为了公众的利益。

例如，虽然我们不想搞橡胶生产，但是，我们自己可以生产橡胶轮胎。橡胶的价格有可能被抬高得很离谱。无论如何，我们已经做好准备。这样，我们绝对不会因为缺乏汽车轮胎而关闭工厂。

我们购买任何东西都是根据生产成本，而不是市场价格，我们认为这样做可以提高服务水平，否则，就有可能与客观不符。在生产中，我们自己给自己施加压力——有时候我们随意确定价格，然后，我们尽全力达到它；然而，如果我们只是简单地接受了别人提供的价格，我们就不会达到那个水平。对于我们要购买的任何东西，我们都奉行同样的原则——结果是，各个部门无一例外地繁荣昌盛。

举一个具体的例子。在完全执行这一政策之前，有一个厂家为我们制造一定样式的车体。他的生产规模不太大，因而利润也很薄。我们通过计算知道，这些车体完全可以按照他要价的一半生产出来，我们要求他降价。他第一次感到了降价的压力，当然，他认为他只能如此。他的利润表明他不可能降价。商业就是这么奇怪：人们总是以过去的所作所为来判断将来如何。过去只是过去，人们从过去可以学到一些有益的东西。

厂家最后勉强同意试一试能否以原价的一半进行车体生产。接着，他平生第一次明白了怎样做生意。他得给大家提高工资，因为他得招聘一流的人才。在强大的压力下，他终于发现他可以在各个环节上压低生产成本，结果，降低售价后，他挣的钱比原来多得多，他的员工也获得了高工资。

经常有人说，由于竞争激烈，工人的工资得削减。但是，降低员工工资将不可能在竞争中获胜。降低工资并不等于降低成本——相反，这样做增加了生产成本。获得低消耗产品的唯一途径就是为提供高水平服务的员工提供高工资，并保证各个生产环节都能获得高水平服务。像车体生产商这样的事例我们还有很多，我相信我们的政策符合公众的利益。

我们所取得的最重要的基本进展就是使用越来越多的动力，包括水电和煤火力发电。迄今，随着福特森电厂的竣工，我们将具有一个电厂发电50万马力的能力——在下一章我们将详细讨论这个问题(这个电厂坐落于罗杰河畔,我们以前曾经以该条河命名电厂)。电力的供应是生产的源头。其他重大进展是采集煤、铜矿和木材,扩建福特森电厂,建设迪尔伯恩实验室,兼并林肯汽车公司,形成三栖运输的格局,建设遍及全球的新工厂,以及开发玻璃、水泥、人造革、化工产品和亚麻产品。但是,重要的是在所有这些部门的开发中,只有两种副产品销往福特公司之外。所有其他部门都是汽车的有机组成。例如,我们利用矿渣生产水泥,但是,我们的水泥生产量还不能满足公司内部的建筑需求。两种销往公司外的产品分别是硫酸铵和苯(其中前者是生产橡胶时的副产品)。在公司的运输中,我们消耗很多苯,但是还有剩余,所以我们就将其作为发动机燃料对外售出。市场上苯的需求大于供给,所以,苯的销售不成为问题。共有88个点销售我们公司的苯,飞机广泛使用这种产品,有时候,我们也在大湖上送货回来的船上装一些煤拉回来卖与客户,但这只是减少运输成本的一个手段。

有些部门的设立则属于应急措施。例如,玻璃制造。汽车从一个夏天使用的露天交通工具到全年使用的封闭的交通设施,其变化既大又快,但是,谁知道这种变化给玻璃制造行业带来多大的压力呢?我们使用了美国生产的所有平板玻璃的四分之一。

但是,玻璃越来越奇缺,所以,我们不得不购进设备,在匹兹堡附近建设自己的玻璃生产厂,现在这个厂的平板玻璃很有名。三年前刚购进制造设备时,该厂每年生产600万平方米的玻璃,其中百分之三十不适合汽车装配。现在,只是稍稍增加一些设备,机器和人员没有大变化的情况下,我们每年可以生产800万平方米的玻璃,其中只有百分之六不适合我们使用。最主要的变化就是采用了每天6美元的最低工资标准。

在该玻璃制造厂，为了使生产不间断，我一直采用旧的制板方法，而搁置了我们在罗杰河工厂后来发现的新方法。如果将这些方法与我在下一章里描述的新方法相比较，你就会得到一些几乎在任何一个制造行业都能采用的节省措施，只是需要有足够坚定的破除旧传统的勇气而已。

玻璃原料先在土罐里混合、熔化，每个土罐可以盛 300 立方米液体，土罐由半寸厚的金属板组成。一个高炉装配十个土罐。当准备浇灌玻璃液体时，首先用吊车将罐子从高炉上卸下来，运到铸模台，然后将液体倒入罐中，并将其调配到合适的状态。然后焖火加温，降温以便加工。下一步就是磨光。

接着就是逐层涂抹玻璃，之后，再送入打磨机器中。这时期，要使用七种不同的磨蚀剂，从粗砂到金刚砂等。磨光后，再将各种磨蚀剂洗去，送上抛光台。在抛光台，先在经过处理后的玻璃原体上放一些铁丹，并将其均匀撒在上面，然后再磨光。这一过程要反复多次。可以想象，仅此一程序就相当漫长而耗费不少。

土罐的生产是福特公司中最具古典风格的一景。全部要由人手脚并用完成。工人们首先用光脚把泥踩匀，然后再用手一层层地垒起来，并且要保证不要留缝隙——如果稍有间隙就会在熔炼过程中出麻烦。现在还没有设计出造土罐的机器，即使有也没有手工做的好。而在我们的新生产程序中，我们就没有这样的手工作业——我们连罐子也不用。

为了建设这个玻璃厂，我们不得不在 18 英里以外的卡伯特买下一座硅石矿。那里有 40 个人，负责采石、粉碎，每天运输八至十车皮硅矿砂。我们现在使用的人都是以前在矿石厂工作的原班人马，但是，每天 6 美元的工资和稳定的工作环境却使他们的工作面貌焕然一新。他们几乎全是没有技术的劳动工人,因为按照我们的计划,他们几乎不需要什么技术,只是要不停地走动而已。他们待在这些工作岗位上,不停地工作,不断地投资,他们很多人都搬出了破屋子,正在筹建新居。在新生产程序下,每个人的工作效率是过去的两倍。我们的生产成本的确很低,因为所有的工作都是由机器来完成。

另外还有——矿石场和粉碎场都要保持清洁。这是我们的绝对原则之一——操作的每一步骤都要在清洁状态下进行——如果一些机器容易脏,如粉碎机,就设计一些机器来清除脏物。员工不能在不干净的环境下工作,也不允许我们周围的环境,如树木、庄稼受到污染。

为了获得稳定的铁矿砂的供应和减少运输环节,我们在离钢山以北80英里的密执根姆买下"帝国铁矿",现在这里已经成为我们的伐木中心。该矿已经有十年不生产了,但我们认为这个矿不错,而且交通便利,不会有什么浪费。这是我们的第一个铁矿,但我们还是奉行一贯的用人原则,将完全了解我们的工作方法和政策的人置于该矿的领导地位。

我们的首要工作就是要打扫卫生——为了弄明白做什么,这是前提工作。我们买下的铁矿,由于废弃多年,杂草丛生,遍地脏物。所有矿山都不干净,好像已经形成传统。脏地方我们可待不起——付出的代价往往很高昂。然后,我们开始采矿,边干边学。

最初步的条件是,要给矿工们好的工资待遇,让他们生活在安全且舒服的环境中。这个我们都做到了。

这一片简直像一处坐落在郊区的移民区——一切都被漆成浅色,这样,稍有脏东西便能看出来。我们刷漆并不是为了藏污纳垢——漆成浅淡色就是为了清洁。过去那里的住宿条件很差,虽然住房问题不是我们的分内事,我们也不乐意管这类事,但是这一次却例外,我们只得像在煤矿和伐木区所做的那样,为单身汉建起宿舍,而且是每人一间;然后我们为结过婚的员工修建可移动房屋,当然现在已经为套房所取代。我们每个月收取12美元的房租,包括照明费在内——整个矿区灯火通明。原来的学校在一座大仓库里,现在,我们还为矿区建设了一流的学校和商场,不出矿区,可以用成本价购买一切生活必需品。

当然,我们也引进了规范工资制。我们的工资标准吸引了来自全国各地的优秀矿工,虽然我们一次只能雇用不到225人,但是,申请工作的人数却有几倍多。工人每天工作八小时,不用加班,人员调整可以忽略不计。我们可以不断地提供工作机会——工人需要这样的工作机会。

我们并不假装对铁矿知之甚多——我们做铁矿时间不长;但是,很显然机器可以在铁矿中更大规模地发挥作用。在这方面,我们进展得很慢,因为我们当时想尽可能保证矿工的安全。在地下采矿是一件很危险的工作,安全是第一位的。我们要确保万无一失,所以,在我们矿里发生的事故很少。

矿山和矿区里的一切都做得井然有序。采矿分三个层面,每个层面相隔200米。为了矿工们的安全,爆破矿不都是在每个班收工的时候。矿砂由电车运输。各个层面的矿砂再通过鼓风机从电车里吹到斜槽中,斜槽终端有个大桶,矿砂再经过每个大桶倒入车厢,再由钢丝绳将每个装满矿砂的车厢拉到地表。

矿山检查员要定期检查矿道的墙壁和天顶。矿区中有安全委员会始终保持安全警惕,为了保证安全,整个矿区都要充分合作。在处理瓦斯爆炸时，有各种严格的预防措施。工人头上戴的安全灯必须保持离瓦斯气 25 米以外的地方，有瓦斯气的地方也有标志显示。

在矿山的通行道处，安装有大量的排水系统防止渗漏，另外，还有热气管道用以保持通道的温度和干燥。矿工们穿的是防护服和橡胶靴。下班后，每个工人都可以在公司的淋浴室里洗个澡换衣服。下班后，工人的工作服要经过加热和干燥处理。全年不间断采矿。矿石先经过铁路运到马尔奎特，再由公司的轮船运到福特森。当航运停止的冬季到来时，矿砂先贮存在装运处——这一切都由机器执行，而不是依靠公司里的驴或马。

现在，我们每年可以生产 20 万吨铁矿砂，成本很低，比那些低工资标准的矿场都低。除了这个矿场以外，我们还陆续购买了其他矿场。

这就是如何利用公众资金的过程——在以后各章中我们将进一步论述。我们获得的是利润。难道获得利润有什么不对的吗？

第四章　世无难事

令人奇怪的现象是：人们对电力和机器发明前所采用的工艺方法特别留恋。我们唯一值得关注的是那些能做好工作的传统。其他被称为传统的方法还是视为实验方法最好。

在淘汰旧方法时，首先要废弃的是这样一种观念：由于人工劳动价格低廉，完全没有必要开发使用其他动力。劳动力不是一种商品。我们知道，企业的员工应该是企业本身最好的客户，在这个目标实现之前，开始执行工资动机是不可能的。员工的价值绝对不是看他的工资多少，企业不能把付给工人的工资视为交通运输费——尽量减少、压低到工人所能忍受的程度。企业不能随波逐流，它应该在管理者的领导下阔步向前。

很多人好像总理解不了这个道理。最省事的方法就是随大流，别人怎么做就跟着做，顺其自然。如果你做一点事，就要心满意足，这不是向客户提供服务的方法，也不是好企业做事的方法，这样做甚至连挣钱的方法也不是。当然，照老方法做事，如果运气好的话，也能挣到一二百万——就像一位赌徒偶然火爆一把。真正的企业绝不能像赌博那样。真正的企业要创造自己的客户。

正确的态度是，要找出做事的最好方法，把企业里的一切都看作纯粹实验性的。如果在生产上与过去相比，我们取得了很大进步，那么，这也只是生产的一个过程而已，并无其他意义。也不能对此大加夸张。我只能从这些变化中知道，我们可以获得更大的进步，因此，任何一个简单的企业行为都不是孤立的。

我们并不是为了变化而进行变化，但是，一旦我们发现新方法比旧方法好，我们就进行变革。我们的职责是，消除前进道路上的任何障碍——在提供更好服务的道路上，也就是提供更高工资和更低售价的道路上。

背离传统不是一件容易的事。这也是我们的新方法总要由那些没有经验的人来领导的原因，因为他们对"不可能"这个词并不熟悉。当需要帮助时，我们总是让机械专家来支援，但是领导工作不能由技术人员来占据。因为他们按常识判断，很多事情属于不可能做到的范畴。我们对于"不可能做到"的回答是："只管去做"。

拿玻璃板制造来说吧。上一章描述了我们格拉斯摩尔工厂制造玻璃时所使用的办法。这种工艺与几百年前没有什么两样。玻璃制造历史很悠久，它的传统都是以泥罐为中心的。我已经讲过，这种泥罐必须手工制造。泥必须用人的光脚踩匀，然后再用手垒。当然，现在已经用机器搬运这些泥罐，有些传送机也被采用，甚至在研磨和抛光时机器也取代了手工劳动，但是，整个操作本身并没有发生根本的变化。机器被最大可能引入不过是做以前的手工劳动而已。

整个操作长期没有得到彻底研究，以找出最基本的因素何在。最容易做的过程就是用机器劳动取代手工劳动，人们并没有最充分利用电力；最困难的过程是一切从头开始，找出一个全新的生产方法，其中所有生产过程都是靠机器来完成的，人员只不过看护一些机器而已，而绝对不是简单地以机器代替手工劳动。这是与手工劳动截然不同的机器作业概念。

我们曾认识到，我们应该用一条流水线来生产玻璃，其中绝没有手工劳动。天底下的玻璃制造专家说，这些想法都试验过，"不可能做到"。我们把这个任务交给从来没在玻璃厂干过的人。他们

247

首先在高地公司进行试验。他们克服了预料之中和预料之外的困难，但是，他们最终取得了进展。高地公司加上这个小厂每年可以生产250万平方米的平板玻璃，罗杰河边那个大厂是我们可以生产一流玻璃之后建造的，现在该厂每年能生产1200万平方米的平板玻璃。虽然大厂的产量相当于格拉斯摩尔玻璃厂的两倍，但是它的占地面积只是后者的一半，雇用人数也只有后者的三分之一。虽然我们现在的生产还不能完全满足我们的需求，但是，与过去从外面购买相比，我们自己生产的玻璃每年还是为我们节省了300万美元。

生产流程是这样的：玻璃原料首先在高炉中熔化，每一次可以熔化408吨液体玻璃。要把炉内温度保持在2500度的熔点上，提炼温度是2300度。每15分钟向高炉中倒入一些砂子、苏打粉和其他化学物质。玻璃液体先慢慢地不间断地流到一个转动的钢鼓上，在滚筒下被碾成均匀的稠度，然后再流到一个平面上，最后，它又从鼓上流到一个玻璃退火炉中，其流动速度为每分钟50英寸。这个玻璃退火炉有442米长，随着温度逐步下降，液体最后凝结成板状。

建设玻璃退火炉是疑难问题之一，其他人都是在这个问题上栽了跟头。如果不先利用精确的机器制造技术对输送装置进行试验，我们就造不出玻璃退火炉。设计一个长442米移动板，并且保证这个移动板随着滚筒转动过程，温度从1400度下降到最后可以随意处置，这一切绝不是小事。输送装置的运转必须平稳，滚筒的转动也必须协调好，否则，长达442米的移动过程中玻璃液体会改变方向。温度降低的问题用间隙地安装一些温控气苗得的方法以解决。

在玻璃退火炉的终点，玻璃被切成113寸长，每块基本上可以做成六个汽车挡风玻璃，然后再由输送装置运到抛光机上。

被切割后的玻璃块再被送到传动台上，传动台上安装有一系列研磨和抛光轮。研磨轮的中央留有圆孔，沙子和水混合着从圆孔流出，一直流到边缘，在玻璃移动过程中，所用的砂子越来越好，每个研磨器上都有一个刮刀。在研磨过程中，共使用八种级别不同的砂子和六个级别的石榴石。

然后把玻璃板清洗干净。玻璃在抛光圆盘受到铁丹和水混合物的调磨。玻璃从抛光机出来后，翻转过来，再被送入另一道研磨和抛光工序中，最后才是完全可以利用的玻璃板成品，整个过程根本用不着手工。

处理一般砂子用不着手工劳动，处理抛光砂也用不着手工劳动。同样，宝石砂和所用的其他材料也不用手工劳动，一根厚厚的橡胶软管一端与真空机相接，另一端插入原料车厢，原料经过软管被吸到选料槽内，升降传送机将原料载到高处，卸到一个传送带，再由传送带送往贮料箱。

研磨时所用的砂子是在使用过程中被分成不同级别的。它是由一个在技术上叫分布沉降机的东西来完成的。

砂子进厂后，被装进铁道旁边的一个大箱子中。准备使用时，砂子先由水冲到一口井里，再由一个泵经过一条长管道吸入高炉上面的第一配料箱以及附近的研磨和抛光程序中。砂子首先从第一配料箱经由斜管流入第一台研磨机内。在初步研磨过程中，研磨过的砂粒倒入下面的槽中，再由泵将砂粒抽到分布沉降程序中进行分类。

砂子的流动相对而言需要大量的水，在流动过程中砂子会自动分级。较大、较重的砂粒先沉降到第二个箱子的底部；其他砂粒也根据体积大小而沉到不同的深度，从第二个箱溢出来的水将较小、较轻的砂粒带入第三个箱中，在那里另有一道处理程序。从第三个箱子溢出的水带着更小的砂粒进入第四个箱中，这样的过程一直重复直到最好的砂粒进入第八个箱子。

研磨机使用过的各级砂子都又用泵抽回去，重新分层筛选。通过溢出和引力使适合不同研磨机器的砂子进入不同的箱子。在最后一道工序中使用的铁丹砂也是用这种办法进行分级的。

整个程序都很简单，也确实不复杂。每一个深思熟虑而设计出来的程序都很简单。正是由于操作过程的简化和省略手工劳动我们才获得了更大的安全性。玻璃制造过去一向被视为一个危险的职业。现在已有所不同。过去两年内，每个员工因事故所浪费的时间不到一个小时。我们将进一步减少此类损失。

纺织业已经有几百年的发展史，其所形成的很多传统几乎成为流行的神圣而不容怀疑的戒律。纺织工业是第一批使用动力的产业之一，也是第一批使用童工的产业之一。很多纺织业主笃信离开廉价的劳动力就不可能有低成本生产。纺织工业获得的技术成就是巨大的，但是能否使纺织行业的所有业内人士都保持清醒头脑、敢于挣破传统束缚却是另外一回事。

在每天的生产中，我们要消耗 10 万码棉布和 250 码毛布，就全年而言，如果我们每码都节省哪怕一点点，都会是一笔大数字。这就是几年前我们开始纺织业生产试验的原因，在试验过程中，我们不是抄袭纺织业的旧传统，因为我们要在纺织工业中使用发动机，要想方设法避免因棉花市场的波动受影响，而且要把我们的各种原料设备的价格降下来。

起初，我们想当然地认为，我们得用棉花——作为纺织的基本原料，除了棉花，我们还没有用过其他东西。我们引进一台机器并且开始试验，但是，在这些试验刚开始不久，我们便对传统产生疑问：

"棉花是我们可以使用的最好的原料吗？"

我们发现，我们一直在使用棉花，不是因为它最好，而是由于它容易得到。无疑，亚麻布更结实，因为布的力度依赖于纤维的长度，亚麻纤维是所知的原料中最长、最结实的一种。棉花一般都种植在几千英里以外的底特律。一旦我们决定搞棉纺织，我们就得为运输原棉而花钱，我们还得把它装配到车辆上再运回到棉花种植地去卖汽车。在密歇根和威斯康星都可以种植亚麻，在我们身边都有现成的可供我们使用。

但是，亚麻制造业比棉花的传统更悠久，由于大量的手工劳动被视为亚麻制造业的必要因素，因而，谁也甭想在亚麻制造业中大展宏图。

棉花制品价格昂贵，在艾丽·威特尼发明轧棉机之前，种植棉花并没有成为重要的产业。因为棉籽原来都是要靠手工采摘，这件工作不仅费时、费力，而且特别浪费原料和资金。在爱尔兰、比利时、俄国，这样说吧，在所有使用亚麻的地方——亚麻纤纺都手工复原。各地所使用的方法与古埃及没有太大区别。这就是亚麻布价格昂贵的原因，这也是我们美国很少种植亚麻的原因。幸运的是，我们国家没有足够的人手。

在迪尔伯恩，我们的试验开始了，试验结果显示亚麻完全可以靠机器加工。这个工作已经完成了试验阶段，并且显示出商业的可行性。

起初，我们种植400公顷亚麻。先用机器把地整理一遍，然后用机器播种，最后用机器收割、脱干、脱料、取纤维也全用机器完成。以前，这些都没有做过。

亚麻一向需要大量的廉价的手工劳动。在我们的企业中，我们不要一点手工劳动。

密歇根很适宜种植亚麻，当然威斯康星也适合亚麻生长，然而，在威斯康星人们种植亚麻不是为了获得亚麻纤维，而是为了用亚麻籽榨油。为了纤维种植亚麻在我国尚不普及，因为亚麻的唯一市场在国外，因为那里有廉价手工劳动。农民是亚麻的种植者，大的生产国是俄国：该国有大量人口对终年生计无着已经习以为常。美国甚至连研究哪里适宜种植都没有兴趣。亚麻喜湿温天气，但是，一旦我们建立亚麻工业，我们就会开发出很多品种，使全国各地都可以种植并从中获利。

亚麻的珍贵纤维长在亚麻杆芯的外侧，人们一直认为像割麦子那样割亚麻肯定不行，因为必须保持亚麻杆不受损，否则，以后手工作业时就会遇到麻烦。当然割亚麻时总是留下很宝贵的长杆在根部。因此，国外的做法是用手拔，以后便是在地上把亚麻籽摘出来。当然，还是会遗留下很多的亚麻籽。

这样在开始时，按照传统办法，我们仍有两个手工劳动程序——拔亚麻和梳理亚麻的叶和籽。试验时，我们也试图发明一种拔亚麻的机器，但是后来发现没有必要那样做，因为我们只要把亚麻杆挨地面割掉就可以。用机器割亚麻时，也用不着保持平放，因为手工劳动比丢几个籽更昂贵。因此，我们靠机器收割，籽留在植物杆上。

传统方法中下一步就是"沤麻"——将麻捆成捆，上面放上重物压在水里面，几周以后，麻杆就会腐烂。然后再拿出水面，在太阳下曝晒。这一过程全是手工劳动，很脏，很让人烦。因为腐烂的亚麻会散发出难闻的气味；另外，找到合适的"沤麻"水和知道什么时候将其拿出水面也需要良好的判断能力。

接着要做的工作也是手工劳动，而且更让人讨厌，是所有程序中最费钱、最费物的，那就是"剥麻"——将纤维从亚麻杆上剥下来。

按照我们开发的新工艺，所有这些昂贵的手工劳动全部废弃。亚麻割掉后，就放在地上晾几周。然后我们将其打成捆，就像牲畜草料那样。用不着"沤"和"晒"，我们直接将亚麻送上传送带，送入粉碎机中，这个机器是整个工艺的核心，因为它完全取代了用手工将纤维从亚麻杆上剥落的过程。整个机器有六个部分，而且速度各不相同，分别具备不同的粉碎、梳理功能——其技术细节在此就不多讲。反正结果是，麻籽和麻杆都由机器取出来，剩下的一部分是纤维；另一部分是短纤屑。

我们节省了大量劳动力，这些机器不在乎亚麻是如何填进去的。所以不必保持亚麻杆平放。据计算，两个人操作一台机器所加工的亚麻相当于十个人工作几个小时。

亚麻分成两个等级，一种是粗布，一种是细布。对亚麻布的分级是用国外进口的标准设备处理的，同时我们的员工对机器也进行了改进，以后全部投入使用后还会做进一步的技术提高以使之符合我们汽车业的特殊需求。

我们把亚麻加工试验视为我们最重要的工作之一，因为它不仅给我们提供了更好的亚麻制品，而且使亚麻成为农民们很重要的经济作物。

我们每年可以收购五万公顷的亚麻，亚麻很适合轮作。这样，我们就创造了一个挣钱的作物品种，也为全国建立了一个新产业，而且这还不包括亚麻副产品的价值——亚麻籽油、亚麻屑。化学家正在对这些亚麻"废料"进行试验，希望最终发现令人满意的纤维素合成物。这些可以通过各种方式加以利用——液体可以在车顶作为保暖套填料，固体可以在各种电器的把柄上作绝缘体使用。

亚麻的种植、纺织都应该趋于分散，以便于使之成为农业种植的一个补充——与谷物种植、牲畜饲料种植等不同的"卡车农业"。加工亚麻的机器现在由国外进口，这些机器完全可以由乡村生产，成为农民的一项副业。

在棉纺织行业，我们也在进行探索。一开始，我们就抽出一个年轻的绘图员，吩咐他在织机旁研究三个月，看看有没有除传统以外的其他生产方法。迄今，我们在标准的机器作业方面已经取得了一些进展。与我们的需求相比，试验所取得的成就并不大，但是，我们发现制造棉布节省费用百分之三十还是可能达到的——这意味着每年节省几百万美元。每当人们使用机器和进行全方位研究以生产某种物品时，其最后获得的效益总是大得惊人。

第五章　学以致用

除了与我们的既定目标有关的内容外，我们根本不做其他雄心勃勃的研究工作。我们认为，除了生产发动机和装配汽车以外，任何别的事情都不是我们的分内事，做此类事情会干扰我们的具体职能。在迪尔伯恩的发动机实验室里，我们的装配非常完善，可以做我们想做的任何实验，但我们遵循的实验方法仍然是爱迪生式的：试验和纠错。

事实上，我们的任务相当大，我们必须预料到资源可能会枯竭，我们必须寻找节省原料的方法，寻找替代原料和替代能源。通常，我们的试验结果只备将来利用，以防市场情况风云突变。

例如，如果汽油价格涨到一定限度，我们就会实施能源替代措施，引进替代能源。

但是，按照我们的设想，我们的基本责任不偏离我们自己的路，而且要把确定好的事情完成。精益求精的方法令我们的事业更加广泛。我们想节省材料，我们想节省劳动力，几乎每一周我们都有进步。有时候进步较小，有时候进步非常大，但是，所应用的方法是一样的。奇怪的是，有些我们认为做得很好的零件经过试验都仍有极大的改进余地。

比如有一个零件，我们在实验中发现，仅仅再加入价值两美分多一点的材料就能使该零件的成本下降百分之四十，也就是说，使用新方法只需比老方法多使用两美分的材料，产品的成本就从以前的 2852 美元下降到现在的 1663 美元。

从开始制造汽车一直到近几年前，我们都是用木材制造方向盘。这算是一笔不小的浪费，因为只能使用最好的木材，而木制工艺不可能达到高度准确。同时，在迪尔伯恩的农庄中，我们每年都有很多稻草浪费掉或干脆送人。后来，我们从稻草中开发出了一种替代物，这东西看起来像硬橡胶，其实不是。汽车方向盘的边缘和总共45个车零件（绝大部分是电源相连的零件）都是从这些稻草中制造出来的，产量非常大，农庄只能满足九个月的生产需要，我们还得从外面买进稻草。其程序如下：

将稻草、橡胶、三氧化硅、硫酸盐和其他物质混成大约150磅的堆，然后送入橡胶机器中，加热45分钟左右，再进入铸管机，之后从铸管机中成圆柱状出来，把这些圆柱混合物切割为52英寸长，外面涂上一层厚厚的橡胶，最后加压加热，使之成圆轮形状，将温度下降，圆轮由软变硬，圆轮便成为方向盘的前身。

下一步便是对方向盘进行最后加工，就是磨光和雕饰，并将压缩钢丝网放进去，然后再用机器加固并且留有螺丝孔，方向盘就完全造成了，只剩下装配到汽车上了。

我们因此节省了一半的木料——我们节约和保护了森林资源。

整个轿车要使用15码人造皮革以装配车顶、车窗和垫子，根据不同的需要，所使用的人造皮革也分为五个等级。使用天然皮有一些困难，首先，天然皮价格昂贵；其次，也没有足够多的动物能满足我们对天然皮的需求。在开发令人满意的人造皮革方面我们遇到不少麻烦——前后共花费了我们五至六年的时间。首先，要找合适的材料制造合成布，它是人造皮革的基料，然后才能进行其他程序。制造自己的人造皮革不仅可以保持我们独立自主的能力——是我们行动的初衷——另外，每天还能为我们节约1200美元。人造皮革生产的基本程序如下：

将棉布送入炉中。炉子上有一系列的塔，每个塔的底部有一个盛满涂层用的混合物。当棉布经过时，上面浇上一层液体混合物，并用刀先将液体分布均匀。之后，涂层后的布料再进入800度左右的高温塔，布料在这里被烘干。第二个塔再加一层涂料并被烘干，这样，前后一共经过七次涂层。

布料每经过一码都要计算出其重量以确定涂料量合适与否，之后再经过700吨的加压。最后一个炉子是涂上最外部的装饰料和粘合胶以使其牢固。

我们使用的液体混合物中有蓖麻油、黑漆醋酸盐等物质。这些物质易挥发，容易烘干。汽油、醋酸盐和苯炉中会被蒸发成气体，但我们研制同一种设备可以将其变为液体，炉中的汽体会被吸进木炭壳中，直到木炭完全饱和为止。炉中充入蒸气将混合气体驱入压缩器内，经过高压作用，混合气体变成最初的液体混合物。最后，有百分之九十的气体混合物还原。当一卷布快要用完时，就有人在一端将另一卷布送入，这样，整个涂层程序就不会中断——这一点非常重要，因为即使是一点的延误也会使混合物在刀片上凝结、沾固。

在整个工厂里没有电灯，所有的人工照明均来自工厂外以防止火灾。所有的机器都安装在地面上,各种防火设施和炸药工厂一样。我们没有发生过任何事故。

以热处理铁非常重要，因为这样即使零件更加结实耐用又变得更轻巧。但是，加工过程也相当精细，零部件不宜太软，否则容易弯曲变形；也不宜太硬，否则容易折断。精确的硬度依据零部件的用途。这是基本的，不难做到。但是，加工大批零部件并且使每一个零部件软硬适宜并不容易，也不是谁都能做到。

老方法是靠员工凭主观猜测。我们可猜不起。让这一切依赖于操作者个人判断——我们承担不起这样的风险。在我们以前的热处理程序中，我们原以为已经很先进了。当时我们的确还算先进，同为只需对它们稍稍进行培训，再加上机械操作，我们就可以取得统一的标准零件。但是，热处理部牵涉到热和重体力劳动，我们不愿意在自己的工厂里还有这样的工种存在。重体力劳动不能由人力来做，而要留给机器承担。另外，有些像轴承类的零件，冷却后总不太直，经过热处理以后，还要再拉直，这样就增加了成本。

我们将提高热处理程序效益的任务交给了一位年轻人。他摸索了一两年后，有所收获。他不仅削减了员工人数，而且设计发明出一种离心加固机。该机可以在低温状态保持部件平直。这样零部件就不会弯曲，也用不着拉直工序了。电炉代替气炉是一个大的前进：原来，七个人操作一座热汽炉，每小时只能拉出1000条铁丝；现在，由两个人操作两台电炉，每小时可以拉出1300条铁丝。

在新的热处理程序中，加工轴承的设备安装在一座两层高炉膛的炉子里。每隔一分钟，杠杆就慢慢地将轴承推到下层炉膛。轴承完全通过下层的炉膛需要28分钟，其间温度一直由温控装置保持1480度。

轴承从炉的另一端出来，先由一名员工用钳子取出来，再送进一台滚动器中。滚动器的旋转速度为每分钟四转，滚动器匀速运动使加工部件的各部分及时降温。这一程序基本保障了轴承获得均衡而合适的硬度，同时又不会变形。

淬火后的轴承被传送带送入炉的上层，加温至680华氏度，45分钟后出炉，之后再被送入最后一道工序加工。

这些变化看起来并不重要，但是，仅热加工后的拉直工序，四年就为我们节省了 7600 万美元。

我们曾经调查过电池的生产过程——经过一段时间的试验后——我们进入任何一个领域都要进行各种试验——我们发现，我们可以生产出比购买价便宜很多的电池。

轿车和卡车一样，每辆车都需要 162 个锻件，因此，我们建立了一个锻件车间，每天消耗 100 多万磅铁，经过反复革新和试验后，由于把各种锻件放在一起完成，从而给我们节省了几百万美元——将锻件压到本体上，而不是像一般那样锤上去。我们的目标就是将工序尽量简化。

有些零部件比较小，铁棒必须截断才能加工。落锤上装有一个切割刀片，当落锤撞击时就会将多余的铁棒割开。有些落锤还装有多个功能相似的压板，可以同时加工多个小零件。

根据零部件的不同要求，需要锤击和粗锻的先后顺序也不相同。轴承先进入粗锻机器进行粗加工，分成两部分后再进入落锤。

有些锻件从落锤中出来后，外部会留有大量铁锈。为了解决这个问题，我们装配有 80 个磨光压榨机。压榨机装在传送带上，零件一出机，上面的铁锈就会被立刻清理掉，传送带出车间后，铁锈会被装进废料箱。

为了加工制造一些要求精度的锻件，我们还设计出类似的机器，其误差保持在三十二分之一英寸之内。

这样的技术改进和创新在我们这里举不胜举——我们笃信，为公众提供质量更优、价格更便宜的产品是我们义不容辞的责任。

第六章　时间的意义

一般来说，向原材料或成品投入的资金被认为是流动资金。这是商业用钱，这一点确凿无疑，但是在需要之外的原材料或成品就是浪费了——这种浪费与其他浪费一样，会造成高价格、低收入。

时间因素由原材料从地底开采出算起，延续到成品被送交最终消费者手里之时。这期间囊括了各种形式的运输，同时还要兼顾服务方式。这是一种节约与服务的办法，它与电力的应用及劳力的分配同等重要。

如果我们现在以 1921 年的方法运作，那么，我们将拥有价值约 1.2 亿美元的原材料，而将它们制成成品售出又需花费 5000 万美元。也就是说，我们对原料与成品的投入资金将近两亿美元。然而现在，我们平均投入金额仅有大约 5000 万美元。或者，换而言之，我们对原材料成品投入的资金比起生产量仅为现在一半的时候所投入的资金还少。

自 1921 年以来，我们的业务大大扩展，然而，这种扩展结果是利润滚滚而来。按照我们过去的办法，业务扩展就会造成铁、钢、煤或制成的汽车在仓库里成堆置放。而今我们一个仓库都用不着！

我们是如何成功的，将在本章的后面提到，但是现在要提及的关键是在服务中的时间因素。手头拥有超过必需的两倍之多的原料——换句话说，相当于拥有所需人力的两倍——这与雇两个人干一个人可做的活无异。雇两个人干一个人干的活是对社会的一种犯罪。同样，如果一种产品在 250 英里内能够找到，却由 500 英里外送到消费者手里，这也是一种犯罪，因为用铁路本该在五天内运到，却运了十天，简直犯了大偷窃罪。

这个国家是建立在交通的基础上的。大型铁路线四通八达，使我们组成一个国家——我们的贸易没有政治障碍，而铁路又为我们扫除了自然屏障。一般来说，生产都集中在东部，因为众所周知，东部煤、铁储量丰富，因此，同样原因，大部分成品的消费者也集中在东部。但是如今，由大洋西岸到东岸，大城市云集——过去所有生产集中在东部，现在人口众多，我们的铁路几乎快应付不过来。

有时候，大工厂的一个小部门也会很有成效。我们的福特森厂就带来了利润，因为它将原材料经济有效地汇集在一起。我们的成品，或船运或集中起来，所用运输费都是最低的。但是如果福特森用的不是笨重而又庞大的原材料，那就无利可图了。它的盈利是因为无论是运入还是运出，它的运输速度都很快。按常理，建大工厂是不划算的。一个仅制造一种零部件的小厂用电廉价，它比一个用电同样廉价却生产所有零部件的大厂要经济——即使大厂分为各个车间。至少这是我们的经验之谈，这一点我将在别的章节论及。现在电费与运输都在控制之中。

我们可能经常重申浪费会时常发生。将一个病体医治好是一种成就，但是防止生病是一种更高的成就。生产之后，拾起并回收剩下的碎屑对社会是一种贡献，但是妥善计划，不造成碎屑剩余则是对社会的一种更大的贡献。

时间的浪费与材料浪费不同，它无法补救。所有浪费中最容易的，同时又是最难纠正的就是对时间的浪费，因为浪费后的时间不会像浪费的原料一样，零七碎八地堆在地板上。在我们厂里，我们

261

视时间为人的精力。如果我们买的原料超出我们生产的需求，那么我们应闲置人力——可能它将贬值。一个人可能搞投机，事先买下许多原料希望能够不劳而获，这也同样是可怜而又可悲的，因为几年后，亏损量会比投机的获利还多，对于投机者来说，他的纯赢利相当于零；而此时由于整个厂没有按照一般的贸易方式运作，而是迂回前进，也将遭受损失。另一方面，将这么多的原料运来运去也是浪费，运输过程中一次失事，就会耽误生产。我们必须找到平衡的方法，而平衡主要取决于便利的交通。

如果不避免不必要的货物船运，就谈不上交通的便利。国家拥有足够的铁路设施来运载需要运载的货物，但是却没有足够的设施来为不必要的运输提供便利。交通设施的剩余也将是一种浪费，仅此而已。我们最好放眼于修建多少运输设施是必要的这一点，而不是忙着修建铁路。例如，我们在高地车场生产我们的全部汽车，并全部运出那阵子，我们日产汽车1000辆，造成有史以来最严重的船运堵塞现象。如果花些钱修建铁路，或多造些货车，那么堵塞现象将避免。按照过去的方式，将现在一天里所产生的8000辆车运出简直是天方夜谭，而且即便可以，买主也将比现在要付更多的价钱。

现代商业与旧商业的基础不同。过去，机遇极少，给某些人创造就业机会被视为有意义之举，这不足为奇。但是现在，如果遵循工资改革计划，那么将不再是有许多人等着就业，而是有许多工作等着人去做。为一个人创造一个就业机会不是叫他帮助减少工资而提高产品价格。似乎铁路交通压力越大，它们将越欣欣向荣，而且通过购买新的设备，那些钢铁生产商、汽车生产商以及业界所有依靠铁路的商户都会跟着发达起来。

如果运输成为可能，这一切都将成立；但是若运输环节出现纰漏，则一切都不成立。如果我们将小麦运到500英里外的磨坊，然后再行程500英里，将面粉运回来，那么就是浪费了，除非面粉的盈利超过额外的往返运输的费用。如果运输是种浪费，那么厂商会从提高面包价格上找到补救办法，这样人们就会减少面包的食用量，农民种植小麦的收益将减少，铁路交通压力将减弱，从而导致铁路交通不景气，所有依靠铁路的商户也会萧条。

同样，这一原则适用于所有依靠运输的商业——而与运输毫无关系的商业又是那么少，根本不用将它们考虑在内。

运输速度本身就是一个原因,而其重要性取决于它所载的商品。如果铁路不强调运货车要及时，反而让它们闲置在铁轨旁，那么不管所载商品价值多高，铁路也会产生出许多死钱，铁路设施成为多余。

铁路运输的粗枝大叶也是一种巨大的浪费。一件被运输的货物需要保护好，以防运输途中因震荡而与别的东西磕碰，这听起来很可笑。运输工具的作用就是运载货物，小心轻放，将它们安全运到目的地。这种作用好像已经被遗忘了。一般来说，货物必须经过包装，不仅仅防止震荡和一般的搬运，而且防止任何磕碰。对于运往海外的货物来说，这一点尤为正确。包装所用的劳力与材料消耗巨大，而且大部分都是浪费——人力与木材的浪费。

所有这些问题我们都将在生产中遇到，我们已经在脑子里形成了工业与交通运输的模式。我们不是将完整的汽车运输，而是在美国各地的贸易中心建立了31条装配线，生产厂房生产出的标准零件运往这里，再组装成整台汽车与卡车。这就需要有汽车底盘装配线、车体铸造线，以及喷漆、打磨及装潢线。有些车间生产坐垫、弹簧以及车体。它们都是以同样的系统操作，使用同样型号的工具，以同样的方式制成汽车。这些工作总共雇用了大约26人来完成。

最近，一座新型的装配厂大楼落成，所有新的车间都将按同样的规格建筑。它是一幢一层建筑，传输线设置奇特，基本上免去了卡车装运与搬运的过程。新一层建筑将产生最高的效率。不用额外的劳力，生产量将得到提高。在芝加哥厂，任何原料所需用卡车运输的最远路程是20英尺，相当于停在外面的运货车到第一条传输机的距离。之后，零件由机械组装成一辆汽车。

新厂的厂址大部分取决于该地电力的消费额、产品的成本及船运的货物。一个地方若每个零件运输费节余一分钱，通常这里就可以确定厂址。圣保罗厂比起该市以东的工厂，可以以低廉一些的成本向密西西比河以西的城市运输，因此圣保罗以此为契机，以低廉的成本生产别的厂家无法生产出的零部件。一辆汽车的不同组件由不同的货车运输，每个都有不同的税收。一台五等部件上的一个一等零件会使船运成为最高等级。包装及船运都从最经济的角度考虑。有时一个组件上的零件数将影响到其运输的级别。在这种情况下，级别较低就占优势，因为汽车上只有部分零件在工厂制造，其余的都被运往各车间了。

仅几年前，七辆游览车的车体装满了一辆36英尺高的标准货车。如今，需装运的车体被拆开，由各车间来组装，而我们用同样规格的货车装载130辆游览车——也就是说，我们过去用18辆货车装运，而现在却只用一辆。

我们所有有关运输的问题都受到限制。而我们大部分的原料也有其限定性。过去日产汽车8000辆时，意味着我们各个工厂要生产足够部件，使之能组装成8000辆汽车。我们知道要在指定时间里需花费多少机器与工人才能达到一个指标，以及又该怎样考虑到季节需求，而不至于出现产品积压。储备任何一种足够30天使用的原料，是每个车间的最高储量标准，但是鼓风炉除外，它可以储备够一个冬天使用的铁砂，平均每个车间的储量为十天的使用量。

由工厂到车间，平均船运时间为6.16天，这意味着平均有6天多的时间要运输零件，工厂也需生产出这么多所用的零件。这被称为"轮空"。如果日产汽车8000辆，那么就有足够多的零件供运输，从而生产出48000辆完整的汽车。因而，交通与生产部门需紧密合作，保证所有合适零件同时到达车间——缺少任何一条皮带都会阻滞车间的整条装配线的运转。我们每日每时都应考虑到轮空会产生的情况。

货物运载平衡问题，通过将每辆货车的运载量标准化而得以解决。这种标准载重车我们共有25辆。例如，运输前车轴的标准货每辆运载重标准为400套。像弹簧挂钩这样较小的组件则与较大的组件一起装运，但是，它们的运载量也同样标准化。这样做是为了保证最低的运载等级。

这种方法省去了填写运货单时的麻烦。运货单是印好的，每个簿子上只有一种主要的产品。只有打破标准载运时，才需改动运货单上的数量。

产品一装上货车，汽车数目就被电告至车间。工厂的运输指挥部对运输沿途仔细追踪，确保它们不出差错，直到抵达车间。车间工人接到驶来的货车后，又一路押车，来到卸货台。一般在运输途中，我们根本阻挡不了它们的前进。全国各地各个拐角都有人守着，保证货车途中不会耽搁。而运输指挥部也对各地运输时间了如指掌。

如果一辆车晚点超过一个小时，总部很快就知道原因所在。

过去我们认为整个生产循环时间最高纪录为 14 天。而现在由矿场算起，到制造出整辆汽车装到货车里总共需要约 81 个小时，或者三天零九个小时，若算上每个季节都可能出现的各种零件材料的闲置时间，比如冬天铁砂会储存一段时间，我们平均生产循环时间也不会超过五天。

以最普通的程序为例。若一艘船航行八小时，由玛格丽特抵达福特森，靠岸时间为星期一早上八点。十分钟后，船上货物将运至高层运输线，紧接着，被投入鼓风炉中冶炼。星期二中午，矿砂经筛选，仅剩下铁，与化铁炉中的其他铁矿混合在一起，又被铸造。这样，经 55 分钟，58 次铸造，下午三点钟，铸成了一台内燃机，并经检验，装上货车，送到装配车间，最终组装为一辆汽车。假如说此时内燃机被送到装配车间，这就是说，星期三早上八点，它可以送上装配线。中午汽车被售出，由现在它的主人开着，驶在回家的路上。如果内燃机没有送到装配车间，而是径直送到底特律地区的装配线上，那么交货时间将不是星期三中午，而是星期二下午五点钟之前。

所有这些都是与工厂的交通运输、底特律—托莱多及艾恩顿铁路的发展、拉夫河的疏浚，以及我们自己船只所航行的水上交通的发展分不开的。几年前，拉夫河（流向底特律河，并在此汇入五大湖）只是一条狭窄、蜿蜒的小溪，水深 75～100 英尺。一艘 900 吨重的驳船可以相当于工厂的码头。当时需将这条五大湖分支的小溪上运载的货物运到拉夫河口，再拖上岸。现在我们拥有了一条短捷的运河，它将五大湖至我们船坞之间的距离由几近五英里缩短到三英里。运河水面宽 300 英尺，平均深度为 22 英尺——完全符合我们的意图。

拉夫河疏浚之后，我们正在组建一支"五大湖"船队，现在已拥有四艘轮船，其中两艘——亨利·福特Ⅱ号与本森·福特号，有些与众不同。它们由柴油机引擎发动，设计独特，不仅可运载最大数量的矿砂，还为船长与船员们提供上乘的旅馆住宿条件。这些船只每艘612英尺长，可运载13000吨煤或矿砂。与我们工厂一样，这些轮船设计成由尽可能少的人操作，而且一尘不染。例如，内燃机室铺满灰白相间的釉砖，并饰有镍色镶边。船长与船员卧室全是硬木制成，并提供可供大家使用的浴室。暖气是电动供给。所有辅助电器，如水泵、辘轳、绞车，都是电动的。这些船仅限于在五大湖上航行，但是我们将车间尽可能地选择在可航行水路上。孟斐斯与圣保罗厂位于密西西比河岸；杰克逊维尔厂位于圣琼斯河边，并拥有可供海上货船停靠的码头；芝加哥厂位于卡柳梅特河，该河最后汇入密歇根湖。我们的绿岛厂在特洛伊，有附近的哈德逊与莫霍克河提供水运。这些厂通过哈德逊河船运，与新泽西州的卡尼厂关系密切。水运比陆运便宜，因而船运不仅比铁路运输快，而且价格低廉。

在五大湖与运河上航行的货船直接由蒸汽船来担任，这一发展为大西洋岸的一系列分厂家提供了便利条件。这些分厂包括弗吉尼亚的诺福克厂、佛罗里达的杰克逊维尔、路易斯安那的新奥尔良厂以及德克萨斯顿厂。这些船只运货速度几乎与火车速度相同，而且还有一个特殊的优势，我们可以在船上安置特殊架这类装置，这样，那些内燃机或者大型组件就不用装在箱子里了。这只是将简单的机械原理用于汽船上——正如用于货车上一样。

根据同样的思路，我们正在组建与我们欧洲、南美洲太平洋沿岸分部通航的海上船队，而且其中部分已经运行一年多。用这些船只运输，每次运货都为我们节约大概两万美元，而且还节省出大量的货物存放空间。用两艘运行太平洋沿岸的船只运货，比用铁路运输节约七万多美元。现在，我们共有五个海上运输部，并且这个数字还要尽可能地增加。所有船只都将用柴油机。对于大西洋间船运，我们大部分在新泽西州的卡尼分厂以及弗吉尼亚州的福克分厂装货。为了照管这些船只，同时为成立一个新车间，我们在宾夕法尼亚的切斯特买下了一座造船厂。

在海洋及湖面运行的船上，我们采取工资与清洁政策以及我们节省劳力的方法。在船上，我们每月最低支出一百美元，外加住宿——并且住宿舒适、便利。由于提供住宿，级别则高于陆上运输的级别——并且也的确应该如此。根据船长与工程师所担负工作的多少，我们支付工资。总的看来，我们支付的工资比别的地方的最高工资还相对要高。我们通过工资来生财，因为，实际上，船上工资并不重要——重要的是你从对船的投资中获得充分的收益。

如果一艘船因装卸而在港口耽搁几周，那么损失比一年支出的工资数可能要高。因低工资而变得不负责任的工人将不会关心一艘船在港口耽搁多长时间。而我们现在的工人却紧密地关注着我们的船只是否在运行之中。他们懂得他们必须这样做才能保住工作，因为不管在世界何处的哪艘船，都像火车一样紧紧按照时刻表航行。每时每刻我们都不时地查看每艘船的情况，任何延误都要做出解释。因此，一艘船在港口耽搁一天是罕有的。

海上运输将带来许多经济与实惠。由于我们对船只还比较陌生，因此我们对它可能产生的巨大节省有待了解。这些节省随处可见。岸上有那么多的人等着领佣金和小费，不经科学计划购买原料，装卸方法与百年前一样陈旧，以及几乎无视安排装运货物的人的装运时间，这些都是浪费之源。海上工作与岸上工作同等——这一点可以由它产生的经济效果看出。

现代商业——现代生活——无法容忍老牛拉破车式的慢速交通运输。

第七章　终身教育

我们公司的商业学校曾经来过一位波斯人,他可是一位受过良好教育的饱学之士,获得过欧洲和美国的几个学位。这位波斯人精通好几种语言,最近又刚在美国一所著名学府做完工作。他并不是一位书呆子,他想学点东西回去帮助他的同胞。在他启程回国之际,他来我们工厂拜访几位波斯裔员工。和我们的商业学校晤谈后,他沮丧地说:

"我们所受的教育以文字开始,又以文字结束,可是我现在回国时,对我的国人无以为报。"

他的话一点也不错。他一无所有。他所受的教育严重脱离现实。他学到了一些书本知识,但是没有学到怎样才能提高国人的生活水平。他甚至不知道自己该怎样谋生,当然除了他可能把自己学到的语言教给别人来糊口以外。在这方面,他比一张照片还不如——因为养活他要比保存一张照片花费要大。然而,他被人们视为受过教育。教给了他什么本领呢?这也是他扪心自问、疑惑不解的问题。

虽然我们并不苟同"功利的教育"的称谓,但我们却完全赞成其教育方式。我们认为,一个人首先应该有谋生的本领,任何教育如不能达到这样的目的,都是无用的。其次,我们还认为,真正的教育在于训练人们如何劳动,而不是脱离劳动,训练他们的思考能力,从而使自己生活得更好,使他为周围的人做出贡献。现在,通常被称为功利主义的教育仅仅是众多无用教育内容中的一小部分训练内容。

如果你的训练使孩子认为他一声长叹天上就会给他掉甜饼，如果你只让他懂得生活是一桩慈善事业，如果你把孩子训练得只知道向别人索取而不思奉献，那么，依赖的种子就生根发芽了，思想和意志就被扭曲了，生命也就此成为残疾。

人们的弱点常常被轻而易举地利用。人们有关一切受制于上天的概念就这样形成了。毫无疑问，确实有上天无形地存在，但它只是帮助那些勤奋努力者。人类的经验已经证明了这个道理。在关键时刻，人们的努力最能显示力量，总是能把似乎极为不利的道理转过来。人类一代又一代的奋斗历程清楚地告诉我们：事在人为。

上天绝不是弱者的仆人——它是那些最勇于奋斗者的仆人。后者总是在用尽自己的最后一丝力量时，受到上天的恩惠。正如古人所言："天将降大任于斯人也，必先苦其心志，劳其筋骨，饿其体肤，空乏其身……"或者"上天不负有心人"。

我们认为，帮助人们自助是我们的职责——通过工资激励措施。我们坚持，所谓慈善其实是一种很卑鄙的自我炫耀手段——之所以说其卑鄙，因为它表面上看起来是帮助他人，实则是伤害他人。捐助者由于被人们视为善良和慷慨之人而获得某种廉价的满足感。如果慈善的获得者没有被毁掉，慈善本身还不能说一无是处——因为你一旦无偿地施舍于他人，那么，无异于你让他继续向其他人谋取无偿之馈赠。

慈善行为造就闲人，穷懒汉和富懒汉并无区别。他们都是提高生产力的障碍。消除所谓救济制度对人们的消极影响要花费一代人的时间。

因此，我们并没有去找一所大学或别的什么机构培养人才，因为它们都与我们的日常工作相去甚远。相反，我们在训练新人时始终让他们牢记我们自己的产业发展理论，始终让他们在生产实践中逐步提高，我认为，这样做对他们极有利。我们还有更远的规划，但是，它们有待于充实。要了解16～20岁的青年员工该怎么做并不是容易的事，因为他们有很重的责任在等待他们。这是摆在我们面前的工作。

我们首先做的工作就是帮助那些没有机会自助的青年。在《我的生活与事业》一书中，我对此有过详细的论述。我们建立这所学校——亨利·福特商业学校——当时是1916年10月，我们让那些没有机会学商业、更不用说受教育的失去双亲的孤儿、只有母亲抚养的男孩子以及其他生活困难的人来学校学习，因为供养家庭是他们首先需要做的。按照我们的设想，这所学校不仅能够自谋生路，而且要使学校里学生的收入比在外面企业里上班不少，况且学生的前途比后者要光明许多。

现在，这所学校有700名学生，其中有50名孤儿、300名寡妇的孩子、170名福特公司员工子弟，另外200名来自其他不同渠道。400名学生即将毕业，其中大部分都在我们公司找到了工作。开始时，每个学生获得每周7.2美元的奖学金，现在增加到每周18美元，另外，我们还为每个学生每月在银行存入两美元的节约奖，中午供应一顿午餐。现在每周的学习补贴达到12美元，包括四个周的假期。我们对学生的补贴既包括供养学生本人，也包括他们的母亲。现在学校的申请报名人数为5000人。学校自始至终坚持三条办学原则：首先，保持学生的学生本色，绝不使其成为早熟的工人；其次，学术教育和工业实践教育并行而立；第三，通过职业教育增强他们的责任感。学校教育并不是只有实践。

教学内容分为两部分：一周在教室，两周在车间。教室和车间使理论和实践结合得非常紧密，学生对一些学科的掌握比绝大多数大学所用的时间要短得多。高地公园的整个福特工厂都是他们的课本和实验室。机械学的授课内容就是工厂的具体问题。地理课与汽车出口相结合，冶金课程包括从高炉到热处理等广泛的内容，工厂里的观察和研究与教室里的作业相互联系。学术内容包括英语的应用、机械制图、数学、物理、化学、冶金、金属原理等。工业课程包括理论规律的实际应用以及工具制造时各种工具的使用。

学生也制造多种福特汽车厂需要的零件，即有各式各样的福特工具，也有精确到百分之一英寸仪器的量度表。在福特销售部看到的多数剖面发动机都是由学生用残件装配而成。学生的产品都是在车间里自己动手完成的，一旦通过验收，福特公司将悉数收购。这样做除了使学生认识到在教室外他们可以大有作为以外，还能让学校自给自足。

大家都知道，孩子喜欢玩而不乐意学习或劳动，因此，学校也鼓励学生参加各种日常体育活动。在教室上理论课的时间里，学生在教师指导下每天花一个小时参加田径比赛。学校有自己的足球队、棒球队和篮球队，都是当地不可忽视的运动队。每星期五，大礼堂供孩子娱乐用。

当学生年满19岁毕业时，他完全掌握了可以获得高薪的商业本领，如果他愿意，他可以挣足够的钱来继续学习。如果他不想学习，他的技术足以让他找到一份好工作，当然，福特公司将首先为他们提供一次就业机会。由于每个学生是靠自己谋生，所以，他毕业后对福特公司并没有什么义务。但是，实际上绝大多数学生还是选择为公司工作。

应该知道，该校的学生并非因为他们聪明、志向远大才被录取。

之所以录取他们是因为他们需要金钱和机会。年龄最大的毕业生只有 25 岁，但是其中有些毕业生已经崭露头角。一个毕业生现在已经当上了领班。其他还有几位毕业生当上了经理助理，前途无量。绝大多数毕业生在车间里干得非常出色，升迁指日可待。最重要的事实是，部门的监工们很乐意接受该校的毕业生。

一般情况下，我们不录取生理有缺陷的学生，但也有例外情况。我记得，我们接收过两个因小儿麻痹症而跛的孩子，还有一个是我们抚养大的孩子。例如，有一个孩子在街上被汽车撞伤，在膝盖处留下了后遗症。这孩子曾经接受过几次手术，几乎在福特医院住了近一年，但不是免费治疗。医院把费用记在孩子的账上，他将来再偿付这笔医疗费。还有一位华裔菲律宾人，因为住院而懂得了储蓄。他从菲律宾漂洋过海来到底特律，刚到底特律就被警察收留。他以前听说过福特公司，想在公司里谋个职务。他的情况属于例外，我们商业学校录取了他。他学习并不好。不久，他病倒了。我们把他送进医院，他花去了 75 美元的医疗费。除非学生要求，这些医疗费用不能由学生负担，但是，这位青年确实想自己负担这笔费用。他每周都付一部分款，最后，当他全部付清欠款后，他也就此养成了存款的习惯：每周存一些钱，最后他辍学时——他是一个流浪汉——他有 540 美元的存款。当初他到底特律手里仅握有 75 美分。

从学校毕业四年后，毕业生的平均工资为每天 8~9 美元，或者每年大约 2500 美元——我相信，他们的收入高于大学毕业生的平均工资。如果我们一心只为最好的考试成绩的话，我们的录取方法就大不相同了，但我们想做的就是帮助那些最需要帮助的人。

商业学校的很多毕业生都继续到另一所学校学习，这所学校就是我们的学徒学校，其重要性日益提高。我们公司最需要的是高级机工。在我们的生产线上，绝大多数工种在一天之内都可以学会，但为了把机器维护在正常状态，也是为了机器制造，我们需要一大批技术精湛的机械师。因此，为了把18～30岁之间的学徒培养成为有技术的机工，我们开办了这所学徒学校。学制三年，招收我公司30岁以下的每一位在职人员。学校是自费性质的。每一位学徒每天在机床上工作八小时，其间由领工和专门的指导老师辅导，另外，他们每周还要学习教学、机械制图。迄今，该校已经招生1700名员工，他们的平均工资为6～6.7美元。他们的工资绝对名副其实。

学校的教育被划到实用主义一类，也只能如此，但学校并没有脱离进一步教育的方向。当没有老师监督时，很多人自然也就停止了学习——不过，这是人的本性。但是，仍有大部分在夜校学习，或者继续进行更广泛更专门的学习。现在，每天因为去夜校学习而申请在白天上班的人太多了，以至于我们规定任何人也不能因为夜校学习而被安排上白班，因为仅由于一些要白天上班而安排另一些上夜班似乎太不公平了。

我们的第三部分教育工作就是创办服务学校。该校的部分目的是为在国外分公司工作的外国学生准备的，但是，在更大程度上，学校成为我们传播生产方法的工具。因为我们没有什么商业秘密。如果我们所采取的方法对其他厂家有用，那么，他们尽可以与我们分享。我们认为这是我们的职责。

我们愿意为各国培养一个工人核心，让他通晓现代交通、电力、运输工具，理解现代工业生产的技术和原则。

为了让学生在这方面打好坚实的基础，他不断地在各个部门工作。学生操作时，指导老师走到每个学生身边，观察他们的进步，提问一些问题。当然，要保持这个体系的有效运作，各部门领导的合作是必要的，但是他们的合作不太令人满意。学生的认真努力也必不可少。总的看来，学校的学生都做得很好。

在完全掌握现有工作以前，哪一个学生也不准离开该部门。毫无疑问，由于学生的背景有极大的差别，学生们对生产环节的掌握也有不同的难易程度。但是，学生们都最后顽强地克服了各自的困难。

这所学校的学制为两年，学生每天挣 6 美元 —— 这是他们的劳动所得。目前，我们共有 450 名学生，其中有些是大学毕业生。他们包括：100 名中国人，80 名海地人，25 名伊朗人，20 名意大利人，20 名墨西哥人，50 名菲律宾人，12 名捷克斯洛伐克人，25 名波多黎各人。另外，还有很多俄国人，25 名土耳其人和一批阿富汗人。中国人最优秀 —— 他们虽然学得慢，但很彻底。学生几乎来自世界各地。适应能力最差的学生，不管是来自哪个国家，都是那些持有偏见者。他们的进步当然就慢一些，困难一些。但我们会尽我们所能使他们能把我们的经验带回他们的国家。我们相信，我们这样是在以实际行动帮助解决国际问题。

第八章　金钱的用途

一位来福特公司参观的外国企业家对我们说:"我们得事先确定利润,否则我们就入不敷出。除非我们以产量和利润为基础,否则我们就会破产。那么,你们是如何管理的?"

这个问题并非儿戏,这位企业家也是义正词严。但是,他把马和车的位置弄颠倒了。在服务展开以前,他就开始考虑如何盈利了——利润是水到渠成的东西。

我们认为,利润是好的工作成果的自然体现。金钱和煤炭、钢铁一样是一种不可或缺的商品。如果不这样看金钱的作用,肯定会遇到大麻烦,因为那样,金钱会变成服务之上的东西。在社会上,不提供服务的企业将无生存之地。

将金钱和企业混为一谈主要是由于股票市场的操作所致,尤其是人们将证券交易所的股票价格变化视为企业状况的晴雨表,更容易使人们产生误解。人们总是这样下结论:当企业的股票价格上涨时,企业经营就很好;当企业的股票价格下跌时,企业的经营就不好。

证券市场和企业的经营状况没有多大的关系。它和企业的产品质量、产量、销售没有多少关系,而且它基本上和企业资本的增长没有任何关系。它只是一个侧面反映企业的表现而已。

企业股票价格在证券市场上的波动与企业和利润状况关系不大。证券市场上,股票交易绝大部分与企业的盈利情况无关。除了少数比较敏感的投资群体以外,利润状况如何没有多大的影响,至少不是证券市场上股票投资者的主要目标。其中有一些很活跃的股票甚至连红利也没有。证券市场上的逐利者所追求的并不是企业生产的利润。股票价格主要取决于证券市场上到底有多少人想购买该企业的股票。

如果企业的管理者试图在证券市场上捞一把而不注重服务的话，那么，证券市场的情况就大不相同了。这些栖息在证券市场上的公司一般寿命不长：成立快，倒闭也快。但是，人们却由此认为，证券市场和企业命运息息相关。然而，即使一点股票交易也没有，美国企业也不会受任何影响。另一方面，如果明天企业的股票全部易手，企业本身的资本也不会增加一分钱。

就一个企业的基本利益而言，企业就像一场棒球比赛：只是一个侧面的表演，与企业管理的基本原则无关，也无法提供企业的基本所需。它只有企业价值的偶然而猛烈的变化。如果将极端投机的因素排除掉，那么，股票的自然交易只是一种简单的金融活动。

我们认为，如果企业的影响不是由那些企业管理者控制，那么，企业发展就会遇到障碍，因为企业常常因此成为挣钱机器，而不是商品生产机器。然而，一旦企业的主要职能是生产红利而不是商品，那么，企业的重心就发生了偏转，企业就会听从股东们的调度，而不是客户，这样，企业生存和发展的基本目的就被否定了。

不参与企业经营的股东们常常成为人们生活成本增加的基本因素之一。

可是，有人并不同意这个观点，他们认为股票体现了一种帮助运营的作用。然而，这并不正确。如，当受欢迎的股票成为企业生产的负担时，企业的利益就归于某些个人，而非公众。为了满足某些股东的要求，曾经有一种产品的价格被无端增加 50 美元，有一种产品的价格则因为同样原因提高了 125 美元。

产业并非金钱——它是思想、劳动和管理的结合，它所体现的价值不能用红利来衡量，而是依赖产品的质量和使用性。质量绝不会因为金钱而提高，但显然提高质量可以带来更多的金钱。

当企业的资金都来自产品的客户时，任何企业都会富裕起来。这笔财富不是对公众的掠夺，也不是对企业的克扣。除此以外，任何其他方式增加的资金都会对企业产生牵制作用。

当然，股票投机买卖也不是一点作用没有——有些本质不错的人则因为在股市上吐尽了血本，最后被迫上班。做股票把很多人的注意力都从正经的生意上吸引走了。把他们纠正过来的方法就是利益。财富绝不会因为股票交易而增加；它至多使财富易手。股票交易并没有创造财富，仅仅是一场游戏的得分记录。有人曾经引用我的话，说股票市场对企业发展有好处，但是，记者在引用时省略了原因——"因为股市栽跟头使得很多人重操旧业、干正经事"。

过去，人们误认为企业只是企业主自己的事。现在，人们改变了观点：企业是在企业内部工作和领薪水的员工的事。这个观点和认为企业是为了生产股票而生存一样错误。在这方面，在我们工厂学习的大学生们的论文很能说明问题。

他们所写的内容很有趣。这些大学生富于激情、聪明而好学；除了从本能上认为工人敌视公司以外，他们不属于任何党派。除一二个人以外，其余都认为我公司雇主—雇员关系良好、工作条件优越，等等。但是，没有一位大学生关心公司产品。如果在考察医院时也依照此方法，考察报告会描述医生办公室如何舒适，护士的膳宿多么完备，实习生的时间安排如何恰到好处，根本不提医院对病人的服务怎样。这些大学生判断企业的标准是企业内部员工们的所得利益。就像以教师的收入判断学校的优劣、医院的好坏以医生的既得利益来衡量。判断学校的标准只能以学生作为标准——学生的学习成绩。医院的优劣也只能由其所医治的病人作为参照物——这是医院的职能。

以前，产业的重点是为企业主获取利润，现在，重点又转向雇员的福利。这些观点都有问题。当然，应当重视工人的福利，但是，如果企业的核心不是对公众服务，那么，任何其他重点都是错误的，在企业完全贯彻以公众的服务为动机之前，工资和利润都难以得到合理解决。企业的首要责任是对公众利益的服务。

最后，企业存在的合理性应当以对公众的有用为基础。如果公众忽略像工资这样重要的因素，企业也无法对公众提供良好的服务。因为，这些因素是有机结合在一起，共同起作用的。

企业既不是为企业主的利润而存在，也不是为了员工的福利而存在。目光短浅的资本家和心胸狭窄的工会分子都对工业持有相同的观点——他们的不同之处在于哪些是获利者。

我们不妨进行一下简单的回顾。我们假设当初某件产品并不是由那些追逐利益者为使用而开发，那么，当产品开发达到一定阶段后，企业就需扩大生产。这样，有钱人就看到赚钱的机会终于来了。他们建工厂，购买设备，四处招工。但是，他们生产的真正目的是获取利润。如果必须做出调整时，那么，受损失的将是商品，而不是利润。任何行动都会采取——降低工资、偷工减料、减少数量、提高价格——只要能增加利润即可。

而工程师则有不同的追求。对他们来说，目前的标准代表今天的水平，他们希望明天进一步将其发展到新的水平。在此问题上，工程科学是目光短浅的金融业的敌人。为了获取丰厚利润，货币商人们投资装备了价格昂贵的高炉。高炉并不是为了造钱而设计——

它们的用途在于制造金属。工程师会开发出新一代更好的高炉。但是不是以新换旧，还是由金融大亨们决定，他们的标准不是能否降低公众的生活成本、提高生活质量，而是可否带来更大的利润。

以新换旧当然离不开投入金钱。最初，资金是由公众提供的。解决公众关心的每一个问题都会带来足够的资金以保障技术不断进步。企业的利润与其说是对过去企业经营的奖赏，不如说是一笔保证未来技术进步的资金。金融家们既然看不到问题的这一面，就竭力反对企业对技术进步的资金投入，认为它是不必要的开支。而工程师则坚持主张进行技术革新的资金的投入。

再看一看工资问题。工资是购买力的源泉，商业活动的运转依赖于人们有购买的愿望和购买的能力。另一方面，有一部分说情者鼓吹，工资应当包括产业进步所带来的所有好处，他们的观点的片面性和局限性应当引起注意。

也有人主张，提高管理效益所带来的好处也应该包括进工人的工资中，如生产增加、成本降低、产品附加值提高等。

我们可以以我们自己的工业作为例子。我们的改进大部分来自内部，也就是说，源于企业的内部管理，如工艺的简化、劳动力的减少、成本的降低等，所有这些措施使我们向客户服务的价格大幅降低。

对于这由成本降低而带来的利润，我们有三种解决方法。我们可以说，"我们要把全部利润保存起来，因为是依靠我们自己的能力挣得的这笔钱"，或者说，"我们要把成本降低所带来的好处全部装入工人的工资袋中"，或者说，"由于向客户提供服务的成本降低了，我们也相应降低产品的价格，让客户享受实惠"。

在第一种观点中，增加利润属于那些动脑筋增加利润的人。在第二个观点中,增加的利润应归于产品的直接生产者——工人。在第三个观点中,公众有权以尽可能低的价格购买所需的服务。

哪一种选择更合理呢?答案不言自明。公众应该享受这笔利润。雇主不是公众,企业员工也不等于公众。企业的雇主和雇员会享受到降低产品价格从而使企业扩大所带来的实惠。正如以前所指出的,产业绝不能因为某一个阶层而存在。当产业的目的是为某一个阶层挣钱而不是为全体公众提供服务时,那么,情况就复杂了——企业会不断陷入困境——伪科学家描述为"经济周期"。他们著书立说认为,商业秩序只能运行那么长时间,每隔一段时间,商业就会陷入危机。这完全是一种金钱至上的思想。

我们不需要任何商业滑坡,也不需要任何失业。西进的先辈们一天前进 12 英里。那时候,每小时 16 英里是从未听说的行进速度。现在,汽车一天可以行进六七百英里。问题在于,我们的行进速度有这么快,当驶进闹市时稍微慢一点并不是什么大不了的,也不意味着什么停滞不前。胆小者总喜欢寻找各种所谓经济滑坡的蛛丝马迹,好像是一群神经衰弱患者在管理企业。

研究我们的经济机器的最佳时机已经丧失了,因为在一片繁荣景象之际,绝大多数人忙于捞实惠,他们没有花时间去改进它。当机器出现故障停下来时我们才去正视它、研究它。一台破旧机器不能等到完全不能运转,在机器正常运转时就要对其进行维护。最好的研究方法是在机器高度正常运转之时进行。

然而,人们并不愿意这样做。即使某一些经济观察家们,他们也是为了预测经济不景气才去观察经济运转情况。现在,观察经济不景气已经成为一个行业,那些吃这碗饭的人可以提前躲避。然而,现在没有什么人愿意在经济健康运转时花钱向他们购买灵丹妙药。

如果我们将经济衰退视为不可避免,那么,无疑我们正在丧失良机。人们选择现代医学以求保持人类永远健康,而人们的思维习惯则使我们希望经济永远处于繁荣状态。解决困难的"处方"就是降低产品价格,增加工人工资。除了战争或其他自然灾害以外,只需几家大公司做出努力就可以消除人们对经济衰退的恐慌。

当太阳高照、一切顺利时,我们不愿去思考经济问题,肯定会给我们带来重大损失。顺利时的失误正是未来逆境的种子。然而,一切顺利时,谁也不愿意听别人说三道四挑毛病。那样的改革正是"得过且过"。由于无视经济运行的自然规律而出现经济衰退时,人们才去议论。但是,事故已经发生,我们只得去忍受经济恢复和调整的痛苦。

经济运行的顺境和逆境也产生了与之相适应的两种思维方式,一种是经济顺境时的保守思想,另一种是经济逆境时的激进思想。二者之中没有一个可以单独保证经济持续向前发展。激进派认为保守派没有推进经济发展的手段,似乎不无道理;保守派反驳,激进派对于他们批评的任何事项也管理不了。

有一点任何一派都无法否认:责任总是由那些实际负责的人来承担,这些人也被划作"保守分子"——他们的责任使他们不能像激进分子那样不负责任。在相当长的时间内,只要"保守派"和"激进派"没有达成一致,保守分子将会继续通过客观政策掌管经济机器的运行。

那么,既然如此,会有什么结果呢?很简单:最后,保守派会以人民委托者的身份出现。为了银行和商家的利益,他们也会对商业系统进行某种改进。他们已经显示出为美国带来比其他国家有更多食品和房屋的能力。

显然，既然以委托人自居，那么，他们就要为进一步提高全国人民的福利而做出贡献。这实际上是一个社会工程师的角色。结果也许会导致个人财富的减少，但绝对不会使有效资本减少。

最有害的就是这样一种思想：政府可以维修经济机器。政府干预的结果就是收税，用来安抚那些叫得最响的人们。所谓的"进步计划"就是："我们可以强迫国家为我们服务。"政府的一系列福利援助计划，其实是一种乞丐思维的体现，它告诉人们政府可以向人们提供特权，只要你要求，它可以施舍你任何东西。弱者好像更有力量，其实不然。国家的计划并不意味着"国家"本身施舍他人，而是让全国人民去执行它的施舍计划。

强者支援弱者并没有错，但是，这样做并不能证明弱者就是至高无上的。对弱者的服务如果不能达到扶助弱者独立自强的效果，那么，这样的服务就是错的。形成伸手要的思维习惯是极为恶劣的。这也正是我们的慈善举措的弊端所在，它既削弱了那些捐助者，也削弱了那些接受援助者。慈善是对一切努力上进的摧毁。

我们的各级立法机关整日被各种施舍方案所包围，这些方案要形成一种机制——使全国各地没有一处不受到恩惠，结果使各阶层之间、各利益集团之间的对立无休无止。立法者在很大程度上开始认为，他们的职责就是像护士一样为人民服务，而不是为自立自强消除障碍、铺平道路。立法机构错误地坚持，这些活动会使他们深受大众的欢迎，认为这样做才真正代表人民的愿望。

立法行动试图以法规制度来修正不完美的经济机器。政府的经济学甚为荒唐。政府颁布的绝大多数法律都是为了限制能带来经济进步的人类的自私行为，实际上任何法律也做不到，相反，都严重束缚了经济发展。

再看一看税收吧——这个全世界规模最大的政府的活动好像就是征税。没有几个人看起来了解高税收和贫困之间的关系——高税收导致生产的低效益,进而带来社会贫困。人们对政府的真正职能应该是什么研究得也不够。

有一点至关重要,政府的税收不能危害下一代的生活。税收的很重要的借口就是阶级意识。按照人们的收入情况征税是正确的,但是把税收的职能视为阶级宣传的工具是错误的。实际税收中并没有阶级区别——全体人民都在缴税。拥有巨资的人靠诚实劳动挣钱,并如实大量缴税,实际上是公众在提供这笔钱。逃税者留下的税收负担最终还是由公众负担。

正确的方法就是要透过金钱的表面现象认识其本质,这样,便可以克服税收的许多错误。假如某个企业处于扩张之际,税收员向他征收个人所得税,"请缴纳新机器设备税"。在这种情况下,政府得到的税收的价值难道和一个企业扩张时增加就业和资源利用所带来的利益一样大吗?这样做是在征税呢,还是事实上在没收社会商品呢?

不妨设想一下遗产税征收不以金钱形式而以实际财产形式会出现什么情况。税收员会说:

"我们要搬走一座高炉、两台升降、十台机器和百分之二十五的煤炭作为遗产税。"

这样做是可以理解的。如果认为危害社会的罪犯所有的财产也是有罪的,如果认为剥夺活人的财产是错误的,而剥削死人的财产则是对的,或者坚持政府可以容忍罪恶的雇主在有生之年扩张企业,在他死后则必须剥夺他的企业,那么,上述行为也是可以理解的。

然而,无论如何,将企业的部分财产作为遗产税搬走比以金钱形式要好得多。遗产总是以多少货币表现出来，然而，事实上并没有货币存在。绝大多数继承的只是一个职位，一个要管理的企业，一份要承担的责任。继承亲人管理或控制一个企业，实际上是在接受一项任务，而该任务完成的好坏直接关系到很多人的就业和许多家庭的生计。

这种谬误在我们国家和其他国家都不同程度地存在，它影响和制约了企业的发展——那就是，把企业视为金钱、大企业就是一笔钱的观念。

第九章　国家的财富

维护世界和平是我们值得奋斗的目标。谁都知道战争的危害。战争就是破坏。战争使生产改变了为人类服务的目标。战争不会给世界带来什么，只会从世界夺取什么。

但是，战争不是原因，只是结果。它是贫困所致——尤其是思想贫乏所致。只要大多数群众生活在贫困之中，就肯定会有战争发生。战争爆发源于人们掠夺他人生产成果的欲望，除非全世界人民都能够独立自由地创造大量财富，这些欲望就会永远存在——也就是说，只有当人们明白创造和劳动比掠夺更容易时，战争才能销声匿迹。

在国家间达成不诉诸武力的协议、达成仲裁分歧的协议以及以外交手段代替战争，只是临时的。因为他们把战争视为一种疾病——其实只是疾病的一种表现而已。

的确，国际联盟及其附属机构——世界法庭所缔造的上述协议，由于没有去调查战争爆发的真正原因，因而却更像是战争的推动者，因为他们急不可待地承认了战争。国联成员国同意暂时限制军备费用，这样，本来用于生产的能源就被挪作他用，最终阻止战争爆发的脱贫工作被束之高阁。

任何战争都有其经济原因。表面上看起来起因于无法律状态的战争都可找到经济根源。反复强调任何标语、口号都不能消除贫困。今天，谁也不会完全相信阿拉丁和他那奇妙的神灯，但一涉及政治，我们的幼稚信仰便萌发出来，我们对条约中的文辞信以为真，认为法律会创造奇迹——如阿拉丁神灯一样。迄今为止，所有拟就和通过的条约都只能起到制止没有人想发动的那一类战争。因此，斥责战争并不是很重要的事。同意不发动战争也无关紧要。真正重要的是不再把战争视为原因来防止，而是缔造普遍繁荣的局面。繁荣可以成为社会的自然状态。这已经被证明，我们美利坚合众国已向世界证明了这一点。

美利坚合众国有自己的使命，这种使命不是说更多的话，因为目前人们说的已经不少了。将大把钞票借给别人也不是美国的使命。我们借给欧洲各国的任何一笔款项，都只能起到推迟他们清醒和加剧其贫困与痛苦的作用，所以说，战争前本已很不幸的欧洲人民现在更加困苦不堪了。迄今为止，国际联盟的主要职能一直是为欧洲安排贷款，说到这些钱的效果，便是让欧洲各国人民晚一天正视现实。从这个意义上看，商业领域里的贷款与国家间的贷款有相同的效用。虽然欧洲各国认为他们需要钱，实际上他们根本不需要。在欧洲，光凭金钱连一个问题也解决不了。美利坚合众国的使命不是培育一种错误的国际主义精神，因为这只能把我们自己的麻烦强加给痛苦的欧洲各国人民，而是以我们在国内外的实践证明，欧洲的灾难源于不合理的经济制度，是完全可以避免的。

我们不妨再谈谈国际主义以及狭隘的民族主义给整个世界所带来的危害。它对于人民无疑不是一件好事，因为人民分别受不同的政府管理，而且彼此视为势不两立的敌人。从这个角度看，国家确是一个骗局。一个国家只不过是一个垄断性的经济性组织。如果国家不实行垄断、不实行有效的统治，那么，它就不能被称为一个国家组织。有时候，应该作为一个经济组织存在的个体常常分裂成两个或更多的部分。我们早就了解我们各州之间的世界不是经济世界，我们没有对此给予关注，但是，欧洲各国之间都建立起了政治边界，并且以此为基础构筑经济分野，结果却很悲惨——例如，德国和法国之间由此结怨。

然而，强调美利坚合众国本身的利益并不是坚持狭隘的民族主义。美国利益的基本原则也是所有文明所致力达到的目标。这样说并不是夸夸其谈，因为这些原则在美国建立前就已经存在了。美国的诞生就像为完全实现这些原则建设了一个良好的实验基地，所有国家都可以看到，并且正在看到，自由具有实践意义，是完全可以实现的。美国的使命就是向全世界表明，所有这些原则都可以变成永久的现实。

和平主义者阻止不了战争爆发，战争发动者也创造不了和平。只要世界上存在战争思维，只要实施战争的目的和手段存在，战争就有可能发生。就像上一次战争中所显示的那样，主张和平和反对战争的国家的军事力量比发动战争的国家要强大。作为达到某种目的的手段的战争现在遭到了抵制，将来遇到的阻力更大，直至战争思维认识到其无效性。

你能想象美利坚合众国会发动一场战争吗？你能想象美国会对侵略它的战争袖手旁观的吗？众所周知，美国不会在他国的枪口下苟且偷生，也不会容忍他国破坏我们的和平生活。

在战争思维极度猖獗的地区，宣传和平主义是不错的选择。用武装好战国和裁减爱好和平国家的军备并不能制止国际侵略。劝说好人赤手空拳以感化恶魔，就是毫无根据地相信恶魔会成为虔诚的基督徒。这只是一个善良的传说。

军国主义分子对和平不感兴趣，他们是使用武力的行家，就像和平主义者多善于打感情牌一样。

人们不会变得像和平主义者想象中的那样温和，也不会像极端军国主义分子那样的强硬，但是，他们却擅长制定常识性的战略。我们不是战争发动者并不等于不做战争制止者，有效地制止战争会让发动战争的人感到恐惧。

在防止战争的实践中，我们最担心的是以政治诺言取代思考和工作。造成战后欧洲贫困的最大因素就是，依赖政府做它做不了的事情。具有讽刺意味的是，在这样的体制下，政府包揽的事情越来越多。需求日益增加，而能力却相应降低。因为政府中的一切都来自人民。一旦人民的自助精神被扼杀，他们对国家的贡献就会越来越少，直到最后政府和人民都失去自助能力。俄国将部分企业由政府控制归还给私人企业，实际上表示任何民族都离不开自助精神。

政府可以实行垄断，却创造不了供给。政府可以专断地制定价格，却不能创造购买力。

美利坚合众国的力量在于，它可以对工农业提供帮助，但有一个限度：绝对不能影响工农业的独立自主。现在，幸运的是，政府的精力开始投向某些竞争激烈的行业——这些行业从来没有感到轻松过。实际上，我们所设立的关税也许在真正的企业出现之前对他们是一个帮助，但是，我们要记住，美国没有一个真正伟大的企业——那些尽最大努力提供服务的企业——是因为关税或其他帮助而发展起来的。那些声称需要关税保护的企业通常都是生产工艺落后、产品低劣、工人薪水不高，这是难以避免的情况，因为他们没有进取的压力，他们不仅不会把自己的员工作为产品市场，反而会满足于有限的市场，或者利用税收保护在国内高价销售，在国外低价倾销。

美国所采取的最伟大的措施之一，便是取消所有进口商品的关税。这对于世界是一个真正的贡献，同时也是对美国工业的一个贡献。除美国之外的整个世界都没有满足美国国内需求的生产能力。除了我们国内一些工业品价格定得过高以外，外国的绝大部分产品的销售低于美国国内。如果我们降低一些产品的价格，我们将会从中获得很大益处，因为这些行业都是低薪产业，产品价格降低所带来的竞争将迫使它们改组和重订计划，那么，正如我以前解释过的，他们将不得不提高工人的工资，从而增加社会购买力和消费能力。对于物美价廉的商品，美国的消费需要是没有限制的。全世界都会凭借公平竞争的手段向我们出口商品而获利，同时他们也会因此而进入提高工人工资的行列，结果便是世界市场的进一步扩大。

外国工业的发展和美国不同。英国是世界上第一个工业化国家，实际上它可以向非工业化国家出口其全部工业品，而且它还有遍布全球的海运体系，因为英国不缺制造和销售轮船的行家。关税只能阻碍英国的发展，它没有必要构筑国内市场，因为英国在工业领域捷足先登，没有竞争对手。当德国发展工业时，该国政府制定详细的援助企业的计划，援助手段包括关税和补贴，战后以来，欧洲各国都在努力仿效德国的做法发展各自的工业。欧洲各国都想当然地认为，工业的发展有赖于国外市场而不是国内市场，因此，出现了诸如关税壁垒、进口许可证、政府的管制和补贴等乱七八糟的东西——好像除了生产过程，其余全部都在国外。

生产设施并不缺乏，但是，生产能力高于消费能力，除非消费能力培育成熟，并与生产能力相当，否则这个世界根本没有和平可言。然而，如果企业不能用工资动机代替利润动机，那么，消费能力永远赶不上生产能力。

在国外，工资动机尚没有被广泛采用。企业绝大部分掌握在金融家的手中，企业的经营目的是利润，而不是为社会公众服务。国外并没有真正大的企业存在，被称为大企业的不过是不稳定的金融金字塔，并不是服务于社会的企业。这样，资本和劳动当然无法全部用于企业生产。工资动机不被执行，因为在政府规定、税收和工会之间已经对产量达成默契的情况下，企业根本没有机会重新改造。我们看到，劳工政府在保护工人利益的幌子下上台，资本控制的政府以保护资本利益的名义走马上任。但是，这些政客们太华而不实了，以至于没有一个政府不是以庸医误人似的方法施政——没有一个政府是以帮助人民自助为施政方针。也就是说，没有一个政府能正视现实。

政客们的灵丹妙药无法帮助欧洲，也帮不了世界其他国家或地区。将财产分割开没有一点用，因为根本没有足够的财产可供分配。只能通过创造更多的财产来救世，但是，如果不相应提高消费能力，那么，生产不会产生任何积极效果，只能带来混乱。

我们公司具有切实提高消费需求的经验，因为，我们在世界大多数地区都有分支机构、分公司或合资公司，在这些部门中，我们采用与我们在美国相同的生产方法，工资待遇与国内几乎一样，而各地的结果却极为有趣。我们在国外付给工人的工资是当地工人的两倍或三倍，付的薪水高，得到的产品成本却很便宜。这些国外工厂并不是美国人在那里工作，通常都是在底特律培训过的当地人建立和管理的，但是，一旦进入正规以后，雇员全部从当地招聘。在爱尔兰工厂的都是爱尔兰人，在英格兰和巴西工厂的分别是英格兰人和巴西人，全世界其他地方也是这样。我们知道，不这样做，我们就无法提供良好的服务。

不妨看一看我们设在考克的工厂。我的祖先来自考克附近，这个城市有一个优良港湾，很多地方都适于建造工厂。我们选择爱尔兰设厂是因为我们想推动爱尔兰的工业发展。现在看来，其中确实有我个人的感情因素。1917年该厂开始动工，由于爆发战争，1919年工厂才完全建成。最初，工厂的设计目的是生产拖拉机，并向欧洲各国销售，但是，后来由于政治因素的介入，拖拉机厂改造成铸造厂，用来向我们在英格兰的工厂供应铸件，将来这个厂还要供应其他工厂。

多年来，考克一直是一个劳动力自由散漫而又极度贫穷的城市。当地有一些酿造和制酒业，但没有真正意义的工业。人们的最大希望便是一周能到码头上干二三天苦力，因为这样他可以得到60先令或15美元，而出外做农活，一周他最多只能得到30先令，而且这种工作很不稳定。

每个做工者及其家庭简直含辛茹苦,度日如年。他们没有家——只有破旧的布被，除了身上的破衣服外，根本没有什么可以换的衣服。我们从底特律工厂派来三个人指导生产。现在该工厂正式雇用1800名员工。他们每天工作八个小时,每周工作五天——非常稳定。平均工资是每小时2先令6个便士——一周5英镑，最低工资是每小时2先令3便士，或者每天18先令。这笔工资非常稳定——每周如此。这样的待遇，他们以前都没有听说过。迄今根本没有人辞职，而申请者却很多。爱尔兰人爱冲动，但他们从来没有对我们抱怨过工种重复枯燥，只是刚开始的几个月有人埋怨上班期间不准抽烟很难受。

工人的高工资收入对他们的家庭有立竿见影之效。你可以从新员工妻子身上看到这些变化。妻子常常为他们的丈夫送饭。刚开始的几周，妻子的身上披一件破围巾，随后，又换上一顶帽子，几周后便穿上了礼服或西装。员工晚上也不再在旧衣服店挑挑拣拣了。除了工作服以外，他们还有自己的休闲服装，晚上，携夫人去电影院看电影。以前，工人们一领到工资就会喝得烂醉，现在这一类事件在我们员工的身上从来没有发生过。以前周一早上穿着破烂的男人们，现在却焕然一新，仪态昂然。尽管他们以前都没有花钱的经验，现在他们很快学会了该怎么有效地利用手中的钞票。

更有趣的是考克工厂的工人们对毁灭性革命的态度所发生的变化。当地政府多次告诉工厂总监要把工厂变为军火工厂。他总是加以拒绝。终于有一天，一辆军车载着15个士兵开进了工厂，负责的年轻军官交给他一份明细单，上面是他要拉走的机器。总监告诉军官这些机器并不是生产军火的机器，而且只有机器还不够。但是，军官执意要命令士兵们搬走机器——他要立即采取行动。但是，总监的一席话最终起了作用：

"这些车间里有1800名优秀的健壮青年。如果我告诉他们你们要搬走这些机器，我们都可以猜得出他们会做什么。我建议你们不要惹麻烦，赶快离开这里。"

军官接受了建议。待遇良好的工人并不喜欢具有破坏性的革命行动。我们工厂的一些雇员已经拥有了自己的汽车。随着时间的推移和税收的降低，绝大多数员工们都会拥有自己的汽车，随着员工拥有汽车数量的增多，整个国家的生活水平也会提高。

英格兰的主要麻烦在于工会组织，人们被严格地限制在某一个行业工会里。我们的汽车工业不存在行业工会，虽然我们不反对工会，但我们不与他们打交道，因为我们认为，在我们的管理中，他们不能提供任何帮助。一般来说，我们提供给工人的工资比任何一个工会要求的都高，工人的就业非常稳定，我们和工人没有什么冲突。

我们工厂里的员工的生活水平在英格兰是相当高的，员工们干得不错，我们的成本很低——当然没有在美国的企业低，因为在英格兰我们没有规模生产，但是，我们的生产也足以告诉人们，用高工资和不限制工人的生产积极性，英格兰也可以形成高工资、高需求的市场。我们工厂里的每一个工人都是一位投资者。

1907年我们首先将汽车引入法国，1914年正当我们计划筹建一条汽车装配线时，战争爆发了。不久，我们为军事部门供应救护车和运输车，1916年，我们在博多克斯建立了一条装配线，厂址距海岸60英里。三年内，工厂只为战备用，共为法国政府生产了11000辆汽车，当然，该工厂现在只为和平时期的交通用。我们依照自己的方式在博多克斯雇用员工300名，生产毫不费力地达到了我们要求的水平。目前我们又在巴黎建立了一条生产线，每天生产150辆轿车和拖拉机。正如人们想象的，法国工人在节约方面非常出色。法国工人都被认为是社会主义者，但在我们工厂却从来没有发生过此类事情。

1919年我们在哥本哈根建设了一家工厂，在那里我们第一次和劳工政府打交道，政府对工人的工资、工时和劳动环境都做出了严格规定，实际是将工会的要求颁布成法律。我们雇用的员工包括理发师、铁匠、伐木工人等，只要能劳动我们都愿意雇用——和其他地方一样，最低工资标准是每天2.25美元。

当地政府要求我们依法进行分类。每个车间都要按照一定的规模进行分类——其实我们的工资标准要比同等规模的其他企业要高得多——我们绝不能算一个铁匠铺吧，而这一类是最接近的！当时，很多根本不是铁匠的工人也反对这样称呼他们的工作岗位。

我们工厂的目的是要提供服务,但是如果不按照政府的方法分类,工厂就不准开工!

我们在安特卫普、鹿特丹、巴塞罗那和特里斯特的经验和在欧洲其他地方大致相同。我们发现,不管在哪里,人们都愿意一直为我们提供的工资标准而工作——他们工作得非常好,我们的效益往往比当地工资较低的企业更好。较高的生活水平来自较高的工资收入。但是,各地政府都喜欢将产品价位定在工人的购买力之上。例如,仅仅由于政府的税费,我们在某地的旅行车售价就相当于美国市场的两倍半。这样的税费不仅制约消费增长,反而建立了一支没有任何生产能力的大军。

我们在南美的分支机构也有同样的遭遇,所不同的是,该地区几乎是一个工业空白地区,因此,我们不得不从没有任何技术的奴仆中招聘工人,当然,布宜诺斯艾利斯是个例外。南美的分支机构主要设在智利的圣地亚哥,巴西的圣保罗,乌拉圭的蒙得维的亚地区。在这些地方我们都无法完全实行福特公司的工资标准,因为美元的购买力在当地太高,如果按我们的标准支付工人工资显得太荒诞。我们的工资标准将随着这些国家的发展逐步提高。

在这些尚没有什么工业的国家实行标准工资制度是一个全新的实验,更有趣的是观察汽车对这个国家的影响。因为虽然巴西是全球面积的十五分之一,而且资源非常丰富,但尚没有开发交通设施。一个国家的发展和交通建设是相适应的,巴西的绝大多数地区只有六个月的汽车使用时间,因为其他六个月里,地面太泥泞,汽车无法行驶。

我们分支机构的成立时间还不到一年,但工资已经很高——比表面上看起来还要高,因为工资非常稳定——而且开始生效。

工人们的住房条件还没有出现大的改进，但他们已经开始购买更多的服装、更多的家具，并且已经有些储蓄。他们还不十分熟悉怎样处理自己的收入，但他们并没有因为收入超过了他们的需求就辞职不干——这一点我们原来很担心——他们也没有养成挥霍的习惯。他们很快就着手培养更多的需求，物质文明便开始启动。汽车工业将缔造出一个崭新的巴西。当地人虽然不完全适应机器或纪律约束，但很快开始装配和修理。他们学得很快——很可能因为他们明白学习的意义。

东方在很多领域也正在觉醒，来底特律的外国学生中没有比中国人和印度人更热情的了。他们知道，拯救他们祖国的唯一办法就是引入动力开发技术，以便于形成国内消费市场。他们憎恨外国资本对他们祖国的剥削，但是，他们也急于了解他们自己该怎样做。我们只能通过在这些国家建立现代化的生产线来帮助他们。这样会通过高工资开发出他们本国的市场。各地都在进行公路建设，汽车成为公路建设的最强大的动力。建设好的公路的程序是：首先你得有汽车，并不是道路带来汽车，而是汽车带来道路。据说，印度的种姓制度严厉禁止道路建设，但在我们的学校里有各种等级的印度学生。他们在那里并肩工作，好像不知道种姓制度似的。当他们回到印度以后，他们可能会有所不同，但是，如果为我们工作时，他们能忘记种姓制度，那么，看来种姓制度并不那么根深蒂固不可动摇。

说这些琐屑事情有什么意义呢？这些事情并没有什么大背景。在考克工厂里的工人戴头巾和戴领带有什么区别呢？从围巾到领带的变化只是一个象征，但却是一个重要的象征，它表明，此人参与了现代化生产——他正为这个世界创造财富。任何政治行动都不能建设——只能进行破坏或攫取——慢速发展就是破坏，因为生命并不能永存。

今天，世界最需要的是，爱出风头的外交家和政治家越来越少，由围巾换成领带的人士越来越多。

第十章 为什么不哭

本书所讨论的是物质——供给人类的所需。不管什么年龄的人，都追求健康、财富和幸福。健康本身并不能带来财富，有了健康和财富并不一定有幸福。幸福是个人所感知到的某种东西，但是不论什么样的幸福，肯定更容易伴随健康和财富而不是疾病和贫困而生。

人们都普遍承认，如果物质文明意味着什么的话，它应该意味着每一个人，不管男女老幼都应有良好的衣食住行条件，而且要完全满足个人的实际需要。如果达不到这个目标，我们可以说，文明是失败的。不管书怎么写，楼怎样建，艺术怎样创作，这都不重要——如果人们不能真正享受到各种实际物质利益。

人类一直为贫穷所困扰。有时候这种困扰是如此严重，以至于人们只能无奈地视之为美德，认为贫穷是值得自豪的事情。逃避贫困有人选择用宗教减缓悲伤，或者借助于各种完全错误或部分错误的理论麻醉自己，这些理论和布道不能给人们带来财富，只能告诉人们痛苦是人生不能免除之本。所有教条思想都避而不谈世界的主要的问题。的确，任何与商品供应有关系的举措——让老百姓的生活更舒服——过去都被称之为"商业化"。高谈阔论脱贫致富似乎很高兴，而一旦将其付诸实施好像就很卑鄙。

工业时代的来临虽然大幅度增加了新财富，但在工业发展过程中也带来一些新问题，如使富人更富的同时，却让穷人更穷。依赖电力和机器的现代化生产比手工劳动要强大得多，但是，企业家并不明白，电力和机器注定要创造一个新世界。他们过去的思想局限于手工劳动，现在仍没有跳出这些旧观念，甚至连改革家也跳不出旧的思维框架。我们曾经经历过演讲家的黄金时代——到处都在批判剥削的残酷性。现在的大多数社会、经济概念来自那个时代。人们都不忘记见面时谈论"好雇主"和"坏雇主"，雇主的好坏主要取决于其雇员的福利状况。除了认为雇主是向人们提供就业机会的人以外，没有想过别的。长期以来，人们不明白，雇员对雇主的重要性和雇主对雇员的重要性一样大——二者的关系是客观的，并非感情用事的主观行为。克服生产过程所带来的消极因素的生产者被人们称为"慈善家"——这个词其实是用来形容一些向乞求者施舍的老者。

人们在大谈民主，并将其与自由联系在一起，但是，一旦他们获得自治以后——本来应该执行民主和自由的时机——他们却在其他名义下寻求专制。他们想在这样的理念下管理国家：政府应该取代个人的领导地位，工业作为一种新生事物需要政府的管理；而事实却相反，工业尚没有正常发挥功效，亟需发展的自由空间。今天，日益增加的法律——大量的判例和法律条文——并不意味着人权和自由的增加。无疑，社会主体的增加和人们经济自由的实现会大大增进人类的自由（并不是不受经济法律的约束，而是经济生活之内的自由）。但是，我们都知道，谁都可以制定法律条文，而要制定符合基本权利的法律则只有聪明人才能做到。通常，法律会影响社会发展，因为进步本身就能进行自我调整，人们对社会进步的自我调整并不能充分认识。

有趣的是，立法常常会有适得其反的效果。关税的目的是保护工人的就业机会，保持国家的自立能力，而结果却带来了可怕的垄断局面，扼杀了竞争的活力。本来是保护性的城堡，到头来却蜕变为阻碍公平竞争的障碍。有些原则是自然调节而起作用的，一旦受到管治则变为一种压制力量。

我们经常可以看到这样的法律，当初颁布、通过时主要因为其将带来积极效用，而一旦通过，则成为公众利益的危害者。

当人们正忙于谈论政府的失败，爱做不爱说的人仍然在工作，他们的工作成果是他们发现了电力和机器的真正意义——它们的应用价值在于解放人类，而不是奴役人类，新的道德标准应该是使人更积极，而不是更消极。

你可以制造香皂、留声机、汽车、煤气或者期刊，你可以说，"我要尽可能制造最好的产品，而且做到质量稳定、价格便宜，让人们把我们的产品当作首选商品"。

你这样说时，你是在宣扬一种道德吗？不，你其实是在显示合理的商业风范。但那却是一种道德。

如果谁这样说，"我想生产一种香皂去为难和伤害人"，那么，我们就不会再谈论道德问题。我们明白，他是个傻瓜。

道德就是以最好的方式做正确的事，它是生活之中更长、更具意义的观念。因为我们所做的事情并不只是生产这样或那样的产品：我们是在缔造生活，创造生活的机会和条件。我们的道德标准就是我们的智慧标准——看我们到底能做多好！

我们不妨把生活比喻为一种香皂："我们要尽可能地为大家创造最好的生活环境和最好的生活机会——这样的生活才是人们最希望的生活。"那样，我们才是把正确的理念用于了生活。

所谓的道德的优势在于其客观自然性，它代表着生活的本来面目。好的才是自然的。道德是优质管理的一部分。优秀的经理人员可能讨厌这样的措辞，他会将其视为常识。然而，那确实就是道德——最朴素、最真实、最自然的生活面貌。

这种道德的社会影响体现在对全体人民、而不是少数人的服务上面。"服务精神"听起来似乎很理想化。然而，它只是这样一种认识：不能最大可能地为最大多数人提供服务，谁也无法生存，包括政府、企业、个人和文明制度。人们对于事物的唯一兴趣就是向他提供事物的利益和从他人身上得到事物的利益。通常，作为创造力的个人，我们只对我们工作给他人所提供的服务感到满意；作为政府或文明制度的一员，我们也只对其向我们提供的服务水平感到满意。

当然，这种服务并不同于利他主义。它只是以启蒙代替愚昧。而利他主义会阻碍进步，阻碍克服多种不可能的前进步伐。例如，失业保险和旧式的救济制度在过去给社会带来了更多的失业和贫困，因为对日用品征收额外税费，限制了消费需求，进而制约了规模化生产，结果使人们无法享受到规模生产给社会带来的巨大利益。

说得更清楚一些，除了艰苦的劳动，谁也没有办法摆脱贫困。这个世界尝试过的其他一切都失败了，只有劳动最有效。所有工作中最繁重的应该是管理工作。绝大多数的所谓经济问题都可以完全得到解决，如果产业由懂产业的人来管理的话。专家、研究人员和苦思冥想的哲学家们都是在无中生有地虚拟经济奇迹。外科手术失败后能产生什么样的经济奇迹呢？这种愚昧常常出现在金融家试图染指企业管理时。

大多数劳资麻烦都是由于没有实践经验的经理造成的。它们通常是"老板乱子"，安全可以用一种新型经理人员一劳永逸地加以解决——这样的经理应该非常懂行，而不是听那些夸夸其谈者的议论。一个必须让圈外人告诉该怎样做的经理人员，尽快下岗便是他能提供的最大服务。

不单单是"劳资纠纷",就连不能增加服务规模和提高服务质量的问题也出于同一原因。工业因向人们提供产品而存在。但是,工业一旦由那些对工厂一无所知的人来控制,所有产品都会成为他心目中的利润,因为他的兴趣在于收支平衡表中的数字。这样,最终会出现书上所写的经济困境。这些问题根本不是单纯的经济问题。企业本身并没有导致失败的必然因素。企业的失败是由那些没有经过专门训练就管理企业的人所致。企业永远不会自灭,只有人才能使其毁灭。关键是要把守企业的领导职位。

有人曾经问我,是自己亲自管理企业好呢,还是雇用他人管理企业好?参加他人的企业和自己创业二者之间存在着一定的类比关系,这一点很多人并没有认识到。在别人的企业里工作为你提供一个自己创业所追求而又无法满足的事业。所在企业的成功可以给就业者很高的地位,这样的地位在 50 年前连企业主都享受不到。对于旧体制工人的自由,人们有很多错误的认识。其实,旧式的行会根本没有自由可言。行会制度及其压迫性传统很像主仆关系,既不会令行业内工人满意,也不会带来社会繁荣。

开创的动力从来没有像现代就业制度这样大,其发挥的空间也从来没有像现在这样广阔。就拿设计来说吧:过去留给我们的最大财富就是设计,但是,随着现代工业的发展,设计人员的服务范围迅速扩大,设计行业的发展也非常巨大。以前,一个设计人员只能做一种工作,现在他们可以做上百种工作。当然,现代设计并非完美无缺,但是,过去的设计也不全是好的。其中有一些甚至很差。然而,即使如此,采用现代设计仍然比沿袭上辈的式样要好得多。

我们现在所取得的自由比过去可能取得的自由要大得多——

我们知道，与此同时我们将拥有很多必需的物质产品。在我们自己的工厂中，我们发现一周工作五天就足够满足我们的生产需求。也就是说，每周五天八小时工作制比每周六天十小时工作制生产效率还高。空闲的那一天将带来巨大的影响，因为人们将会对生活有更多的了解，将会有更多的时间释放他们的需求，从而会增加他们的消费量。

如果服务至上精神和工资动机得以推广和普及的话，这个世界将会拥有它想要的一切商品。但是，我们必须在精神方面进行调整。死气沉沉的保守主义和狂放无羁的激进主义兼而有之的时代一去不复返了。我们需要政府坚持新保守主义，它不要许诺不劳而获或大家都有豪华别墅，或者视出类拔萃为心腹之患。政府的敌人应该是鼓励浪费、怠工、压制生产、限制工资、丧失机遇、阻碍工业发展、扼杀竞争以及任何置集团于社会之上的少数人。同样，那些好吃懒做以及要求构筑关税壁垒以逃避竞争的人也应该是政府的敌人。

坚持新保守主义的政府还要明白，立法本身并不能带来任何好的经济环境——它只能起到铺平道路的作用。人们不要误认为，法律会带来繁荣。所有法律所起的作用都是在法律上承认和支持人民的基本信念：公平竞争，无可例外。

我们并不是生活在一个工业扩张的时代；"工业扩张"的措辞实际显示出对现实缺乏了解。我们处在这样的时代：人类第一次有可能完全满足全体成员的需求，如果它想的话。

我们不是生活在机器时代。我们处在一个能够将动力和机器用于公众生活的时代——同时也为私人带来利润。

但是，未来如何？下一代如何呢？我们会不会达到这样的程度：机器将变得异常强大，人变得无足轻重？

谁也无法说出未来是什么样子。我们用不着为此担忧。不管我们怎样处心积虑加以阻挠，未来仍会自动到来。如果今天我们最出色地完成了今天的任务，我们就问心无愧了。

也许会出现生产过量，但那是在全体社会成员的欲望都被满足之后的事。如果有一天真能这样，我们肯定会露出会心的微笑。

附录：福特年表

1863年7月30日生于密歇根州迪尔伯恩，是爱尔兰移民的后裔。童年时期，对机械装置极感兴趣，经常拆装钟表。

1870年就读于乡村小学，深受《麦格菲读本》的影响。

1876年母亲玛丽去世，年仅39岁。母亲去世后不久，与父亲同去底特律，第一次见到了不用马拉的车。

1879年底独自离开迪尔伯恩，初闯底特律，开始了打工生涯。

1882年从底特律回到迪尔伯恩，醉心于农业机械的修理。

1888年4月11日与迪尔伯恩名门布莱安特家的长女克拉拉结婚。

1890年携妻再闯底特律，就职于爱迪生照明公司。

1893年11月6日福特和克拉拉的独生儿子——爱德加·福特在底特律出生。

1896年初研制出两个汽缸的车。

1896年6月研制出四个汽缸的车，并把它开到了街上。

1896年7月在纽约爱迪生照明公司的年会上，与托马斯·爱迪生相见，得到了这位伟大发明家的赏识和鼓励。

1899年与底特律市长威廉·梅伯律一同创建了底特律汽车公司，同时离开了爱迪生照明公司。

1900年为底特律汽车公司制造出第一辆汽车，但由于与投资人意见相左，退出公司。

1901年10月10日第一次参加在底特律举行的汽车大赛，以时速44.8英里获胜，得到1000美元奖金和一只奖杯。

1901年11月30日与威廉·墨菲等五位企业家一起成立了福特汽车公司，但由于与投资人观点不一，四个月后离开公司，公司易名为"卡迪拉克公司"。

1902年5月与哈罗德·威尔斯一起研制出"999"车。

1902年10月"999"车参加汽车大赛，以5分28秒跑完5英里全程的速度夺冠。

1903年6月16日与煤炭商马尔科姆逊一起创建了福特汽车公司，出任总经理，马尔科姆逊任财政总管。

1903年7月福特汽车公司以850美元的价格卖出了第一辆车——A型车。

1903年下半年福特汽车公司继A型车后，接连不断地推出B型车、C型车、F型车。

1904年1月为扩大福特汽车公司的影响，福特在圣克莱尔湖冰面上做了最后一次、也是最出名的一次赛车表演，时速达90英里。

1905年父亲威廉·福特去世。

1905年福特汽车公司开始在汽车上采用挡风玻璃。

1906年福特N型车装置了4缸15马力的发动机。

1906年马尔科姆逊从福特汽车公司退出，福特股权上升为58.5%。詹姆斯·库兹恩斯接替马尔科姆逊，成为公司的财务总管和销售经理。

1907年福特汽车公司全力以赴研制新型大众车。

1908年载入史册的福特"T型车"问世，售价825美元。

1908年杜兰特组建了通用汽车公司，两次与福特商谈合并福特汽车公司事宜，未果。

1909 年 T 型车两次参加汽车大赛，均夺魁。

1909 年 5 月与特许汽车制造商协会就"塞尔登专利"打官司，一审败诉。

1909 年 12 月在高原公园——海兰德场的新厂落成。

1911 年 1 月在与特许汽车制造商协会的诉讼案中最终获胜。

1913 年春世界上第一个自动流水作业线在海兰德场永磁发电机车间落成。

1914 年福特汽车公司整个生产过程全部采用流水线生产，这是汽车生产方式的一项历史性变革，它使得福特汽车公司的生产速度大大加快，其汽车产量很快就占全美汽车生产量的一半。

1914 年底宣布福特汽车公司将从 1915 年起实行日 5 美元工作制。

1914 年 7 月第一次世界大战爆发，福特积极宣传反战思想。

1915 年 1 月正式实施 5 美元工作日，引起了极大的社会反响，万余名工人从四面八方涌到福特汽车公司求职。

1915 年 11 月詹姆斯·库兹恩斯离开了福特汽车公司，后来他成为密歇根州的参议员。

1915 年 11 月 17 日会见了欧洲和平与妇女运动活动家、匈牙利籍的犹太妇女领袖史威玛女士。

1915 年 11 月 22 日与一些和平主义者商议派往欧洲调停代表团的有关事宜，决定包租往返于斯堪的纳维亚和美国的奥斯卡二号客轮，命名"和平船"。

1915 年 11 月 23 日晋见威尔逊总统，邀请总统同他一起乘"和平船"去欧洲，总统没有接受邀请。

1915 年 12 月 4 日"和平船"以"让士兵们在圣诞节前撤出阵地"

为口号在美国起航，托马斯·爱迪生到码头送行。

1915年12月18日"和平船"抵达欧洲，福特患病。

1915年12月23日福特离开"和平船"代表团，返回美国。

1915年T型车成为第一代箱型车身的代表。由于这种车身的造型类似于欧洲贵妇人用于游园会和其他一些场合的人抬轿子式的轻便座椅，所以，在商品目录中被命名为"轿车"。

1916年11月1日爱德加·福特与埃莉诺·克莱结婚。

1916年11月底福特汽车公司的大股东道奇兄弟就股东权益问题起诉福特，这场官司拖了三年，裁决结果是：福特可以决定公司的投资，但要支付公司股东的正当红利。

1917年4月美国对德国宣战,福特以满腔爱国热忱表示支持"山姆大叔""用战争结束战争"。

1917年5月爱德加·福特被通知服兵役，后来以"福特工业中不可或缺的人物"为由免服。

1917年9月4日长孙亨利·福特二世出生。

1917—1919年第一次世界大战期间，福特汽车公司为美国政府提供了大量的军需物资。

1918年6月威尔逊总统召见福特，动员他参加州参议员竞选，福特表示同意，竞选对手是纽伯利，结果福特失利。

1918年10月25岁的爱德加·福特出任福特汽车公司总经理。

1918年11月购买了《迪尔伯恩独立报》。

1919年夏福特律师就芝加哥《论坛报》攻击福特是"无知的理想主义者、狂妄的无政府主义者"而起诉《论坛报》，审判在克莱门斯举行，福特胜诉。

1920年福特搜集了大量证据，证明纽伯利在竞选中使用了不正当手段。结果，纽伯利被联邦法院定罪。

1920年福特汽车公司最现代化的超级工厂——鲁日河厂最终建成。

1920年5月在《迪尔伯恩独立报》上公开反犹宣传。

1920年面对战后危机，福特采取了削减开支、减少库存等手段，顺利地渡过了危机，但在此期间，福特汽车公司的大批上层管理人员、技术人员被解雇。哈里·贝内特开始受到重用。

1921年政府招标出租田纳西河工程，福特投标应招，但未获参议院通过。

1922年出资800万美元买下了林肯汽车公司。

1922年参加总统竞选，为配合竞选，出版了自传《我的工作和生活》。

1923年在有关组织进行的总统候选人的民意测验中，福特占绝对优势。

1923年8月哈定总统病逝。卡尔文·库利奇接替总统职位，福特竞选总统的希望破灭。

1923年T型车年产量达200万台。

1924年《迪尔伯恩独立报》发表了攻击"萨皮罗农业计划"的文章，指责它是犹太人对农业的盘剥。

1925年萨皮罗对福特提起讼诉。

1926年秋宣布实行5天工作周、8小时工作制。

1926年通用汽车公司取代福特汽车公司，成为美国汽车工业中的霸主。

1927年法庭审理萨皮罗一案，福特没有出庭。后来福特私下了结了此案，并在《迪尔伯恩独立报》上对整个犹太民族表示了歉意，说他对《迪尔伯恩独立报》上的言论并不了解，宣布它停刊。

1927年利兰父子起诉福特，要求他对原林肯公司的股东承担责任，结果福特胜诉。

1927年5月24日福特汽车公司停止生产T型车，在20年中，一共售出1500万辆T型车，销售额70亿美元。

1927年10月福特汽车公司新一代A型车问世，在当年美国名人名事测验排位中，它居于首次驾机横渡大西洋归来的查利斯·林德伯格之后，列第二位。

1929年10月在托马斯·爱迪生发明白炽灯泡15周年、发明电灯50周年的纪念日，福特博物馆举行落成典礼，胡佛总统主持开幕式。

1929年10月世界历史上最严重、最深刻、持续时间最长的一次经济危机从美国开始。

1929—1933年危机期间，福特汽车公司裁员1/4。福特认为危机并不是坏事。为对付危机，他为工人做了两件事：一是让他们种"强制菜园"，二是通过自救方式建立了"英克斯特村"。

1931年10月18日福特的朋友、发明家托马斯·爱迪生病逝。

1931年福特汽车公司研制新车V8型。

1932年V8型福特车投入生产。

1932年3月福特汽车公司鲁日河厂工人罢工，与福特武装发生冲突。

1933年2月14日爱德加·福特控股的密歇根最大银行之一——加迪安银行关闭。

1933年3月4日富兰克林·罗斯福就任总统，实施新政。6月16日颁布了全国工业复兴法，确定了工会的地位。对此，福特极为不满。

1933年拒绝了罗斯福总统的约见。

1936年1月15日创办了福特基金会,它"接受和支配用于科学、教育和公共福利等慈善意向的基金"。

1937年5月26日汽车工人联合工会在鲁日厂散发传单,再次与福特武装发生冲突。

1938年7月30日驻底特律的德国副领事代表元首授予福特一枚鹰徽大十字勋章,这是希特勒授予外国人的最高奖赏。

1939年9月第二次世界大战爆发。

1941年5月福特汽车公司向汽车工人联合工会妥协。

1942年福特汽车公司的柳河工程——世界上最大的飞机制造厂竣工,生产B-24轰炸机。二战结束后,改产轿车、卡车及推土机。

1943年5月26日爱德加·福特病逝,时年50岁。

1944年4月10日亨利·福特二世出任福特汽车公司执行副总经理。

1945年9月亨利·福特二世正式接管公司,亨利·福特隐退,贝内特离开公司。

1939～1945年福特汽车公司是美国第三大军工产品承包单位之一。

1945年10月福特汽车公司推出战后第一辆车。

1946年2月1日被誉为"神童小组"的桑顿等10人开始到福特汽车公司上班。

1946年7月欧内斯特·布里奇加盟福特汽车公司。

1947年4月7日亨利·福特去世,享年84岁。

译后记

亨利·福特（Henry Ford，1863—1947），众所周知的美国汽车大王，他不仅是福特汽车公司的创始人、卓有成就的发明家，同时也是美国乃至世界一个时代的标志——不仅是产业文化的，更是人类文明的。

福特出生在一个农民家庭，但他并不像父辈那样甘心于田野的劳作，而是希望活出自己不同的人生来。对于生在农家、长在田野的少年来说，机械无疑是充满吸引力的。福特从小就醉心于机械，那时，无论什么机械类的东西到了他手里，都会被他拆个零碎。对此，人们不无提防，但开明的父母也并不因此而把小福特的热心"打入冷宫"。就这样，福特在前人的基础上改造并发明了新的汽车。在那个时代，汽车还是个太过超前的玩意，因此福特的发明还得靠自己的努力将之付诸实际制造。这样，美国国土上的第一辆汽车诞生了，福特汽车公司也随之诞生了。

如果福特仅仅是发明了汽车，创建了汽车公司，那福特也未必就能获得"美国英雄"的誉称。福特的杰出之处，还在于他在企业管理和生产工艺方面的创新。其中最突出的当然是被称为"福特制"的大规模流水线生产，这在人类产业史上是革命性的，产业界时至今日也还在走着福特的路子。福特是资本家，但也正是他的别出心裁的工时和工资的革新（每天工作八小时，工人工资超出别家一倍多），开辟了工业社会的新天地。正是因为所有这些，才使福特在美国、在世界享誉甚隆。

有时候，我们不能不为之惊奇，一些杰出人物为何能在各个领域都取得不凡的成就。日本"经营管理之神"松下幸之助不仅创建了松下电器公司，创建了松下政经塾，而且为我们留下了数十本著作。福特与太平洋彼岸的同行一样，也为我们留下了三部著作：《我的工作与事业》《今天和明天》《向前进》。这些书可以看作是福特的自传或回忆录，更可把它视作福特经营理念、社会理想、个人信仰的总结和阐发。这样的传记类作品，对于企业家，对于普通人，都是深有教益的。

呈现在读者面前的这本《亨利·福特自传》，是以福特最早的那部作品《我的生活与事业》为主体，并选录其他两本著作译编而成的，可以说囊括了福特三部著作的精华，由此我们可以了解到福特生平、生活、工作、事业以及经营理念、社会理想、个人信仰的全部内容。

本书由崔铁醴、程永顺翻译，乔继堂为之润色。

相信读者朋友们定会开卷有益，同时亦请批评指正。